语用视角下的现代汉语研究

张华莉 著

NORTHEAST NORMAL UNIVERSITY PRESS
WWW.NENUP.COM

东北师范大学出版社

图书在版编目（CIP）数据

语用视角下的现代汉语研究 / 张华莉著 . -- 长春 ：
东北师范大学出版社， 2019.11
ISBN 978-7-5681-6465-8

Ⅰ．①语… Ⅱ．①张… Ⅲ．①现代汉语－研究 Ⅳ．
① H109.4

中国版本图书馆 CIP 数据核字 (2019) 第 277305 号

□ 策划编辑: 刘兆辉
□ 责任编辑: 卢永康　　　　　　　□ 封面设计: 优盛文化
□ 责任校对: 李敬霞　　　　　　　□ 责任印制: 张允豪

东北师范大学出版社出版发行
长春市净月经济开发区金宝街 118 号 (邮政编码: 130117)
销售热线: 0431-84568036
传真: 0431-84568036
网址: http://www.nenup.com
电子函件: sdcbs@mail.jl.cn
三河市华晨印务有限公司印装
地址: 三河市杨庄镇杨庄村
2019 年 11 月第 1 版　　2019 年 11 月第 1 次印刷
幅画尺寸: 170mm×240mm　印张: 15.75　字数: 306 千

定价: 68.00 元

前　言

语用学是近年来发展最为迅猛的一门学科。从 20 世纪 30 年代莫里斯提出语用学的定义至今只有短短数十年的历史，语用学却从一门新兴学科发展为一门独立、成熟的语言学科。

中国自 20 世纪 80 年代引入语用学的概念后，吸引了一大批语言学家对其进行专业研究。近年来，中国的语用学取得了较大发展，呈现出日新月异的繁荣状态。一方面，越来越多的学者参与到语用学的研究中，对语用学的理论和实践进行研究；另一方面，语用学的研究方向越来越趋向细致化和行业化，出现了旅游语用学、新闻语用学、日常会话语用学、对外汉语教学语用学、小学语文教学语用学、词典编纂语用学等方面的研究。

本书致力于从语用视角对现代汉语的语音、词汇、句子、修辞、语言风格和现代汉语语体等进行研究，探索其对现代汉语的影响，以期对日常交际、中小学语文教学、对外汉语教学、词典编纂等领域从语用角度给予指导。本书第一章先对语用学的起源、定义、发展以及现代汉语对语用学理论的引进和研究进行了论述，然后对语用学的研究范围、语用与各学科的关系以及语用学的基本要素进行了系统介绍；第二章从现代汉语语音角度探讨了语用学的影响，并从语用视角重新探讨了音节和韵律在现代汉语中所起的作用；第三章从语用角度对现代汉语词汇进行了研究与探讨，从汉语的构词模式、汉语词汇的认知理论与认知方式探讨了汉语词汇词义的扩大、缩小和转移，接着从人体词语、颜色词语、量词、网络词语、借词、古语词和方言等角度探讨了现代汉语的语用修辞功能；第四章从现代汉语的语义出发，对语用修辞在现代汉语的语义组合和语义聚合中的功能与作用进行了系统介绍；第五章从语用修辞角度对现代汉语的短语、句类、句式进行了探讨，并从语用角度对现代汉语中的歧义现象进行了解读；第六章从语用角度探讨了现代汉语语言风格学的理论，并对语体风格的概念、分类和互动进行了研究；第七章从语用角度探讨了小学语文教学的思路；第八章从语用学角度对对外汉语语用教学中出现的常见偏误进行了总结分析，并从语用学角度给出了对外汉语语用教学应遵循的原则与方法；第九章从对外汉语词典和双语词典的编纂角度给予了语用指导与分析。

本书是一本关于现代汉语语用知识的著作，适用于现代汉语专业的学者，并对中小学语文教学、对外汉语教学以及双语词典编纂者有着积极的指导意义。

目 录

第一章 绪 论

第一节 语用学研究现状

语用学是语言学的一个独立研究分支，也是一门新兴的语言学科。自 20 世纪 30 年代语用学作为一个学术术语被提出后，就引发了世界各国语言学家的广泛关注。20 世纪六七十年代，随着世界上第一本研究国际语用学的刊物——《语用学杂志》（*Journal of Pragmatics*）的出版发行，语用学才作为一门新兴的语言学学科得到学术界的承认。从这时起，各国的语言学家纷纷致力于语用学的研究，在短短数十年内就将语用学发展为一门成熟的语言学科。

一、语用学的概念

哲学是所有学科的基础，语用学的产生最初也和哲学有着千丝万缕的联系。1938 年，美国当代著名的语言哲学家和符号学家莫里斯在其著作《符号理论基础》中提出了"符号学三分说"。莫里斯认为符号学包括三个部分：符号关系学（又称句法学）、语义学和语用学。这一术语的提出引发了哲学界和语言界的双重关注，这一术语也被世界各国的哲学家和语言学家所采用。

作为语用学这一术语的提出者，莫里斯对语用学的定义的阐释经历了一个逐渐完善、丰富的过程。1938 年，在提出"符号学三分说"后，莫里斯指出"语用学是研究符号和符号解释者之间的关系"。❶

1939 年，莫里斯在《美学和符号理论》一书中谈到语用学时用"使用者"替换

---

❶ 何自然.语用学概论 [M].长沙：湖南教育出版社，1988.

了"解释者"，即将语用学定义为"语用学是研究符号和符号使用者之间的关系"。❶

1946 年，莫里斯又在其著作《符号、语言和行为》一书中将语用学进一步定义如下："语用学是符号学的一部分，它研究符号的来源、应用及其在行为中出现时所产生的作用或效果。"❷

然而，并不是所有的学者都赞同莫里斯对语用学的定义。1983 年，列文森出版了《语用学》一书，标志着语用学的发展趋向成熟。在这本书中，列文森用了长达 50 多页的篇幅对语用学的定义进行阐释。由此可见，语用学的定义具有一定的复杂性。索振羽在《语用学教程》一书中介绍了列文森对语用学的 9 种定义。❸

（1）"语用学是对说明为什么某一组句子是不规则的或者某些话语是不可能的那些规则的研究。"这一定义指出句子和话语的多变性是语用学的研究要素之一。

（2）"语用学是从功能的观点（通过涉及非语言的强制和原因来解释语言结构的某些方面）对语言进行研究。"这一定义强调了语言的功能性。

（3）"语用学应该只跟语言的使用原则相关，跟语言结构的描写无任何关系。"这一定义强调了语言的使用原则，否认了语言结构与语用的关系。

（4）"语用学既包含语言结构的语境依赖的各方面，又包含跟语言结构有关系或很少有关系的语言的运用和理解的各项原则。"这一概念指出了语境在语用中的重要作用。

（5）"语用学是对在一种语言的结构中被语法化或被编码的那些语言和语境之间的关系的研究。"这一定义进一步明确了语用学的研究对象是语言和语境以及语法和编码的关系。何自然、冉永平在《新编语用学概论》中指出这一定义窄化了语用学的范围，将其研究范围囿于纯语言问题上。

（6）"语用学是对未被纳入语义理论的意义方面的研究。"这一定义将语用学的研究对象扩大为语言的意义，但在实际话语交际中语言的意义受到语境、谈话人双方、话语结构等因素的限制，因此与上一条定义正好相反，这一定义将语用学的范围扩大化了。

（7）"语用学是对语言和语境之间对说明语言理解具有重要性的那些关系的研究。"这一定义强调了语境要素在语用学中的重要作用。

（8）"语用学是对语言的使用者把句子跟使句子合适的语境相匹配的能力的研究。"这一定义强调了语言使用者对语言的认知能力，强调了语境对语言含义的影

---

❶ 夏中华.语用学的发展与现状 [M].北京：中国社会科学出版社，2015.

❷ 何自然，冉永平.新编语用学概论 [M].北京：北京大学出版社，2009.

❸ 索振羽.语用学教程 [M].北京：北京大学出版社，2000.

响，还强调了语言和语境的匹配性，是得到认同最多的一个定义。

（9）"语用学是对指示词语（至少是其中的一部分）、含义、预设、言语行为和语篇结构的某些方面的研究。"这一定义指出了语用学研究对象为语义、语境、语言行业和话语结构的关系。

列文森之所以提出 9 种不同的语用学定义，是因为他认为每一种定义都不完美，但又都能概括一些语用学的特点。和莫里斯的观点相比，列文森对语用学的定义显然要具体得多。列文森的这些定义均以语言现象为重点，包含指示语、会话含义、预设、言语行为、会话结构等语言要素。列文森的这些思想给了语用学研究者很大的影响和启发，尤其是对我国语用学研究来说，列文森的这些思想具有极强的启蒙意义。

此后，经过数十年的发展，国内外学者从不同角度、不同立场对语用学进行研究的同时，给出了不同的定义。

何自然、冉永平在《新编语用学概论》中列举了自列文森之后的语用学的几个重要定义。

第一个是 1995 年英国学者托马斯提出的语用学定义。托马斯指出："言语交际与意义生成等都是一个动态过程，意义不只是词义，也不只是由说话人单方面生成的或由受话人解释的。"据此，托马斯提出了"动态语用学"的概念，强调语用学研究的是一个动态的而非静态的过程，这一过程中包括说话人、听话人、语境等因素，这些因素任何一方的变化都会影响语言的表达和意义的理解。所以，与传统语用学定义中的静态化不同，托马斯指出无论句法学、话语分析还是语义学，都是语言描写的一个层面，而使用语言的过程是一个力求注意语言变化的过程，而非社会、语境等参数的静态反映。托马斯的这一观点极大地拓展了人们对语用学的认识，揭示出语用学不仅是一门关于语言意义的学科，还是受到多种因素影响的、极具变化性的一门学科。

第二个是 1992 年布莱克莫尔等语言学学者从话语理解角度提出的语用学定义。布莱克莫尔指出："听话人的语言知识和他的世界知识之间存在一定差异，这一差异隐含了语义学和语用学之间的差异。"他的这一观点拓展了从认知心理学的视角以话语进行理解并对话语理解进行系统探索的语用分析。语用学涉及很多方面，既包括说话人的立场，又包括听话人的角度，因此是一门综合学科。

第三个是 1992 年史密斯和莱因诺宁等人提出的语用学的定义。语用学的研究十分复杂，包括谈话前提，谈话场景，谈话原则与含义，意义表达的恰当性，说话人和听话人的立场和出发点，双方在谈话时选择意义、表达意义以及理解意义的制约因素，交际行为的管理和控制，等等。这个定义的内容十分宽泛，体现了语用研究的动态过程。相较列文森从语言实际出发的研究，这一定义更强调语言在使用过程中的变化性。

除了外国学者的观点外，我国许多学者也对语用学的定义提出了自己的观点。比较有代表性的有以下几种。

第一种是胡壮麟提出的，他指出："语用学，即语言实用学，是符号学中的实用学在语言学领域中的运用。"

第二种是戚雨村提出的，他指出："语用学是研究语言运用及其规律的学科。它从说话者和听话者的角度，把人们使用语言的行为看作受各种社会规约制约的行为，研究特定语境中的特定话语，着重说明语境可能影响话语解释的各个方面，从而建立语用规则。"

第三种是索振羽提出的，他指出："语用学研究在不同语境中话语意义的恰当地表达和准确地理解的基本原则和准则。"话语意义的"恰当地表达"是指说话人针对不同的语境把自己的意图选用恰当的言语形式表达出来；话语意义的"准确地理解"是指听话人依据说话人已说出来的话语的字面意义和特定环境推导出说话人所说话语的准确含义。

第四种是何自然提出的，他指出："语用学研究特定情景中的特定话语，特别是研究在不同的语言交际环境中如何理解和运用语言。"

第五种是钱冠连提出的，他将语用学的定义分为窄式定义和宽式定义。窄式语用学的定义：语用学是一种语言功能理论，它研究语言使用人是如何在附着于人的符号束、语境和智力的参与和干涉之下对多于字面的含义做出解释的。宽式语用学定义：语用学是一种语言功能理论，它研究语言使用人是如何在附着符号束、语境和智力的参与和干涉之下运用话语的。

除了以上定义外，学术界对语用学的定义还存在许多不同的观点，甚至各大著名的词典对语用学的定义也不相同。此外，在探讨语用学定义的过程中，学者曾将语用学与其他学科相混淆，其中产生疑惑最多的是语义学和语用学之间的联系和区别。1981年，学者利奇为了区别语义学和语用学提出了四条标准，这四条标准至今仍然有助于我们对语用学定义的理解。

（1）是否涉及发话人或受话人（在不考虑说/写区别的情况下可称他们为言者或听者）。

（2）是否涉及言者的意图或听者的理解。

（3）是否涉及语境。

（4）是否涉及通过使用语言或依靠使用语言而施行的那种行为或行动。

尽管学者对语用学的定义见仁见智，但他们的定义都包含四个关键性的因素，即语言的使用者、语境、意义产生和理解、语言的使用。其中，语言的使用者包括发话人和受话人；语境即语言使用的环境，其对语言有限制或补充的作用；意义产生和理解暗含着对发话人和受话人双方的影响；语言的使用是整个语用学的前提。明确了这四个关键性因素有助于我们对语用学定义的理解。

二、语用学在国外的发展

纵观语用学在国外的发展，可以分为萌芽期、发展期、成熟期、深研细分期四个阶段。

第一个阶段是 20 世纪三四十年代，这一时期是语用学的萌芽期。1938 年，莫里斯出版了《符号理论基础》，这本书中将语用学作为符号学的一部分，并对语用学的定义进行了阐释。因符号学是西方哲学中的一个重要概念，因此莫里斯提出语用学的定义后，最先在哲学领域引发了关注。因为当时狭义的语言学只研究语言结构，不考虑语言的实际运用，所以当时人们争论的焦点是语用学本身的含义与当时的成熟学科语义学之间的区别，而没有对语用学的具体研究对象进行深入讨论。

第二个阶段是 20 世纪五六十年代，这一时期是语用学的发展期。这一时期语用学发展缓慢，但仍有学者对其进行了研究和探索。20 世纪 50 年代，巴尔·希列尔在综合研究了前人对语用学的成果后，提出将语言中的指示语作为语用学的研究对象进行研究，因此指示语也成为语用学中第一个明确的研究单位。这一研究理论将语用学向前推进了一大步。

20 世纪 60 年代，英国哲学家奥斯汀在语用学的研究过程中突破了将语言局限于结构的藩篱，把语言作为一种行为进行了研究。奥斯汀因此提出了言语行为理论，他主张"说话就是做事"。指出了在语言运用过程中，当说话人说出了包含一定意义的话语后，听话人接受了这个信号，听懂了话语中所包含的意义，即为说话人成功实施了某种行为，奥斯汀将这种行为称为言语行为。这一观点指出了语用学所包含的说话人、听话人以及言语意义三个因素。

第三个阶段是 20 世纪七八十年代，这一时期是语用学的成熟期，也是语用学理论的大发展时期。这一时期的主要理论包括言语行为理论、会话含义理论、关联理论、预设理论等。

言语行为理论是 20 世纪由奥斯汀先行提出的。20 世纪 70 年代，奥斯汀的学生塞尔进一步完善了这一理论，提出了一个名为间接言语行为的理论，他认为许多时候人们虽然用言语表达了某种意义，但是在字面之下还隐含着其他意义，如果只从言语的表面去理解，难以直接、清晰地理解说话人想要表达的意义。他指出："说话人之所以能传达出多于或有别于话语字面意义的含义，其所依靠的是他和听话人之间的共有知识，以及听话人所具有的一般分析和推理能力。"这一理论进一步指出了语用学的内涵十分丰富，有学者指出言语行为理论是语用学研究的核心理论，言语行为是语用分析的基本单元。

除言语行为理论外，20 世纪 70 年代语用学理论的重大研究进展还有美国哲学家格赖斯提出的"会话含义"理论。格赖斯认为话语中的含义包括两种：第一种是常规含义；第二种是会话含义。其中，常规含义是由组成话语的词语所表达的意义来确定的，是一种适用于任何语境的话语含义，不隐含其他意义。会话含义则需要借助说话时的语境来推导出说话人的真正含义。那么，如何借助语境推导出会话含义呢？格赖斯提出了一个大原则，即"合作原则"。这个大原则中又包括四条准则，即数量准则、质量准则、关系准则和方式准则。格赖斯指出，为了使会话顺利进行，交际双方需要共同遵守这些准则，如果出现双方或一方违反这些准则的情况，那么就产生了会话含义。这一理论提出后，立刻引发了众多语用学研究者的关注。当时许多著名的语用学家（如霍恩、列文森、利奇、斯珀波、威尔逊等）都对格赖斯提出的会话含义和合作原则进行了研究和阐述，甚至有的学者将修正格赖斯的理论当作语用学的主要内容，由此引发了更多的观点交锋。

霍恩对格赖斯的观点进行深入研究后，将会话含义中合作原则的四条准则改造成了两条准则，这两条准则分别是 Q 原则和 R 原则。然而，更改后导致会话含义的推导机制失去了推导媒介，因此未能在语用学界产生广泛影响。

列文森对格赖斯的观点也极为关注，他在自己的专著中对会话含义及合作原则进行了多次阐述。在经过数十年研究后，他于 1991 年提出了"新格赖斯语用学机制"，这一机制包括量原则、信息原则、方式原则，对其后的语用学理论界影响较大。

基于对格赖斯会话含义的研究，利奇于 1983 年提出了"礼貌原则"。利奇指出："尽量减少（其他因素相等的情况下）不礼貌信念的表达，尽量增加（其他因素相等的情况下）礼貌信念的表达。"为了进一步用礼貌原则推导会话含义，利奇又提出了包括人际修辞原则等在内的社交语用研究，人际修辞原则以礼貌为核心，其关注焦点不在于话语本身，而转移为话语信息之外的人际关系。礼貌原则中包括六条准则，即得体准则、慷慨准则、赞誉准则、谦逊准则、一致准则和同情准则。这一理论是对格赖斯会话含义和合作原则的重要补充。礼貌原则提出后引发了列文森和布朗的关注，他们在探讨交际场合中的礼貌问题时提出了"面子理论"。他们认为，社会成员中所有有理性的人都有面子，面子又分为两种：一种是正面面子，又叫积极面子；另一种是负面面子，又叫消极面子。面子是人们的一种基本需求，在社交过程中，交际者需要时刻注意维护、增加自己的面子，同时照顾、增加对方的面子。当在交际中不可避免地实施威胁或伤害对方的面子的言语行为时，需要采取一些礼貌策略来减少对对方或双方面子的损害。面子理论的提出使礼貌原则的内涵更加丰富，广大学者和研究者以此为框架展开了对不同社会文化背景下礼貌现象及策略的研究，礼貌现象也因此成了语用学研究中的一个基本单元。

斯珀波和威尔逊基于对格赖斯合作原则的研究，从人类认知事物的角度提出了著名的"关联理论"，提供了一种新的语用学研究视角。斯珀波和威尔逊指出："定识在语境中的关联程度取决于其语境效果能达到多大限度，以及所需要的心力能控制在多小限度。"他们指出，在交际中存在两个关联原则：一是认知关联原则，即"人的认知倾向追求最大关联"；二是交际关联原则，即"每一个明示的交际行为都应设想为它本身具有最佳关联性"。关联理论从认知学的角度出发，将认知学和语用学联系起来，从而开辟了新的语用学研究方向，即认知语用学研究方向。

1983 年，列文森发表了著名的《语用学》专著。这一专著将哲学概念中的预设概念和会话结构一起纳入了语用学的研究范畴中。语用学界对预设的研究最早是 20 世纪 70 年代。当时，语用学者对预设的研究主要集中在两个方面：一是预设对语境的敏感性；二是预设的本质问题。学术界对预设的本质存在多种看法，主要观点有三种。第一种将语用预设等同于语用推理，指"那些对语境敏感的，与说话人（有时还包括说话对象）的信念、态度、意图有关的前提关系"；第二种将语用预设视为一种必要条件，认为它是"有效实施言语行为必须满足的恰当性条件"；第三种将语用预设视为"交际双方所共有的知识"。此外，列文森认为会话是使用语言的基本形式之一，深入了解会话结构有助于人们正确使用语言。

综上所述，20 世纪七八十年代是语用学理论的大繁荣、大发展时期，学者从不同的研究角度提出了各种理论，出版了成百上千本专著。这一时期还出现了三个重要事件。第一个事件是 1977 年，国际语用学的第一本杂志《语用学杂志》在荷兰创刊并正式发行，语用学界普遍认为这一事件标志着语用学正式成为世界学者公认的一门新兴学科；第二个事件是 1983 年语用学的代表人物列文森和利奇分别出版了《语用学》和《语用学原则》两本专著，奠定了语用学研究的基础；第三个事件是 1985 年 9 月国际语用学研讨会在意大利召开，第二年（1986 年）国际语用学会正式成立。这三个事件成为标志着语用学走向成熟的重要事件。

第四个阶段是 20 世纪 90 年代后，语用学研究进入深研细分期。进入 20 世纪90 年代后，语用学的研究呈现出三个态势：第一个态势是语用学的研究内容进一步细致化，开始出现行业语用学的研究；第二个态势是语用学与其他学科的交叉和融合现象增多，出现了语用学与语法学、词汇学、语义学等学科关系的深入研究；第三个态势是语用学的影响范围越来越大，越来越多的国家开始建立、发展本国的语用学，其研究范围也不断地扩展，研究成果随之涌现，呈现出了方兴未艾的发展势头。

三、现代汉语对语用学的引进及研究理论、研究成果

作为一名发展不足百年的新兴学科，语用学以强势姿态成为近年来发展最为迅猛的学科之一。我国自 20 世纪 70 年代引进语用学理论以来，语用学一直呈现出迅猛的发展态势。中国的语用学发展可以分为引进理论、批判与扬弃、创新与发展三个阶段。

第一个阶段是引进理论阶段。

1979 年，许国璋在《语言学译丛》上发表了英国哲学家、语用学家奥斯汀的一篇演讲稿《论言有所为》。20 世纪 80 年代，胡壮麟发表了《语用学》一文。在这篇文章中，胡壮麟系统地介绍了语用学科这个新兴学科，其内容主要包括四个方面，即语用学科研究对象和研究方法、语用学科与其他学科的关系、语用学的流派和分支、语用规则。其中，尤其对列文森、利奇、格赖斯等语用学家的理论进行了较为详细的介绍。中国语用学界普遍将胡壮麟这篇文章作为语用学在中国发展的开端。此后，国内语言学家对语用学这门新兴学科展开了深入而广泛的研究。

1986 年，沈家煊对列文森的著名语用学专著《语用学》一书的内容进行了翻译，并分章节发表于《国外语言学》上。1988 年，何自然出版了我国第一本语用学专著——《语用学概论》。在这本书中，何自然全面而系统地介绍了语用学的产生、研究对象和主要分支等，这本专著成为众多中国语言学者和语用学者了解语用学理论的基础读本。1989 年，中国社会科学院语言研究所成立了"汉语运用的语用原则"课题组，运用国外成熟的语用学的原理和方法来研究现代汉语的语法和语用法。

20 世纪 90 年代，中国语言学研究学者开始大量对欧洲以及日本、美国等语用学理论进行介绍和评价。1991 年，钱冠连对欧洲宏观语用学代表人物维索尔伦的语言适应论进行了介绍和评论。2000 年，钱冠连又对维索尔伦的《如何理解语用学》进行了翻译和评述。

顾曰国介绍了美国哲学家塞尔的间接言语行为理论，并对其进行了评述。何自然对语用学中的英美学派和欧洲大陆学派这两个学派的思想、理论以及对语用学的研究成果进行了系统的介绍。2003 年，何自然又把语用学领域的新事物——

语言模因论引进了中国，使中国语用学的研究紧跟世界语用学研究的步伐。

此外，冉永平参加了第十二届国际语用学大会，并对此次大会的主题和专题发言进行了系统介绍，使国内语用学者及时了解到国际语用学的多维发展趋势。

第二个阶段是继承和扬弃阶段。

20世纪90年代，我国学者在引进国外语用学思想的同时，开始对各语用学理论和语用学流派的思想进行批判性的吸收。

顾曰国在对奥斯汀的言语行为理论进行介绍时，指出这一理论在施事行为的分类和对取效行为的分析上存在着不足。顾曰国认为奥斯汀在取效行为的认定上，忽略了说话者的动机和意向这一前提。因此，他认为不能用言语效果来判断取效行为的性质，相反，应该用听话人对言语的反应来判断取效行为的性质。

1990年，钱冠连对宏观语用学和微观语用学的观点进行了介绍，同时对两者的研究内容进行了分析与批判。

高航在介绍列文森和布朗的面子理论和利奇的礼貌原则时指出，当时的学者在提出这两个理论时过于关注听话人的感受而忽略了说话人。此外，他还指出在研究礼貌原则时应将礼貌行为分为指示性礼貌和策略性礼貌两种，以在交际时及时调整言语以应对不同的面子需求。

袁毓林在介绍预设等语用学概念时，指出西方语用学对否定句的预设有一定缺陷，他认为"否定句并没有辖域歧义，也没有语义模糊"。

姜望琪在对语用学中指示语的语用功能进行介绍时，指出西方语用学对指示语的研究存在不少问题。

唐瑞梁在对列文森一般性会话含义理论进行介绍时也指出了其理论的缺陷。

除以上学者外，我国其他语用学学者在学习西方权威理论的同时，保持着不盲从、不过分崇拜的态度，对其中的某些观点提出了质疑与独特见解，为中国语用学理论的创新奠定了良好的基础。

第三个阶段是创新与发展阶段。

近年来，随着语用学在我国的不断发展，汉语语用学的研究受到了越来越多学者的关注。我国学者在引进和吸收西方语用学理论的基础上，使用语用学的原理研究现代汉语中的各种语言现象，取得了许多实质性的突破，也提出了许多独创性的观点，成为国际语用学界中不可忽视的一支。

首先，在教材建设方面。1988年，何自然出版的《语用学概论》是我国第一部系统介绍语用学的专著，也是我国第一部语用学教材。1997年，经过十年对语用学的研究后，何自然在《语用学与英语学习》一书中首次对如何使用语用学理论学习英语进行了讨论。同年，姜望琪出版了《语用学——理论及应用》一书，它是我国第一本系统介绍语用学理论的英文专著，对当时国内外语用学的最新研究成果进行了系统的介绍、分析和评述。

2009 年，何自然与冉永平合作出版了《新编语用学概论》。作为《语用学概论》的新版本，这部书中增加了许多语用学的最新研究理念，如顺应论、模因论等内容，成为中国语用学界一本不可忽略的语用学专著和教学用书。

其次，在语用学理论建设方面。除钱冠连的"三带一理论"外，霍永寿对语用学中的关联理论提出了改进的建议。

再次，在学科交叉方面，夏中华对语用学和修辞学进行了大量深入的研究后，提出语用学和修辞学十分有结合的必要，可以将两个学科的研究内容和研究方法互相渗透，以语用学的理论为修辞学注入活力与生机。

近年来，为了及时总结、梳理我国的语用学研究成果，中国社会科学院语言研究所"汉语运用的语用原则"课题组于 1994 年结集出版了中国首本语用学论文集——《语用研究论集》。2001 年，中国语言学者束定芳将自 20 世纪 80 年代以来在我国和外国核心期刊上发表的中国语用学研究论文进行了分类梳理，结集出版了《中国语用学研究论文精选》，该论文集按中国语用学研究轨迹收录了 53 篇论文，是了解中国语用学理论发展的重要集著之一。

纵观中国语用学的发展历程，可以发现中国语用学经历了一个学习国外语用学理论、研究汉语语用学理论的过程。目前，从中国语用学的研究成果来看，中国学者对语用学的研究可以分为三个方面：一是语用学理论研究；二是面向汉语语法和语用法的研究；三是面向外语教学的语用学研究。本书主要从语用学视角对现代汉语的应用进行研究。

第二节　语用学研究范围及研究方法

从上文中语用学的发展历程以及语用学定义可以看出，语用学涉及的内容十分复杂，与语言学、语义学、语境学、修辞学、认知学等学科有着千丝万缕的联系。学者从不同角度出发对语用学的研究范围进行了界定，也摸索出了一套语用学的研究方法。

一、语用学的研究范围

在语用学发展的短短数十年中，语用学的研究对象和内容呈现出不断变化、逐渐丰富的特点。目前，语用学的研究内容可以分为两大类：一类是传统语用学研究范围；另一类是当代语用学研究范围。

（一）传统语用学研究范围

1983 年，列文森在《语用学》一书中将指示语、会话含义、预设、言语行为、会话结构五个方面作为语用学研究的主要内容。当时，世界上的语用学者主要存在于欧洲大陆以及英国、美国等，因此列文森根据这些国家和地区的学者对语用学的不同观点和主张，将语用学的研究学派分为欧洲大陆学派和英美派。这两个学派由于观点不同，对语用学的划分也不尽相同。

1. 英美学派观点

英美学派学者对语用学的划分主要以英国语言学家列文森的观点为代表。自1983 年，列文森出版《语用学》后，又对书中的观点进行了进一步补充，随后英美学者围绕列文森的观点，对语用学进行了深入的研究，并出版了一系列著作和教材，组成了一个以英美学者为主的语用研究学派。

英美学派的主要观点：语用学是语言学研究的一部分，即语言的分相研究。他们认为语用学与句法学、音系学、语义学、形态学等平行，都属于语言学的分支或分相。英美学派的这种语用学观点被语用学者称为微观语用学。

英美学派语用学的研究包括指示语、会话含义、言语行为、会话结构、预设（前提）等在内的具体的语言实际运用内容。这种语用学的研究范围也是目前世界上认同度最高的一种划分法。

2. 欧洲大陆学派观点

欧洲大陆学派是指关注语言使用的社会语境以及机构语境的、主要由欧洲大陆学者为主组成的语用研究学派。

欧洲大陆学派的主要观点：与语言的理解和使用有关的都是语用学的研究对象。他们认为语用学不是语言的分支，而是研究语言的一个独特的功能性视角，是一种结合对语言运作的认识，并包含社会因素和文化因素在内的一种综合性的研究思路。欧洲大陆学派的这种观点被语用学者称为宏观语用学或语用学的综观论。

欧洲大陆学派语用学的研究包括话语分析、交际中的人类文化学及社会语言学、心理语言学等在内的内涵深、外延广的内容。与英美学派相比，欧洲大陆学派从两个方面扩大了语用学的研究范围。一是从外延上扩大了研究对象的范围，不是从语言学的角度孤立地进行话语、句式分析，而是将话语放在其身处的语境中去综合考察；二是从内涵上挖掘话语背后的隐含意义。这一学派的代表人物是梅耶和维索尔伦。

相较英美学派的观点，欧洲大陆学派的观点获得的支持较少。我国目前对语用学方面论文、专著的引进也以英美学派为主，但随着语用学研究的深入，越来越多的学者开始倾向于将英美学派和欧洲大陆学派的理论结合。例如，何自然和吴亚欣于 2001 年发表的《语用学概略》以及曾文雄于 2009 年出版的《语用学的多维研究》中都提倡将两者结合起来，以便更好地理解语用学。

（二）当代语用学研究范围

20 世纪 90 年代以来，随着语用学研究的深入，世界各国学者从许多新的角度对语用学的研究范围进行了探索。

戴维斯以英美学派的观点为主，借助欧洲大陆学派的主张对研究范围进行了拓展。他认为，语用学的研究范围应包括说话人意义和说话人所指、指引词语、直接与间接言语行为、会话含义和关联理论、预设、语言的非直义用法等。

尤尔则将语用学的范围总结为四点：说话人意义、语境意义、字面表述之外的意义、交际者的相对距离的表达。四者之间相互关联。

中国学者俞东明在 1993 年发表的《语用学定义与研究范畴新探》一文中对语用学的范围提出了自己的见解，他认为除了传统语用学的研究范围外，还要关注四个新方向，分别是语用学原型理论、语言活动类型、语用策略和语用模糊现象。

近年来，越来越多的国家开始对语用学进行深入研究，如日本的语用学研究也取得了一定的成果。中国学者陈新仁和余维就结合日本语用学的研究成果，对语用学研究范围提出了新的见解。他们认为，语用学应该包括四个方面：首先，要在实际的语言使用中总结用语规律；其次，关注语用学在公共领域的生态建设；再次，关注语言模因；最后，关注语用学和认知语言学之间的关系和结合。

除此之外，《朗文语言教学与应用语言学词典》中的语用学词条中也提到了语用学的范围，其中总结出了四个方面：对言语的理解、运用以及其与现实世界间的关系的认识；说话者对言语行为的使用；句子结构及说话者、听话者之间的关系；语用学与语义学之间的关系。

综上所述，语用学的研究范围随着语用学的发展成熟和学者对语用学研究的深入而不断变化。正如曾文雄在《语用学的多维研究》中所说的："无论语用学未来如何发展，其研究范围如何变化，语用学这一学科关注的始终是自然世界、社会世界、人文世界的交往意义，在其哲学层、理论层、应用层与技巧层面开展深入的研究，使人们能理性地实现传递信息，成功完成交际。"❶

---

❶ 曾文雄.语用学的多维研究［M］.浙江：浙江大学出版社，2009.

二、语用学与各学科的关系

语用学自萌芽时期开始，就与各学科有着深厚的渊源，后经过数十年的发展，其与哲学、符号学、认知语言学、心理学、语义学、修辞学等学科的联系更加紧密。

（一）语用学与哲学

语用学的概念最初是从哲学学科中的符号学领域演化出来的，其产生和发展的过程中带有浓重的哲学痕迹。最初探讨语用学的一批学者以哲学学者和语言学学者居多。

哲学在发展的过程中曾出现过本体论、认识论和语言研究几个方向。20世纪初，西方的哲学家在研究哲学问题时发生了转向，向语言研究方向转移，因此产生了语言哲学，主要关注语言的使用主体之间的交流。在这次转向中，语言代替了哲学中的认识论，哲学家的研究从知识的起源和人类的认识能力等问题向语言的本质、交流、理解等方面转移。哲学家对语言的重视极大地推动了语言学的发展。20世纪30年代，哲学家莫里斯提出了语用学的定义，从而引发了哲学家对语用学的研究。哲学家对语用学的研究有着哲学和语用学双重意义。一方面，哲学家借鉴语用思维分析法解决了哲学难题，也有效推动了语言学的发展；另一方面，哲学家用语用分析法研究哲学问题时，推动了语用思维的发展和语用学的诞生。

随着近年来语用学发展的深入，越来越多的学者开始追溯语用学的渊源，对哲学和语用学的关系做了深入的探析，产生了一批新的著作，提出了新的观点。中国探讨语用学与哲学关系的主要作品如下：

钱冠连创作于2002年的《汉语文化语用学》，其中有四个主要观点。其一，语用学是哲学的一个分支；其二，哲学家在语用学的学科发展过程中起到了极大的助推作用；其三，语用学的许多重要概念都来源于哲学；其四，语用学的分析单元与哲学的某些分析单元相重合，可视为哲学的直接产品。

曾文雄创作于2006年的《中西语言哲学"语用学转向"探索》，其中有两个主要观点。其一，哲学家对语用学的观察始于古希腊时期，因此语用学与哲学的渊源十分深远。哲学家亚里士多德曾在其著作《修辞学》中提及语用学是一种交流模式。其二，当代语用学的诞生源于哲学家对语用分析方法的借鉴。

此外，郭贵春、贺天平创作于2006年的《现代西方语用哲学研究》，冉永平、张新红创作于2007年的《语用学纵横》均为探讨哲学与语用学关系的著作。

　　除以上作品外，我国语用学和语言学学者还发表了大量具有高价值的语用学与哲学关系的论文。

（二）语用学与符号学

　　如果说哲学是推动语用学发展的基础学科，那么符号学就是推动语用学发展的直接学科。符号学是哲学的一个分支，其与哲学有着直接渊源。符号学的奠基人皮尔斯提出符号三元观。美国符号学家莫里斯对符号三元观进行了深入研究，并提出了符号的语法、语义和语用说，提出了语用学的定义。莫里斯将语用学作为符号学的一部分提出来，从此开创了语用学的新纪元。

　　目前，国内学者在对语用学的深入研究中创作了一批有关语用学和符号学的作品，如徐继宁发表于 1999 年的《语言符号的语用功能》，李红发表于 2000 年的《先验符号学中的语用学转向》，杨文全、方芳、周丽辉发表于 2004 年的《现代符号学理论对中国语言研究的影响》，郭鸿发表于 2005 年的《语用学的符号学分析》，等等。

（三）语用学与语义学

　　语用学与语义学之间的联系与区别是语用学研究的一个重点内容。语用学和语义学均是研究语言意义的学科，哲学家对两者之间的界限以及两者之间关系的归属问题存在较大的争议。两者之间的关系可以概括为三个观点：第一个观点为语用学是语义学的一个分支，应该归入语义学；第二个观点与第一个观点正好相反，认为语义学是语用学的一个分支，语义学应该归入语用学；第三个观点是两者是有清晰的界线，但又相互补充的不同学科。这三个观点均有不少支持者，第三种观点的影响最为广泛。目前，国内持有第三种观点的学者对语用学与语义学之间的关系做了详细解读，其主要观点如下：

　　1980 年，胡壮麟发表了《语用学》一文，其在这篇文章中详细解释了语用学与语义学的区别，具体可以分为五点：其一，语义学注重对词语意义的研究，而语用学包括但不限于词语的意义；其二，语义学是通过语言本身来反映现实，而语用学是语言使用者根据综合信息，通过语言词语和结构的表达来传达信息的；其三，语义学是辨别真假的理论，语用学是判断正确性的理论；其四，语义学是对真理条件的可塑说明，语用学是对正确条件的可塑说明；其五，语义学关注逻辑结果关系，语用学关注认识性的正确条件。

　　2002 年钱冠连在《汉语文化语用学》中指出语义学与语用学的区别有三点。其一，语义学关注词语或句子的字面意义，即规约意义；语用学关注词语或句子的引申意义，即非规约意义。其二，语义意义具有不变性；语用意义具有可变性，随着语境的变化而变化。其三，语义学主要研究的是词语的意义；语用学除词语外还研究语段和语篇的意义与功能。

2009 年何自然、冉永平的《新编语用学概论》一书从意义的角度指出了语义学和语用学的区别：语义学研究的意义是句子的认知意义，是不受语境影响的意义；语用学研究的意义是话语行为的意义，是在语境中才能确定的意义。由此得出的结论是，语义学和语用学是互补关系，虽然都研究语言意义，但是又互不相同。

目前，国内关于语用学与语义学关系的作品主要有何兆熊出版于 2000 年的《新编语用学概要》、索振羽出版于 2000 年的《语用学教程》、钱冠连出版于 2002 年的《汉语文化语用学》、张韧弦出版于 2008 年的《形式语用学导论》、何自然、冉永平出版于 2009 年的《新编语用学概论》等。

（四）语用学与修辞学

语用学和修辞学是两门互相关联的独立学科，对于两者间的关系，目前国内学者有以下四种观点。❶

其一，修辞学和语用学是两门独立的学科，其拥有各自清晰的理论目标，不宜把一方强行纳入另一方。

其二，修辞学和语用学之间存在相同之处，但也有不同之处。目前，大部分学者持有这种观点。

其三，修辞学是语用学的分支，是语用学中语言符号在社交中的艺术化运用。

其四，修辞学和语用学的研究对象和研究方法均不相同，然而两者的目的很相近，所以是一种殊途同归的关系。

1.语用学与修辞学的相同之处

语用学与修辞学的相同之处有两点。其一，内容、研究对象相同。两者均发源于哲学，且同属于语言学研究的重要内容；两者研究内容相同，都是研究如何使用语言的学科；两者研究对象也相同，均以语言环境、言外之意、言语行为、动态言语流程的理解等为研究对象。其二，目的或效果相同。修辞学注重表达的得体性，语用学也以在不同的环境中增强语言的环境适应能力为目的，两者都涉及表述得体的目的。

---

❶ 王德春，陈晨.现代修辞学 [M].南昌：江西教育出版社，1989.

2.语用学与修辞学的不同之处

语用学和修辞学的不同之处主要体现在八个方面。

其一，两者研究范围不同。修辞学关注言语的表达，不对言语的理解进行研究；语用学既关注言语的表达，又关注言语的理解。

其二，两者研究的言语交际类型不同。修辞学主要注重书面表达，较少用于口语交际；语用学则主要用于口语交际，但也涉及书面语篇以及篇章语用学。

其三，两者对语体风格的研究态度不同。汉语修辞学中包括言语风格和语体两方面的内容；语用学则不对言语风格和语体进行系统研究。

其四，两者在运用修辞时，本体假设不同。修辞学追求言语的最佳表达，其出发点和立场以说话者为主，表达说话者的情感和言语效果；语用学则既包括说话者所表达的意义，又涉及听话者的理解，因此语用学在运用修辞方法时要照顾听话者，其出发点和立场是让听话者准确地理解话语的真实意义。

其五，两者所揭示的原则和性质不同。修辞学的原则是切合规范的场景和题旨，带有强制的规范性；语用学则以说话者和听话者理解为主，注重合作原则、礼貌原则、关联原则等，不必刻意遵守某个规程。

其六，两者追求的效果不同。修辞学追求表达效果，即说话者运用各种修辞手段进行表达，其表达的效果由说话者自己判断；语用学注重语境效果，更强调听话者是否理解了说话者想要表达的意义。

其七，两者的语境不同。修辞学中提及的语境是一种客观情境，包括时间、地点、对象、上下文等；而语用学提及的语境是兼顾说话者和听话者双方的一种语境，不仅包括客观情境，还包括说话者和听话者双方的心境、知识素养等。

其八，两者的研究范式不同。修辞学在使用中有严格的规定，常借用修辞格来表达意义；语用学在表达过程中并不遵循某种文体或规则。

鉴于修辞学与语用学之间的关系，许多学者对未来两个学科的发展提出了不同的观点。

郑远汉对这两门学科今后发展的看法："修辞学会发展，语用学待成熟，得静观其变。或许相互借鉴，以致合流；或许分道扬镳，成为两门有各自对象和任务的不同学科。"

张会森指出：一种可能的趋势是建立"语用修辞学"。❶

本书从语用修辞学的视角进行现代汉语研究，通过对现代汉语语音、词汇、语义、语体等方面的研究，从语用角度对教学和词典编纂提出新的见解。

---

❶ 张会森 . 修辞学与语用学 [J]. 当代修辞学，2000(4): 24-25.

三、语用学的基本要素

语用学研究的主要对象是语言的使用和理解，其中涉及语境、话题和说明、焦点和预设、言语行为等几个方面。

（一）语　境

语用学中的语境包括三个方面的含义。首先，语境是指"言谈现场"，也称为话语的物理语境，这一语境包括说话者和听话者双方以及当时所处的时空环境。这也是语境中的"第一现象"，只有充分理解言谈现场中说话者、听话者以及言谈空间的关联性，才能准确地传递与理解信息。例如，《三国演义》中曹操作为一代枭雄，最为人所诟病的即为其"宁教我负天下人，休教天下人负我"的行为。该行为最初源于曹操对语境话语含义的误解。当时，曹操刺杀权臣董卓失败，连夜逃亡到其父好友吕伯奢的家中，作为随时会被发现举报的逃亡之人，曹操的身心处于高度紧张之中。此时，曹操偶然听到后堂有人商议事情，其中一人道："缚而杀之，何如？"说话者在说此话时，面对的是后堂上绑缚的肥猪，而曹操作为间接受话者，并未看到后堂上的猪，而其恰好正处于时刻提防被人举报的境地，于是听到这句话后产生误解，误杀了想要杀猪款待他的吕伯奢一家。这句话中的物理语境在整个话语理解中起了关键性的作用。

其次，语境中还包括话语语境，简单来说，即上下文语境或一个连贯的言语事件中的前后话语，此时，作为说话者与受话者均已知的事实，在谈话中经常以代词指代。例如：

A："这本词典使用起来怎么样？"

B："不错。它的体例非常好。"

在这句话中，用"它"代替"词典"，却不会产生歧义。此为话语语境。

再次，语境还包括说话者和受话者的背景知识。例如：

A："这幅人物油画中哪一处画得最好？"

B："我认为手部画得相当不错。"

这个对话的话语语境为双方讨论同一幅油画，因此 B 在回答 A 提出的问题时，以"手部"代替了"这幅人物油画的手部"，然而并不影响意思的理解。除此之外，讨论这幅油画，还需要双方均有一定的油画背景知识，否则对话无法进行。语境的背景知识范围十分广泛，既包括生活文化常识，又包括社会文化知识。在对话中，说话者和受话者双方对话语的理解在相当程度上需要借助话语之外的背景知识，因此可以说背景知识是对话双方传递意义特别是言外之意的重要媒介。例如：

A："屋里好冷啊！"

B："把空调温度调高一些好了。"

在这个对话中，B 理解了 A 话语之外的意思，所以用空调来将温度调高，这一动作就是依据双方均知道的空调可以调节温度的背景知识而做出的反应。除了在对话中，在文学作品阅读中也需要足够的背景知识才能更容易理解作者所表达的意思。例如，阅读经济类的书，需要有一定的经济背景知识，否则很难理解书中的概念或书中人物依据事件所做出的反应。

（二）话题和说明

交谈中的话语既要符合语法规则，又要符合语义规则，此外，还必须符合整个语篇组织的需要，才能在特定的语境中有效交流信息，这就涉及话题和说明。话题和说明即说话者和受话者交谈的目的，是向受话者传递一定的信息，这一信息是关于时间、空间等实体的信息，这一点在语用学中称为"信息的基点"。也就是说，对话的句子中所涉及的关于信息基点的实体即句子的"话题"，围绕这一话题的其他句子即"说明"。此外，说话者所涉及的话题不是盲目的，而是有确定、具体的关涉对象，因此说话者和听话者双方才可以理解。例如，"客人来了"和"来客人了"这两句话中，前一句话中的"客人"是双方均知的客人，即话题，其是计划内的"有定"来访者；后一句话中的"客人"则是双方均未预料到的客人，属于计划外的来访者。

话题是句子传达信息的实体，其在句子成分中的位置不同，说明话题传递的信息重点也不同。例如，"兔子的耳朵长"即告诉受话者兔子的相关信息，其中"耳朵长"是兔子的一个特点。而"耳朵，兔子的比较长"这句话中的信息重点是"耳朵"，意思是与其他动物相比，兔子的耳朵是比较长的。

话题是句子传递信息的基点，在整篇话语中围绕这一信息基点组织成的句子存在一定的联系，从而形成"话题链"。例如，"作为老鹰的小姑娘，找到了目标，突然一个拐弯，向右扑过去"。在这个例子中，"目标"是话题，其前后展开的句子是围绕这一目标而进行的。

此外，话题在句法成分中的位置不同，说话者和受话者传递的信息也有所区别。例如，"小王昨天没有来上班""昨天，小王没有来上班"这两句话中，前者的话题和施事者为同一个人，即"小王"，而后者的施事者为小王，话题则转移为"昨天"。

总之，话题在对话以及语篇组织中十分重要，说话者在交流中不仅要将所思、所想表达出来，还要选择合适的词语，符合语法规则和语义规则，此外还要注意信息的基点落在句子的哪个成分，基点不同，句子组织结构也会相应改变。

（三）焦点和预设

交谈的目的是为了传递信息。信息作为交谈的重点，是说话者希望受话人关注的部分，因此被称为句子的"焦点"。交谈中，说话者认为这一焦点是受话者所不知道的信息。而说话者认为自己和受话者都知道的知识即"预设"。例如，"小明吃了饼干"这句话的焦点为"小明"，而"谁吃了饼干"为焦点的预设。因此，在谈话中，预设与焦点十分重要，只有明确了这两点，才能明确话语表达的主题。

（四）言语行为

言语交际是人类的一种社会行为，因此可以从社会交际视角进行言语行为研究。言语行为包括言内行为、言外行为和言后行为三个环节。言内行为是指说话者运用语言结构规则说出有意义的话语的行为；言外行为是指说话者的话语要达到的目的和意图；言后行为是指说话者说出话语后达到的结果。例如，妈妈在家里对孩子说："起风了，把窗户关上。"这里妈妈说出的话语即言内行为，这一话语的目的是为了让孩子把窗户关上，即言外行为，孩子按照妈妈的指示把窗户关上了，即言后行为。在言内行为、言外行为和言后行为三个环节中，言语行为研究最关注的是言外行为，有时候，言语行为即指言外行为。按照谈话的目的，言语行为可以分为命令、感谢、道歉、阐述、祝愿等不同的类型。不同类型的言语行为需要使用陈述句、疑问句、祈使句等句型和语气表现出来。说话者根据不同的对象和目的采用不同的句式，以实现不同的言外行为。

言语行为研究关注言语活动参与者之间的互动关系，关注语言作为一种社会行为的不同目标、效力及其跟使用者社会关系的对应。这一领域的研究内容丰富而复杂，更直接地揭示了语言的社会功能的性质。

第二章 语用修辞与现代汉语语音

第一节 音节与语用修辞

语音是指人类通过发音器官发出的、具有一定意义和目的的、用来进行社会交际的声音。听、说、读、写是人类学习一门语言的基本技能，这四项基本技能都离不开语音。音节是现代汉语语音的基本结构单位，也是听、说、读、写四项基本技能的基础，从语用角度看，只有掌握音节的基本构成和变化规律，才能在话语交际中熟练、准确地表达意思。

一、音 节

音节是语音的基本结构单位，由一个或几个音素按一定规律组合而成，人们可以凭着听觉和发音时的肌肉感觉，自然地察觉到最小的语音片段。在现代汉语中，一个汉字就是一个音节。

（一）音节的构成

传统汉语语音学认为，音节由声母、韵母和声调三部分构成。

（1）声母：主要指辅音声母。

（2）韵母：指音节中声母后面的部分，韵母内部又可分韵头、韵腹、韵尾三部分。

韵头：又叫介音、头音，是指介于辅音声母和韵腹（主要元音）之间的音。普通话中只有 i、u、ü 三个介音。

韵腹：指韵母中口腔开合度最大的元音，也是音节中最响亮、最突出、听觉最显著的部分。若音节中仅有一个元音，这个元音就是韵腹，如 a、i 等。

韵尾：又叫尾音，是指一个音节的收束部分，发音较短、较弱。普通话只有i、u、o、n、ng 五个音素充当尾音。

（3）声调：音节中具有区别意义的音高变化。普通话有四种基本声调：阴平、阳平、上声、去声。

（二）音节的组合

音节的组合有以下几种类型：

（1）声母＋（韵头＋韵腹＋韵尾）＋声调，如 xiù（秀）。

（2）声母＋（韵腹＋韵尾）＋声调，如 gāi（该）。

（3）声母＋（韵头＋韵腹）＋声调，如 xué（学）。

（4）声母＋（韵腹）＋声调，如 tǎ（塔）。

（5）零声母＋（韵头＋韵腹＋韵尾）＋声调，如 yán（延）。

（6）零声母＋（韵头＋韵腹）＋声调，如 wǒ（我）。

（7）零声母＋（韵腹＋韵尾）＋声调，如 ǒu（偶）。

（8）零声母＋（韵腹）＋声调，如 yù（玉）。

（三）普通话音节的结构特点

普通话音节的结构主要有以下几个特点：

第一，一个音节最多有四个音素，最少含有一个音素。例如，"tian（天）"中包含 "t""i""a""n" 四个音素；"e（鹅）"只含有一个音素。

第二，元音在音节中占优势。一个音节通常必须有元音，元音可以多至三个，并且须连续出现，分别充当韵头、韵腹和韵尾。

第三，音节可以没有辅音。辅音只在音节的开头和末尾出现，在音节末尾出现的辅音只限于 n 和 ng。没有两个辅音相连的音节。

第四，汉语音节都必须有声调，必须有韵腹，可以没有声母、韵头和韵尾。

第五，韵头只能由 i、u、ü 充当。韵腹是音节中的主要元音，每个元音都能充当韵腹，如果韵母不止一个元音，就由其中口腔开合度最大、发音最响亮的元音充当韵腹。韵尾由元音 i、u（o）/鼻辅音 n、ng 充当。

（四）音节的声韵配合规律

普通话音节由声母、韵母和声调构成，但不是任何声母、韵母都可相拼。普通话音节有完整的系统。构成普通话音节的 21 个辅音声母和 39 个韵母有机地拼合成 400 多个基本音节，加上 4 个声调的配合，可组成 1 200 多个音节。

声韵调的配合有一定的规律性，其中声母和韵母的拼合规律最明显，主要表现在声母的发音部位和韵母的四呼关系上。

传统的汉语语音学把韵母按开头元音的唇形特点分为开口呼、齐齿呼、合口呼、撮口呼。声母发音部位分为双唇音、唇齿音、舌尖前音、舌尖中音、舌尖后音、舌面音、舌根音，其中舌尖中音分为 d、t 和 n、l 两类。

具体的声韵配合规律有以下几种：

（1）双唇音 b、p、m 不可与撮口呼韵母相拼，可以与开口呼、齐齿呼、合口呼韵母相拼。

（2）唇齿音 f 不可与齐齿呼、撮口呼韵母相拼，可与开口呼、合口呼（限于 u）韵母相拼。

（3）舌尖前音 z、c、s 不可与齐齿呼、撮口呼韵母相拼，可以与开口呼、合口呼韵母相拼。

（4）舌尖中音 d、t 不可与撮口呼韵母相拼，可以与开口呼、齐齿呼、合口呼韵母相拼。

（5）舌尖中音 n、l 可与开口呼、齐齿呼、合口呼、撮口呼韵母相拼。

（6）舌尖后音 zh、ch、sh、r 可与开口呼、合口呼韵母相拼，不可与齐齿呼、撮口呼韵母相拼。

（7）舌面音 j、q、x 可与齐齿呼、撮口呼韵母相拼，不可与开口呼、合口呼韵母相拼。

（8）舌根音 g、k、h 可与开口呼、合口呼韵母相拼，不可与齐齿呼、撮口呼韵母相拼。

（9）零声母能与开口呼、齐齿呼、合口呼、撮口呼韵母相拼。

二、音节调整与语用

初学汉语者发现，在汉语拼读过程中，虽然每个音节的声韵调都读对了，但说起话来仍然有一种典型的"外国腔"。其原因就在于现代汉语音节并不全是静态的，而是存在着一定的音变规律。所谓音变，顾名思义，是指语音的变化。我们运用音节说话、交流时就会发现，音节不是一个一个孤立地说出来的，而是用一连串的音节组成词语和句子，形成"语流"。"语流"不是静止的，而是动态的，运动着的语流中音素与音素之间、音节与音节之间、声调与声调之间产生相互影响，促使语音发生了变化，主要表现在音节的调整和音调的变化上。

由于汉语中的语音变化十分细微，变化前和变化后在意义上没有发生多大的变化，因此常常被汉语初学者所忽略。而只有掌握语音这种动态变化规律，才能把普通话说得既准确又纯熟。一般来说，语音的变化规律主要有四种，即轻声、变调、儿化以及语气词"啊"的音节变化。

（一）轻 声

现代汉语尤其是普通话中每一个音节都有一定的声调，然而在使用过程中，有的音节会失去原有的声调，变成一种又轻又短的调子，这种新的调子即称为轻声。严格地说，轻声是一种变调现象，也是一种语音弱化的现象。在具体的交际过程中，人们往往在不损害信息清晰度的前提下，力图省事，弱化一些音节的声调，这种音节就称为轻声音节。由于声带和口腔肌肉较松弛，音高降低，音长缩短，音强减弱，除了失去原有的声调，声母和韵母也有不同程度的变化。因此，轻声是整个音节的弱化。轻声的特点是发音轻而短，声调模糊。例如，"哥哥""耳朵""儿子""房子""桌子""孩子""兔子""罐头""尾巴""什么""我们""孩子们""锄头""跟头""指头""盘缠""娃娃"等词语中末尾字均读轻声。

1.轻声的作用

熟练地掌握以及运用轻声既可以保证普通话的纯正、悦耳，还能够对语意的准确表达、语调的和谐动听等产生重要影响。总体来说，轻声的作用包括以下四个方面。

首先，轻声能区别词义、词性。

例如：

A.这个演员的表演十分自然。

B.小明非常热爱大自然。

在这两个例句中，结尾均有"自然"一词。A句中"自然"的意思是自由发展、不经人力干预，其词性为形容词，读音为轻声；B句中"自然"是指自然界，其词性为名词，不能读作轻声。由此可见，轻声词具有区别词性和词意的作用。又如，"你太大意了"和"文章大意"中均有"大意"一词，前者为形容词，后者为名词，词性不同。"什么东西"与"东西南北"中均有"东西"一词，前者指物件，后者指的是东方和西方，指示方向。因此，轻声具有区别词义的作用。

其他具有区别词义和词性作用的轻声词还有买卖（动词，指买卖东西；名词，指生意）、地道（形容词，指真正、纯粹的；名词，指在地面下掘成的交通坑道）、造化（名词，指造物主；形容词，指有福气）、铺盖（名词，指被褥；动词，指铺床盖被的动作）、冷战（名词，指不使用武器的战争；名词，指因冷而发抖）、对头（形容词，正确；名词，指冤家）、差使（动词，指差遣；名词，指任务、工作）、造作（动词，指制造；形容词，指不自然）、下水（动宾词组，指下到水中；名词，指猪、羊、牛等的内脏）、赏钱（名词，指赏给的钱；动宾词组，指赏钱的动作）。

其次，轻声能区分词和短语。例如，上文中提到的"东西"如果指方向，则用于短语中，如"东西南北"；如果指物品则可单独作为词语使用。

再次，轻声能区分句法结构。例如，"过去，技术落后"和"他走过去"这两句话中均有"过去"一词，前一句话中"过去"指的是时间上的概念，不能读作轻声，其在句子中起到状语的作用；后一句话中"过去"读作轻声，在句子中作补语成分。

最后，轻声能增强普通话的节奏和美感。无论在词中还是短语、句子、语篇中，整齐、平衡、匀称、多样变化的语音能在听觉上引起美感，使整个词、短语、句子、语篇的节奏感分明。轻声的音长与正常音节相比，稍微短而轻，在语流中，有的音节之间关系比较近，结合较紧，有的则较疏远，形成长短不等的音节组合。轻声夹在语流的四声中能够调节语流的音长和音高，使语句节奏错落有致、高低起伏，带来轻重相间、变化多样的听觉美感。例如："刚出炉的面包，又香又甜，又新鲜又便宜。""我们是朋友，你怎么见了面连个招呼都不打呢？""相声是一门有趣的艺术。"

2. 轻声的分类

轻声可以分为语法轻声和语用轻声两个类别。

语法轻声是指在语法规则中音节读轻声的情况。具体的语法轻声的规则主要有以下几种情况：

（1）助词。结构助词中"的、地、得"，动态助词（过去叫时态助词）中"着、了、过"，语气助词中"吗、呢、吧、啊"等均读轻声。例如，唱歌的、望着、对吗、慢慢地、来呀等。

（2）名词、代词的后缀，"子、儿、头"等读轻声。例如，木头、椅子、哥们、这儿、爷们、我们等。

（3）表示称谓的叠音词和单音节名词重叠式的后一个音节。例如，妈妈、姥姥、姐姐、舅舅、叔叔、弟弟、哥哥、妹妹等。

语用轻声是指一些词语在具体语用环境中读作轻声，其中大部分为联绵词的后一个音节。例如，玻璃、故事、便宜、编辑、生意、精神、窗户、意思、东西、相声、萝卜、琢磨、街坊、明白、大夫、折磨、喇叭、苗条、糊涂、唠叨、马虎、哆嗦等。

（二）变　调

在语流中，音节和音节相连，声调之间也互相制约和影响，这使一些音节原来的基本调值发生了变化，这种声调变化的现象称为变调。变调一般只在读音中体现，不在拼写中体现。

在变调中，有些变调十分明显，有些变调则不明显，其中变化明显的变调现象有上声的变调，去声的变调，"一、七、八、不"的变调。

1. 上声的变调

上声变调的基本规律为上声音节单念时读本调，即降升调（214）。①在非上声音节前变"半上"，即只降不升，变化后的调值为21。例如，许多、小说、北京、统一、语言、海洋、旅游、改革、法律、稳定、解放、少数、我的、椅子、姐姐等词语中，第一个字的调值变为21。②当两个上声声调相连时，前一个上声变"直上"，即只升不降，变化后的调值接近阳平（24）。例如，理想、野草、水手、友好、洗脸、勇敢等。③三个或三个以上上声音节连读的变调。在语句中如果有三个或三个以上上声音节连读的情况，在处理时，要从结构和语义两个角度考虑读音。在结构方面，先考虑几个音节语义组合的先后次序，将语义组合的前两个音节按上声变调的基本规律读出来，再按同样的规律进行第二次组合的音节变调。例如，好雨伞、展览馆等均属这种情况。在语义方面，从语义的重点入手，说话人的着重点不同，变调的结果也不一样。

2. 去声的变调

当两个去声音节相连时，前一个音节为非重读音节时则变为"半降"，变化后的调值为53。例如，纪录、社会、变化、大地、贵重、奋斗、现代等。

3. "一""七""八""不"的变调

"一""七""八""不"是四个古入声字，它们在语句中的声调变化主要由它们后面一个音节的声调来决定。其变化规律主要为，"一"的本调是阴平，单用，在语句末尾，表序数，在一连串数字中，都念本调；在非去声前变去声；在去声前变阳平。"不"的本调是去声，单用，在语句末尾，在非去声前，都念本调；在去声前变阳平；夹在词语中间变轻声。"七""八"的本调是阴平，单用，在语句末尾，表序数，在一连串数字中，都念本调；在去声前念阳平。

4.形容词重叠的变调

单音节形容词重叠，如果重叠部分儿化，第二个音节不管原来是什么声调，都应念成阴平。双音节形容词重叠，有时第二个音节轻读，第三、四个音节都念阴平。凡口头上常说的重叠形容词不变调，如整整齐齐、清清白白等。

（三）儿　化

儿化是指将卷舌元音 er 和其他韵母结合成一个音节，并使这个韵母成为卷舌韵母的现象。儿化的基本性质是在韵母发音的同时带上卷舌动作。儿化了的韵母称为"儿化韵"。值得注意的是，"儿化韵"的汉字书写形式中的"儿"字不代表一个单独的音节，而是表示前一个字（音节）附加的卷舌动作。例如，哪儿、鸟儿等词语末尾的"儿"字均为儿化韵。

1.儿化韵的发音

儿化韵的发音有两种情况：一种是韵母的发音同卷舌动作没有冲突，儿化时原韵母不变，只加卷舌动作；另一种是韵母在儿化以后，其发音也发生相应变化。

2.儿化的作用

在现代汉语普通话中，儿化词的作用主要有区别词义，区分词性，表示细小、轻微，表示一定感情色彩四种作用。

首先，儿化具有区别词义的作用。例如，在"眼"和"眼儿"这组词中，前者表示眼睛，后者则指小孔；在"头"和"头儿"这组词中，前者表示脑袋，后者则指领头的人；在"信"和"信儿"这组词中，前者表示信件，后者则指消息；在"过节"和"过节儿"这组词语中，前者指在节日进行庆祝等活动，后者指嫌隙、积怨。

其次，儿化具有区分词性的作用。例如，在"画"和"画儿"这组词中，前者为动词，意为画画的动作；后者为名词，指画作。在"盖"和"盖儿"这组词中，前者为动词，意为盖东西的动作；后者为名词，意为器物上部有遮盖作用的东西或动物背部的甲壳。在"尖"和"尖儿"这组词中，前者为形容词，指（声音）高而细；后者为名词，意为物体细小锐利的前端。

再次，儿化具有表示细小、轻微的作用。例如，"头发丝儿"与"头发丝"相比，加重了其表示纤细、微小的意思；"水珠儿"和"水珠"相比，加强了其细小的可爱程度；"小刀儿"与"小刀"相比，更显其小巧的特点。

最后，儿化还具有表示亲切、喜爱的感情色彩的作用。例如，"宝贝儿""好玩儿""慢慢儿""踢毽儿""小猫儿""小曲儿""小王儿"等。

除了以上几种情况外，一些口语色彩浓重的词语应该读儿化音，如"片儿警""冰棍儿""大腕儿""虾段儿""胡同儿""屁股蹲儿""爆肚儿""鱼片儿""豆腐脑儿"等。

一般来说，儿化多发生在口语交际中，在朗读作品中除固定的儿化音和区别词义、词性作用的儿化词以外，其他的词均不能进行儿化处理。还应注意的是，现代汉语词汇中还存在着大量非儿化韵的"儿"字，这类词语无论在口语中还是在书面语中都单独读作一个音节。例如，"幼儿""孤儿""女儿""混血儿""男儿志在四方"等。

（四）语气助词"啊"的音节变化

"啊"是在现代汉语中用以表达多种感情语气的一个词，在具体的语用环境中，其音节会发生相应的变化。"啊"字在句中的位置不同，调值不同，其意思也不相同。当用在句首时，其读音不受其他音的影响，仍读本音"啊"（a）。其在不同的语境中表示不同的意思。例如：

A. 啊，我知道了。

B. 啊，你说什么？

C. 啊，是怎么回事啊？

D. 啊，原来是这样。

A句中"啊"为阴平调值，表示比较平静的感情。

B句中"啊"为阳平调值，表示追问。

C句中"啊"为上声调值，表示惊奇。

D句中"啊"为去声调值，表示恍然大悟。

当"啊"用在句尾的时候，其读音受前面音节末尾音素的影响，可发生同化和异化两种变化。"啊"同化现象是指当前一音节末尾音素是高元音 i、u 等，鼻辅音是 n、ng 和舌尖元音 i 时，"啊"的前边增加一个和前一音节末尾音素的舌位或发音部位相同的音素，并与"啊"构成音节。例如，"真可惜啊""去不去啊""来啊"等词语的实际读音分别为"真可惜呀""去不去呀""来呀"，"好命苦啊""快走啊""真好啊""多巧啊"等词语的实际读音分别为"好命苦哇""快走哇""真好哇""多巧哇"，"天啊""好沉啊""真准啊"等词语中的实际读音分别为"天哪""好沉哪""真准哪"等，其作用是使语流连贯，过渡和谐、自然。前一音节末尾音素是 ng 时，"啊"前边加 ng，读作 nga，汉字仍写作"啊"。例如，"冷啊""唱啊""不管用啊"。前一音节末尾音素是 i 时，"啊"前边加浊音 z，读作 za，汉字仍写作"啊"。例如，"第几次啊""老四啊"。前一音节末尾音素是 i 时，"啊"前边加 r，读作 ra，汉字仍写作"啊"。例如："快吃啊""是啊"等。

"啊"异化现象是指在"啊"和前一音节末尾音素 a、o（ao、iao 除外）、e 之间插入高元音 i，与"啊"（a）构成一个齐齿呼音节，使"啊"的发音和前一音节的尾音有明显区别，从而使语流中音节分明。用汉字书写时，可写作"呀"。例如，他啊（呀）、真多啊（呀）、好热啊（呀）、上学啊（呀）。需要注意的是，"啊"的音变有时不用"呀""哇""哪"等汉字表示，一概写作"啊"。朗读时一定要按音变规律去读，这样语流才会顺畅，语气才会自然。

三、音节增删与语用

（一）现代汉语中的音节歧义现象

现代汉语词汇从音节的角度可划分为单音词和多音词两种。在现代汉语中，基本的汉语音节除声调外只有 413 个，而这 413 个汉语音节即能将全部汉字的读音表示清楚。根据《通用规范汉字表》，我国通用的规范汉字有 8 105 个，如果将规范汉字与音节相比较，就可以发现，平均一个汉语音节要表示 20 个以上的汉字。这就说明，如果只用汉语音节表示汉字是存在歧义的，其表现为大量同音字词的存在。

同音字词在一定程度上影响了人们的日常交流，为了减少音节相同产生的歧义，人们用"阴平、阳平、上平、去平"四声对相同的音节加以区别，这种方法能够消除一部分音节产生的歧义，然而仍然避免不了交流中因音节相同而产生的歧义。因此，现代汉语在发展过程中采取音节增删的方法来消除歧义，最明显的表现是将不同的单音节的拼音音节连成多音节的汉语词，以减少拼音音节的歧义。

王力先生在《汉语史稿》中就曾提到这一点："单语词的情况如果不改变，同音词大量增加，势必大大妨碍语言作为交际工具的作用。汉语的词逐步复音化，成为语音简化的平衡锤。"

（二）现代汉语的同音字词产生的原因

现代汉语歧义音节的产生与我国语言的发展演变过程有着千丝万缕的联系。

1. 语音演变的结果

对比现代汉语的声母和韵母数量和古代汉语的声母和韵母数量就会发现，现代汉语的声母和韵母数量减少了，这与语音内部演变密切相关。具体来说，在唐、宋及其以前的朝代中，每个汉字代表着一个拼音声母，也就是说当时的汉语声母和汉字是对应的，然而唐、宋以后这种情况被打破，许多字的声母丧失了读音的独特地位，如"班""并""报""播"等字的拼音声母均为 b，而"坡""朋""爬"等字的拼音声母均为 p，"摸""木""马""蒙"等字的拼音声母均为 m，"照""抓""捉""知""珠"等字的拼音声母均为 zh，"除""彻""虫""床"等字的拼音声母均为 ch，等等。唐、宋以后汉语词汇的声母系统产生了翻天覆地的变化。此外，将古代的《广韵》一书与现代韵母对照，即可发现古今韵母的差异。这本书中共包括 206 个韵，其中 57 个平声韵、55 个上声韵、60 个去声韵、34 个入声韵。在现代汉语中，将《广韵》中韵部接近、读音也相近的各个韵部都进行了合并或简化。除了声母、韵母外，古今汉语的声调也发生了变化，古代的声调是平、上、去、入四个声调，现代汉语普通话有阴平、阳平、上平、去平四个声调。从数量上看，这两者均为四声声调，然而实际上，在现代汉语中会出现许多音节在一起的情况，这样由于受邻近音节声调的影响，有些音节的声调会发生变化。这种变化也是造成同音词的因素之一。因此，从声母、韵母的角度看，现代汉语声母和韵母的数量都比古时候减少了。

除了以上几种原因外，现代汉语中的"儿化"现象也是造成同音词的一个重要因素。许多原来不同音的词语，"儿化"后变成了同音词。例如，"木盘""木牌"这一组词本不同音，"儿化"后变成了"木盘儿""木牌儿"这组词后就成了同音词。

2. 词义演变的结果

现代汉语中同音词的产生还与古代汉语中的多义词有关。在古代汉语中存在着大量多义词，随着时代的发展，有的多义词的几个意义逐渐分化，解体为几个不同的词，虽然词语意义发生了分化，但其语音形式没有发生变化，这导致现代汉语中的同音词数量增多。

3. 造词时语音形式偶合

语言是在交际中发展的，语言使用者在不同时代、不同地区、不同交际场合创造新词时，偶然选取了相同的语音形式，然而其表示的意义不同，这就造成了同音词增多的现象。这种情况也是同音词产生的主要原因。例如，"枇杷—琵琶""夙志—素志""最后—醉后""人身—人参""权利—权力""心酸—辛酸""合计—核计""姻缘—因缘""终止—中指""治病—致病""退化—蜕化""商人—伤人""咻咻—恢恢"等就属于这一类。

4. 借用外来词的结果

近代以来，我国大量引进西方经济技术和文化成果，使汉语音译外来词的数量猛增，外来词的语音形式在汉语化的同时，免不了与中国原有的某些词的语音形式偶同，这成为同音词产生的一个重要原因。例如，英译词"便士""的士""托福""数码"等词与我国原有的汉语词"便是""敌视""托付""树码"等成为同音异义词。

5. 社会新造词的结果

随着经济的发展和社会的变革，社会生活中出现了许多新事物、新现象，因此新造词语也逐渐增多。有些新词的语音形式偶然与汉语中原有词语的语音形式相同，这也成为同音词产生的一个重要原因。例如，新造词中的"博导""炒股""防暴""神舟"等词与汉语中的原有词"驳倒""炒古""防爆""神州"等词成为同音异义词。

6. 方言词语进入普通话

近年来，随着地方经济的发展和社会融合度的提升，一些方言得以流传，并与普通话中的某些词语构成同音词。例如，方言中的"大白""哥子""刚口""圩市"等词与普通话中的原有词"大白""鸽子""钢口""虚饰"等词成为同音异义词。

在以上几种原因中，前三种为语音衍化的内因，后三种为外因。此外，随着香港、澳门的回归，这些地区的语言也流传到内地，如港台词"共识""封杀""融资""墙报"与普通话中的原有词"共时""风沙""容姿""强暴"等词成为同音异义词。

同音词的存在极大地影响了人们的日常交流。因此，为了减少大量的同音词，世界上许多语言在音节上都呈现出由单音节词向多音节词转化的趋势。

（三）单音词向多音词转化

为了消除同音词带来的交流上的语言歧义、解决音少义多的矛盾，现代汉语在音节上也呈现出由单音词向多音词转化的趋势。

王力先生曾指出，汉语由单音节词向双音节词甚至多音节词转化的原因主要有三个。第一个原因是语音的简化。中古音素较现代复杂，上古又较中古复杂，汉语音素总体经历了一个逐渐简化的过程，在官话区尤为明显。所以，现在保留单音节词较多的是南方方言区。在古代汉语中通常一个字能表示多种意思，即会经常出现一词多义现象。而在社会发展中，有些单音多义字为方便区分词义与其他字词组合成了多音词。例如，"燕雀安知鸿鹄之志哉""衣食所安""死于安乐"这一组句子中均有"安"字，但意义均不相同，第一句中的"安"字意义为"怎么，哪里"，第二句中的"安"字意义为"养，奉养"，第三句中的"安"字意义为"安适，安逸"。又如，"前人之述备矣""一时齐发，众妙毕备""右备容臭""犹得备晨炊"这一组句子中均有"备"字，第一句中的"备"字意义为"详尽，完备"，第二句中的"备"字意义为"具备"，第三句中的"备"字意义为"佩带"，第四句中的"备"字意义为"准备"。再如，"吾与汝毕力平险""群响毕绝""录毕，走送之"三句中均有"毕"字，第一句中的"毕"字意义为"尽"，第二句中的"毕"字意义为"全部"，第三句中的"毕"字意义为"完成"。

第二个原因是对外来词的吸收。王力先生在《汉语史稿》中提道："外语的吸收是汉语词汇复音化的主要因素之一。"例如，外来词有"琵琶""箜篌""葡萄""菩萨""罗汉""鸦片""坦克""番薯""胡椒""石榴""狮子""玻璃""奥巴马""布莱尔""纽约""伦敦""加拿大""粉丝""派对""咖啡""沙发""巧克力""模特""雷达""逻辑""布丁""尼康""可卡因""拷贝""芒果""浪漫"等。

汉语在吸收外来词时，没有完全照搬，而是尽可能把外语词进行意译，使其更符合汉语的构词规则和使用习惯。笔者根据外来词的吸收方式和词性构造，把词语分为以下几种。

第一种是音译词，即直接根据外语单词的读音将其纳入汉语词汇中，然后用来表达其含义的一类词。例如，"沙发""沙龙""麦克风""咖啡"均属此类。

第二种是半音译半意译。这种方式是将一个外来词分成两部分，其中一部分进行音译，一部分进行意译，最后再将两者合成为一个汉语词，如"卡片""浪漫主义""汉堡""马克思主义"等。

第三种是音译前后再加上汉语语素。也就是音译后去掉一个音节，再加上一个汉语语素，构成一个汉语词汇，以符合汉语的表达习惯。例如，"的士"中将后一个字"士"去掉，然后在其前加上其他语素就组成了新的词，如"货的""面的""打的"；"啤酒""芭蕾舞""香槟酒"也属此类。

第四种是完全意译。这种词与第一种完全相反，没有从外来词的读音翻译，而是按照外来词原有的读音，将其使用汉语自有的语素构造成新词，如"民主""科学""电话""水泥"等。

第五种是利用汉字"望文生义"的特性进行意译，如"电视""电话"等。

第三个原因是社会发展促进双音节新词的产生。斯大林在《马克思主义和语言学问题》中说："技术和科学的不断发展，就要求语言用进行这些工作所必需的新词、新语来充实它的词汇。语言就直接反映这种需要，用新的词充实自己的词汇。"例如，"手机""电脑""网页""BP机""大哥大""小灵通""载人飞船""超女""蓝牙""博客""非典""禽流感""嫦娥工程""偷拍""走穴""中超""彩铃""MP4""有线电视""新农村""美丽乡村""有机材料""三个代表"等就属于这一类。

单音节词向多音节词转化极大地减少了同音词带来的歧义现象，为汉语的精准、得体的应用奠定了基础。

第二节　韵律与语用

韵律是决定语音变化的重要因素，而语音变化又是导致语义变化的主要原因。韵律是声音独有的一种特质。中国人早在数千年前就发现了韵律之美，并将韵律广泛应用于诗歌、歌曲、词、对联、谚语中，使汉语具有独特的音韵美和旋律美。从语用的角度看，韵律不仅可对话语交际起到修饰作用，还可被用于文学作品和书面语言中，进而使人们发现蕴藏在汉语中的平仄和押韵之美。

一、韵　律

语音中除音质特征之外的音高、音强和音长方面的变化，即语言运用中的抑扬顿挫现象叫韵律特征，也叫超音质特征。

韵律从不同角度包括以下几个概念。从音位层次上看，音长的变化可以构成有区别意义作用的"长短音"；从音节层次上看，音高的变化可以构成"声调"；从音节组合层次上看，音强等因素的变化可以构成轻重音；从语句层次上看，音高、音强、音长等因素的变化可以构成语调。因此，长短音、声调、轻重音、语调都是韵律特征的构成因素。

（一）韵律的特点

韵律主要有两个特点。第一个特点是韵律中的声调、轻重音、长短音以及语调都不能独立存在，必须与音质成分共同出现。第二个特点是韵律特征都是对比性特征，对于韵律特征而言，重要的不是音高、音长或音强的绝对值，而是它们的相对值，即它们的相对变化幅度。

（二）声 调

声调是汉语中不可缺少的语音信息，指声音的高低升降的变化。声调贯穿整个音节的发音过程，其具体表现为整个音节中音高的上升、下降等变化，起区别意义的作用。在现代汉语语音学中，声调是指汉语音节中所固有的，可以区别意义的声音的高低和升降。声调的主要特征是音高和音长。语言学家对声调的描述主要分为调类、调值、调型三方面。其中，调类指的是声调的类别，现代汉语普通话有四个声调：阴平、阳平、上声、去声。调值即这四个声调的实际读法，表现了音节的高低、升降、曲直等变化的形式和幅度，也是声调音高特征的具体体现。值得注意的是，调值的高低不取决于绝对音高，它是由相对音高决定的。一般情况下，男性的绝对音高要低于女性。调型则指音高，即声调高低、升降的变化模式。一般来说，调型包括平调型、升调型、降调型等。

声调具有区别意义、修辞和构形功能，具体表现在以下几个方面。

1. 区别意义的功能

汉语声调区别意义的功能主要是通过音调的高低变化表现出来的。对于同一个音节，当声调不同时，语素或词语的语音形式也不相同，其所表达的意义也有所区别。例如，"一""宜""倚""逸"四个字中的元音、辅音以及组合顺序完全相同，但是这四个字的声调却不相同，因此成为语音形式不同、意义完全不同的四个字。又如，普通话中的"山西"（shānxī）和"陕西"（shǎnxī）这两个词，因为具有不同的声调，所以能够与具体的字体联系起来，不至于使听到的人产生混淆。再如，"教师""礁石""教士""矫饰""脚湿"等词的语音形式以及语义也完全不同。因此，郭锦桴曾在《汉语声调语调阐要与探索》中指出："在汉语各方言中，所有声调都具有这种别义功能，不具有这种别义功能的声调便不能成为声调。"这种情况在方言中表现得尤其明显。

此外，在丰富汉语语音表达手段、构成音节等方面，声调也起着非常重要的作用。据统计，在普通话中的声母和韵母相拼构成的基本音节中，如果不加声调，非儿化音节只有 400 多个，如果加上声调后，其音节数目即可达到 1 600 多个。由此可见，声调大大增加了音节的数目，起到了重要的别义功能。

2. 修辞功能

声调的修辞功能主要表现在象征模拟和音律修饰两个方面。其中，声调的模拟功能主要体现在现代汉语的大量的象声词中。例如，在"涓涓""潺潺""飒飒""瑟瑟"一组词中，第一个词"涓涓"为阴平声调，表现了溪水平缓的流动；第二个词"淙淙"为阳平声调，表现了上扬的情绪，仿佛看到了溪水欢快地流动；第三个词和第四个词均为去声调，声调短促，仿佛风吹树叶的声音。这种修辞功能用在诗词中能够形象生动地展现事物的自然状态。例如，"车辚辚，马萧萧，行人弓箭各在腰""唧唧复唧唧，木兰当户织""磨刀霍霍向猪羊""呦呦鹿鸣，食野之苹"等诗句中均有大量象声词，象声词模拟人物的音容笑貌，生动传神，在诗词中运用时，能够极大地增强诗词的节奏感。

此外，声调还具有韵律修饰的作用，这具体表现在古诗词的格律上。在古代音韵学中有平、上、去、入四种声调，而每种声调又可细分为阴、阳两类，当其组合时便形成了种类复杂的韵律。古人为了使用方便将这些声调归纳为平声和仄声。其中，古汉语四声调中的平声属于平声，上、去、入三种归入仄声。当声调被用于古代诗歌时，可以增加诗歌的韵律美，使诗歌更加悦耳动听。古人为了使诗歌中的韵律更加整齐、和谐，制定了严格的标准，从而使诗词具有了抑扬起伏、和谐均整、自然流畅的韵律美。

3. 构形功能

声调的构形功能主要是指声调在语言结构中具有区别语法意义的功能。王力曾在《汉语史稿》将此概括为"中古汉语的形态表现在声调的变化上面。同一个词，由于声调的不同，就具有不同的词汇意义和语法意义。主要靠去声和其他声调对立"。在古汉语中，声调的构形功能主要体现在其改变词性上，具体表现为当名词和形容词转化为动词时，动词念去声；当动词转化为名词时，名词念去声。总之，转化出来的一般都念去声。例如，"好"作为形容词时声调为上声，转化为动词（如爱好）后则声调变为去声。又如，"分"作为动词时声调为平声，转化为名词（如成分）后则声调变为去声。

在现代汉语中，声调还具有区别词性的功能。"丧"为名词时呈现为阴平声调，如"丧事"，而在"丧命"中则为动词；"磨"为动词时为阳平声调，如"磨刀"，而为名词，如"磨盘"时，变为去声声调。

综上所述，声调除了具有人们所熟知的区别字义、词义的作用外，还具有修辞和构形作用。

（三）轻重音

轻重音是指在语句中，根据语句目的、思想感情的需要而给予强调或轻读的词或短语。其中，需要强调的词或短语叫作重音，由于上一节已涉及轻音，在这里重点对重音进行介绍。

重音即为在词语或句子中需要重读的音节或字词。汉语中的重音往往体现在朗读和说话中。一般来说，在单句或复句中的关键词要重读，篇章中关键的句子、段落也要重读。在这里，重读是为了强调和突出。同一句话中的重音不同，其含义往往也大不相同。

例如，在"我请李明解释这个问题"这句话中，如果重音在"我"字上，那么该句强调的是"我"而不是别人请李明解释这个问题；如果重音在"李明"上，那么其强调的重点是请"李明"而不是别人解释这个问题；如果重音在"解释"上，那么其强调的重点是请李明就这个问题给予说明；如果重音在"这个问题"上，则排除了其他问题。

一般情况下，句子的重音可以分为语法重音和语用重音两种类型。

1. 语法重音

重音跟语法结构有一定关系，语法重音是有规律可循的，国内一些学者根据重音标记结构焦点的功能提出了"重音居后"的原则。被置于焦点位置的信息通常是说话者期望传达的核心内容，也是句子的语法重音之所在。这是因为，在话语交际中，说话人传递的信息倾向从已知、稳定的旧信息向未知、多变的新信息转变。在语句中越靠近句末的位置，所涉及的信息内容就越新。这些新的、未知的信息内容自然容易引起人们的重视，成为句子的焦点。因此，结构焦点通常出现在句子的末尾，和新信息的重点部分相匹配。根据这一规律，主谓结构焦点在谓语部分、偏正结构焦点在修饰语部分、述宾结构焦点在宾语部分，这些部分都容易成为句子的焦点，即重音。

例如：

（1）小明在马路上飞快地跑。

（2）小明在马路上跑得飞快。

在这组句子中，按照句末结构重音的规则，第一句话的重音是"跑"，强调了小明跑的动作，而跑的速度则成为这句话的次焦点；第二句话的重音是"飞快"则强调了跑的速度。

（3）屡战屡败。

（4）屡败屡战。

在这组句子中，按照句末结构重音的规则，第一句话的重音是"败"，强调了打仗的结果；第二句话的重音是"战"，强调了其战败后的态度。

重音既是语音现象，又是一种语用现象。在实际交际中，说话人可以为了满足某种语用需求而强制改变句子的重音位置，使其表达的句子的重点不同，强调的信息也不同。这种语用重音通常体现在三个方面。

第一个方面，凸显信息焦点。除语法重音中的句末结构重音外，在交际中说话人出于特殊交际目的，可以通过重音强制改变语句原有焦点的位置，以突出重点信息。最常见的就是在语句中形成"对比焦点"，这类强调重音的方式可被称为对比式强调重音。

例如：

（1）我去书店了，他没有去。

（2）我今天买了苹果，没有买香蕉。

在这组例子中，第一句强调的重点是"谁去书店了"，根据对比，信息中显示"我"去了而"他"没有去；第二句中对比的信息是"我买了什么水果"，对比的重点是买了"苹果"而没有买"香蕉"。

第二个方面，改变句义。语句的重点不同，呈现的信息重点不同，表现的语义也不相同。

例如，在"小明把花盆打碎了"这句话中，如果重音在"小明"上，那么其针对的问题是"谁把花盆打碎了"；如果重音在"花盆"上，那么其针对的问题是"小明把什么打碎了"；如果重音在"打碎了"上，那么其针对的问题是"小明把花盆怎么样了"。

第三个方面，表达"言外之意"。句子的重音可以表现丰富的话语内容，并在不同的情景中，生成多种意义。

例如，对于"今天是星期天"这句话，不同的人在不同的语境下说出来可以产生不同的意义。如果是妈妈对孩子说，强调的重点是"星期天"，那么意在提醒孩子星期天会有学习之外的计划；如果是妻子对丈夫说，那么可能提醒丈夫一起做家务；如果是孩子对妈妈说，可能希望妈妈陪伴出去玩耍；等等。此外，强调重音可以作为"言外之意"来帮助听话人理解话语。

例如：

（1）你认为这个房子怎么样？

（2）我认为这里的物业管理比较宽松。

在这段对话中，第二句话的重音落在"物业管理"上，该说话人没有直接回答第一句的提问，而是"答非所问"，用重音强调了这个房子的问题所在，也是间接回答了第一句的提问。

综上所述，重音是人们在语句和语篇中常用的传递信息、表达意义的手段。重音位置的确定和转移影响着人们对语句和语篇的理解，是双方沟通的关键。因此，应在语言表达中重视对重音的确认。

（四）语　调

语调是指整句话或整句话中某个语言片段在语音上的抑扬顿挫。声调是就汉字音节而言的，语调则是关于语句升降的。汉语中的语调主要体现在语篇中的重音、停顿、句调三个方面，不同的语调产生不同的语用效果。

第一个方面指的是句子重音。句子的重音不同，含义也不相同，这一点在轻重音中已有所涉及，这里不再赘述。

第二个方面指的是节奏，其主要表现在句子的停顿上。停顿是指在说话或朗读时，段落之间，语句中间、后边出现的间歇。句子的停顿有语法停顿和语用停顿之分。语法停顿是指句子按照标点符号进行停顿，这种停顿常常与人说话的生理换气相关。语用停顿则是指为了充分表达思想感情，并让听者有时间领会说话或朗读的内容而出现的停顿。该停顿是为了突出说话的重点，常常带来意想不到的效果。一句话停顿的地方不同，往往表达出的意思也不同。在实际话语交际中，人们常常利用停顿区别语意、分化歧义。

例如，在"我看见她哭了"这句话中，停顿的地方不同、语句节奏不同、产生的意义也不相同。这句话可以分化出以下几个句子。

（1）我 / 看见她哭了。

（2）我看见 / 她哭了。

（3）我看见她 / 哭了。

（1）句中的停顿是为了突出"我做了什么"；（2）句中的停顿是为了突出"我看见了什么"；（3）句中的停顿是为了突出"她怎么了"。

这几句话比较简单，但在复杂的句子中，如果没有标点，很容易产生歧义，这时就能够显示出停顿的重要作用。

例如，"我赞成他也赞成你怎么样？"这句话根据停顿的地方不同，可以分化出以下几个句子。

（1）我赞成他 / 也赞成你 / 怎么样？

（2）我赞成 / 他也赞成 / 你怎么样？

这个例子中，第一句话表示，"我"的态度是我既赞成他也赞成你，怎么样？这就是我的态度。第二句话表示，"我"和"他"的态度都是赞成，你的态度怎么样？因此，有了停顿之后，这句话就避免了歧义的产生。

第三个方面指的是句调，这是语句音高运动的模式，主要指整句话的音高升降的变化。句调与声调同属音高变化形式，其区别之处在于，声调只能表示一个音节的音高变化，所以又叫"字调"；句调则指句子语调的升降变化。从整体上看，声调调形虽然相对稳定，但其音阶必须随句调升降而上浮或下沉，因此声调受到句调的调节。与此同时，句调离不开声调，它只有通过声调的浮沉才能实现。从语用角度看，句调有表明态度、表现褒贬情感的作用。

例如：

（1）有包子吗？

（2）对不起，没有了。

在这句话中，对于（1）句的说话人来说，希望能够买到包子，然而"没有了"这一事实使（2）句的说话人感到遗憾，因此其在回答时应使用下降语气，表示对这一事实感到歉意；相反，如果（2）句的说话人在回答时使用上升语气，则体现出其有不耐烦的情绪，显得十分不礼貌。

除了声调、轻重音、语调外，韵律还包含长短音。从音位层次上看，音长的变化可以构成有区别意义的"长短音"，长短音在一些语言或方言中具有区别意义的作用，这里不再赘述。

二、押韵与语用

《说文解字》对韵的解释为"韵，和也。从音员声"。押韵又作压韵，是一种诗文创作的修饰技巧，通常将韵母相同或相近的文字放在诗文固定的地方（一般在句尾），以在朗诵或咏唱时，产生铿锵和谐、循环往复的音乐感。结尾押韵的文字又叫作韵脚。

（一）诗歌押韵规则

押韵一般用于古代诗词中，其作用是激发或加强人的情绪感受以及使诗词便于记忆。诗、词、曲的押韵规则各有不同。一般来说，包括古风、歌、行、吟在内的古体诗押韵较为宽松，可以押邻韵，也可以换韵；词和曲中的押韵则受词牌、曲牌的限制，规则不一。近体诗有以下几种押韵规则。

1. 偶句押韵

近体诗的律诗和绝句均为偶句押韵，律诗是二、四、六、八句押韵，绝句是二、四句押韵。无论律诗还是绝句，首句均可以押韵或不押韵。

例如，李白的《登金陵凤凰台》属首句押韵的七言律诗。

登金陵凤凰台

凤凰台上凤凰游，凤去台空江自流。

吴宫花草埋幽径，晋代衣冠成古丘。

三山半落青天外，二水中分白鹭洲。

总为浮云能蔽日，长安不见使人愁。

又如，王维的五言绝句《竹里馆》属首句不押韵的五言绝句。

竹 里 馆

独坐幽篁里，弹琴复长啸。

深林人不知，明月来相照。

再如，李白的五言绝句《宣城见杜鹃花》属首句不押韵的七言绝句。

宣城见杜鹃花

蜀国曾闻子规鸟，宣城还见杜鹃花。

一叫一回肠一断，三春三月忆三巴。

2. 押平声韵

从古今近体诗作品看，押平声韵的作品较为常见。

例如，《悯农》属平声韵的作品。

悯 农

锄禾日当午，汗滴禾下土。

谁知盘中餐，粒粒皆辛苦。

但也有押仄声韵的作品，如柳宗元的五言绝句《江雪》。

江 雪

千山鸟飞绝，万径人踪灭。

孤舟蓑笠翁，独钓寒江雪。

3. 一韵到底，不可换韵

例如，杜甫的《登高》是一首句句押韵的律诗。

登 高

风急天高猿啸哀，渚清沙白鸟飞回。

无边落木萧萧下，不尽长江滚滚来。

万里悲秋常作客，百年多病独登台。

艰难苦恨繁霜鬓，潦倒新停浊酒杯。

4. 允许首联或尾联借韵

近体诗中允许律绝的第一句或第二句借用邻韵，称为"孤雁出群格"；允许律绝最后一句借用邻韵，称为"孤雁入群格"。但这种情况属于律绝的变体，非正格。

例如，苏轼的《题西林壁》即属借韵。

题 西 林 壁

横看成岭侧成峰，远近高低各不同。

不识庐山真面目，只缘身在此山中。

此外，近体诗用韵的禁忌包括四个方面：出韵、重韵、复韵、撞韵。

（二）词的押韵

词的押韵与诗歌的押韵不同，它不像诗的押韵那样固定，而是依据不同的曲牌规则，押在音节停顿的地方，一般情况下为二句、三句甚至四句一韵。极个别的词牌为一句一韵，如戴复古所作的《醉太平·长亭短亭》就是一句一韵。

醉太平·长亭短亭

长亭短亭。春风酒醒。无端惹起离情。有黄鹂数声。

芙蓉绣茵。江山画屏。梦中昨夜分明。悔先行一程。

词的韵格有平韵格、仄韵格、平仄韵转换格、平仄韵通叶格、平仄韵错叶格、入声韵格等。苏轼的《定风波·莫听穿林打叶声》就是转换错叶的例子。

定风波·莫听穿林打叶声

莫听穿林打叶声，何妨吟啸且徐行。竹杖芒鞋轻胜马，谁怕？一蓑烟雨任平生。

料峭春风吹酒醒，微冷，山头斜照却相迎。回首向来萧瑟处，归去，也无风雨也无晴。

（三）曲的押韵

这里的曲主要指元曲，按地域可分为南曲和北曲，即南方人和北方人所作的散曲，其兴盛于元代，流传于后世。元曲又可分为散套和小令。南曲和北曲在押韵方面最大的区别是，南曲和近体诗、词一样有入声，有些地方以入声作韵。北曲也有押韵，两者押韵时的共同之处主要表现在四个方面。

第一，韵脚密集。南曲和北曲押韵时均有密集的韵脚，在一首散曲中有韵脚的句子占到七八成，更多的时候会句句押韵。其原因在于散曲源于民间说唱艺术元杂剧，因此其即使成为文人的案头文学，也保持着押韵的风格。

第二，一韵到底。无论是散套还是小令，两者均不能中途换韵，散套有时包含十多支单独散曲，虽然体量庞大，但是中途不能转韵。小令也是一韵到底。

第三，重头放宽。"重头"是专门针对小令而言的，如果一支小令不能言尽其意，则可以重复多次使用同牌小令，数量不限，而且允许转韵。

第四，同字同韵。近体诗歌押韵时不能重韵，然而散曲与之不同，可以重韵，有的散曲或小令全篇用同一个韵字作韵，这是散曲的"巧体"之一，不仅不算违规，还被称作"独木桥体"。

（四）押韵的作用

汉语是一种单音节声调语，十分适合用声音的相似、相异、相错与相间来构建和谐的韵律美。押韵有以下几方面的作用。

一是起衔接、联系的作用。诗歌不受语法的限制，可以省略、颠倒乃至变形，松散的句子经过韵脚联系就能成为浑然一体的诗篇。朱光潜曾在《诗论》中指出，韵的最大功用是把涣散的声音联络贯穿起来，成为一个完整的曲调。例如，马致远的《天净沙·秋思》中罗列了"枯藤""老树""昏鸦""小桥""流水""人家""古道""西风""瘦马""夕阳"等景物，这些景物互不相关，经过韵脚的联系，才能彼此呼应，成为严丝合缝的诗篇，也成为倾诉离情的绝唱。

二是起记诵的作用。诗词的押韵相当于信息的"组块"，许多自古流传下来的作品，如《百家姓》《汤头歌》等，均为合辙押韵的作品，而且诗词、谚语、歌曲以及许多应用文书等一经押韵就非常便于记诵，使人印象深刻，甚至过目不忘。

三是起美化听觉的作用。我国诗人早在南北朝时期，就从文字语言本身发现与构建了音乐体系。例如，裴多菲的《自由与爱情》刚被引入国内时有许多版本，其中茅盾先生的译本为"我一生最宝贵：恋爱与自由。为了恋爱的缘故，生命可以舍去。但为了自由的缘故，我将欢欢喜喜地把恋爱舍去"。后来，殷夫在翻译时，将原来的六行压缩成有韵的四行，其内容变为"生命诚宝贵，爱情价更高。若为自由故，二者皆可抛"。瞬间点铁成金，指明了这首诗歌的精华，使其成为国民大众耳熟能详的诗歌。又如，杜甫《登高》一诗中的"无边落木萧萧下，不尽长江滚滚来""艰难苦恨繁霜鬓，潦倒新停浊酒杯"使用了"萧萧""滚滚""艰难""潦倒"等叠韵、双声，使这首诗极具气势并被誉为"古今七言律第一"。

四是起辅助构思的作用。诗歌中的许多好词好句均是在反复吟咏中构思出来的，其所依据的便是韵律。例如，诗僧惠崇以"明"字为韵得到了"照水千寻迥，栖烟一点明"之句，形容白鹭飞上高天穿过烟云，留下了明亮的身影。其他诗人也多有依韵寻觅佳句的经历。

（五）押韵的语用功能

押韵除了用于诗歌、词曲外，还常用于谚语、文章、流行歌曲中。民间谚语形式短小，有的还押韵，讲究对称，如"动手成功，伸手落空""谷要自长，人要自强""天上下雨地下滑，自己跌倒自己爬""一等二靠三落空，一想二干三成功""不怕别人瞧不起，就怕自己不争气""绳锯木断，水滴石穿""勤恳者讲实干，懒惰者讲茶饭""人有恒，万事成；人无恒，万事空""苦练日久，得心应手"等。儿歌和谐自然、响亮明快、易懂易记的特点即与儿歌的押韵有关。儿歌的接受主体以低幼龄儿童为主，受其生活、生理、心理、欣赏趣味等方面的影响，儿歌的押韵形式与一般诗歌相比更为自由灵活、多姿多彩。例如，"小蝴蝶呀真美丽，交穿霓彩花羽衣，俏丽模样让人迷。小蝴蝶呀真调皮，找来蜜蜂玩游戏，绕着花儿躲东又躲西，恼得蜜蜂好生气，着急问：你在哪里，你在哪里。"这首儿歌为一韵到底的案例。"金钩钩儿，银钩钩儿，伸出你的小指头儿，结个勾儿，握握手儿，笑嘻嘻地行个礼儿。不吵嘴儿，不赌气儿，大家都是好伙伴儿。唱个歌儿，做游戏儿，团结好像一个人儿。"这首儿歌则属于首尾韵不一致的类型。此外，儿歌还有许多其他的押韵形式。而在话语交际时运用押韵可使话语易记、易懂，也能营造出更加和谐、幽默的语用氛围。

三、平仄与语用

现代汉语普通话中的声调有阴、阳、上、去之分，分为四个声调，古汉语的声调为平、上、去、入。古代诗人把平、上、去、入笼统地分成"平、仄"两类，古汉语中平声为平，上、去、入三声为仄；现代汉语中阴平、阳平为平，上声、去声为仄。平仄是中国诗词中用字的声调。"平"指平直，"仄"指曲折，除了平声，其余三种声调有高低的变化，故统称为仄声。

平仄的使用有两个原则：第一个原则是平仄在本句中交替；第二个原则是平仄在对句中对立。平仄广泛应用于诗词、对联以及歌曲中，其中以诗歌中最为常见。

（一）诗歌平仄

以唐代以后兴起的近体诗为例，其对平仄、对仗、字数都有严格的要求，这种诗歌与诗经、乐府中的古体诗不同。近体诗的体例有三种，即绝句、律诗和排律，其中绝句为四句一首，律诗为八句一首，排律一般每首在十句以上。不同的体例平仄不同。

1. 绝句的平仄

绝句有五言绝句和七言绝句之分，其中五言绝句的平仄可分为四种类型。

第一种类型为平起首句押韵，即"平平仄仄平，仄仄仄平平。仄仄平平仄，平平仄仄平"。例如，王之涣的《登鹳雀楼》："白日依山尽，黄河入海流。欲穷千里目，更上一层楼。"

第二种类型为平起首句不押韵，即"平平平仄仄，仄仄仄平平。仄仄平平仄，平平仄仄平"。例如，李端的《听筝》："鸣筝金粟柱，素手玉房前。欲得周郎顾，时时误拂弦。"

第三种类型为仄起首句押韵，即"仄仄仄平平，平平仄仄平。平平平仄仄，仄仄仄平平"。例如，卢纶的《塞下曲》："林暗草惊风，将军夜引弓。平明寻白羽，没在石棱中。"

第四种类型为仄起首句不押韵，即"仄仄平平仄，平平仄仄平。平平平仄仄，仄仄仄平平"。例如，王涯的《闺人赠远》："花明绮陌春，柳拂御沟新。为报辽阳客，流光不待人。"

七言绝句的平仄类型也分为四种类型。

第一种类型为平起入韵，即"平平仄仄仄平平，仄仄平平仄仄平。仄仄平平平仄仄，平平仄仄仄平平"。例如，王昌龄的《出塞》："秦时明月汉时关，万里长征人未还。但使龙城飞将在，不教胡马度阴山。"

第二种类型为平起不入韵，即"平平仄仄平平仄，仄仄平平仄仄平。仄仄平平平仄仄，平平仄仄仄平平"。例如，窦巩的《南游感兴》："伤心欲问前朝事，惟见江流去不回。日暮东风春草绿，鹧鸪飞上越王台。"

第三种类型为仄起入韵，即"仄仄平平仄仄平，平平仄仄仄平平。平平仄仄平平仄，仄仄平平仄仄平"。例如，李商隐的《夜雨寄北》："君问归期未有期，巴山夜雨涨秋池。何当共剪西窗烛，却话巴山夜雨时。"

第四种类型为仄起不入韵，即"仄仄平平平仄仄，平平仄仄仄平平。平平仄仄平平仄，仄仄平平仄仄平"。例如，王维的《九月九日忆山东兄弟》："独在异乡为异客，每逢佳节倍思亲。遥知兄弟登高处，遍插茱萸少一人。"

2. 律诗的平仄

律诗的平仄有两种，一种是五言律诗的平仄，一种是七言律诗的平仄。

五言律诗的平仄有两种类型。一种类型是五律仄起式，即"仄仄平平仄，平平仄仄平。平平平仄仄，仄仄仄平平。仄仄平平仄，平平仄仄平。平平平仄仄，仄仄仄平平"。例如，杜甫的《春望》："国破山河在，城春草木深。感时花溅泪，恨别鸟惊心。烽火连三月，家书抵万金。白头搔更短，浑欲不胜簪。"

另一种类型是五律平起式，即"平平平仄仄，仄仄仄平平。仄仄平平仄，平平仄仄平。平平平仄仄，仄仄仄平平。仄仄平平仄，平平仄仄平"。例如，王维的《山居秋暝》："空山新雨后，天气晚来秋。明月松间照，清泉石上流。竹喧归浣女，莲动下渔舟。随意春芳歇，王孙自可留。"

七言律诗的平仄也有两种类型。一种类型是仄起式，即"仄仄平平仄仄平，平平仄仄仄平平。平平仄仄平平仄，仄仄平平仄仄平。仄仄平平平仄仄，平平仄仄仄平平。平平仄仄平平仄，仄仄平平仄仄平"。例如，陆游的《书愤》："早岁那知世事艰，中原北望气如山。楼船夜雪瓜洲渡，铁马秋风大散关。塞上长城空自许，镜中衰鬓已先斑。出师一表真名世，千载谁堪伯仲间。"

另一种类型是平起式，即"平平仄仄仄平平，仄仄平平仄仄平。仄仄平平平仄仄，平平仄仄仄平平。平平仄仄平平仄，仄仄平平仄仄平。仄仄平平平仄仄，平平仄仄仄平平"。例如，毛泽东的《长征》："红军不怕远征难，万水千山只等闲。五岭逶迤腾细浪，乌蒙磅礴走泥丸。金沙水拍云崖暖，大渡桥横铁索寒。更喜岷山千里雪，三军过后尽开颜。"

（二）对联平仄规则

除了诗歌讲究平仄外，对联也十分讲究平仄。一般来说，对联具有以下四种特征。第一种特征是字数相等，句式一致，上下联字数必须相同，不多不少。第二种特征是平仄相合，音调和谐。对联的传统习惯是"仄起平落"，即上联末尾字用仄声，下联末尾字用平声。第三种特征是对联之间词性相对，即名词对名词、动词对动词等，而且相对的词必须在相同的位置上。第四种特征是内容相关，上下衔接。对联中的上下联含意衔接，但不重复。横批是对联的题目，起画龙点睛、相互补充的作用。对联的平仄有以下几种特征。

1. 字节平仄要相间

所谓"字节平仄要相间"，即一个对联根据表意可能被分为若干个字节，每个字节由几个字构成，那么相接续的字节的收尾字要用不同的平仄音节间隔开，若上联为"平平仄仄平平仄"，则下联为"仄仄平平仄仄平"。例如，"又是一年芳草绿，依然十里杏花红"。

2. 对字平仄要相反

"对字"指上下联处在相同位置互相对应的字，通常要求相对应的字平仄应该相反。例如，"君在他乡应望月，我居故地盼团圆"中对字的平仄正好相反，即"平仄平平平仄仄，仄平仄仄仄平平"。

平仄呼应也是语音和谐的一种语用要求，汉语的声调有高低曲直，在语言运用中巧妙地利用平仄呼应可使音节的配合协调恰当，而且能使语言从听觉上获得一种抑扬美。除诗歌外，散文等文章也应注意平仄呼应。正如散文家曹靖华所说："不但诗讲节奏，散文也该讲这些，讲音调的和谐。也应下字如珠落玉盘，流转自如，令人听来悦耳，读来顺口，不致佶屈聱牙，闻之刺耳，给人以不快之感。"

第三章　语用修辞与现代汉语词汇

第一节　构词模式

语用学是关于符号或包括词语、句子、语篇等在内的语言符号与其解释者关系的学科。语用学中第一个被确定为研究对象的是提示词汇。1954 年，语言哲学家巴尔·希勒尔提出指引词语是语用学的具体研究对象，由此可见词汇在语用学中的重要作用。在现代汉语背景下的语用学研究中，汉语词汇是言语的基础材料，对现代汉语词汇的语用修辞研究十分必要。

一、词汇的定义

（一）词的定义

若要研究现代汉语词汇的语用价值和语用修辞功能，必须先明确什么是"词"。关于词的概念，古今中外的学者曾从不同角度给出了令人眼花缭乱的定义，然而迄今为止，学术界仍没有一个统一的、被广泛认同的概念。正如瑞士著名语言学家索绪尔所说："对词下任何定义都是徒劳的。"❶然而，这并不能阻挡语言学者们对词下定义的热情，我国的许多语言学家也从不同的角度给出了词的定义。在此，择取认同度较高的定义录之。

1924 年，黎锦熙在《新著国语文法》中对词的定义发表了看法，他认为，词就是说话的时候表示思想中一个观念的语词。这也是我国语言学者首次对词的概念给出解释。

---

❶ 费尔迪南·德·索绪尔.普通语言学教程 [M].高名凯，译.上海：商务印书馆，1980:36.

1943 年，王力在《中国现代语法》中提出，词是"语言的最小意义单位"。

1953 年，刘泽先在《用连写来规定词儿》中指出，"词儿的定义似乎应该是拼音文字里经常连写在一起的一组字母"。

20 世纪 70 年代末，吕叔湘在《中国文法要略》中指出，"词的定义很难下，一般说它是最小的自由活动的语言片段"，这仍然不十分明确，因为什么算是"自由活动"还有待说明。

1981 年，张寿康在《构词法和构形法》中指出，"语言中的词既是词汇学研究的对象，又是语法学研究的对象，同时语音又是词的物质外壳"。

1983 年，武占坤、王勤在《现代汉语词汇概要》中指出，"词是称谓上和造句上独立运用的最小单位"。

1985 年，符淮青在《现代汉语词汇》中指出，"我们把词看作语言中有意义的能单说或用来造句的最小单位，它一般具有固定的语音形式"。

1990 年，刘叔新在《汉语描写词汇学》中指出，词是"最小的完整定型的语言建筑材料单位"。

2001 年，葛本仪在《现代汉语词汇学》中指出，"词是语言中一种音义结合的定型结构，是最小的可以独立运用的造句单位"。

综上所述，词的定义仁者见仁，智者见智，虽然没有统一，但是可以总结出词的几个要素，即最小的、形式相对固定的、语音形式和能独立运用的语言单位❶。

（二）词汇的定义

词汇即语汇，是包括基本词汇、一般词汇在内的所有词和固定短语的总和。词汇是语言的建筑材料，按照一定的语法结构将一个个词组合起来，形成句子、语段等，以词语、句子或语段进行交际，像用建筑材料搭建房屋一样。词汇反映着社会语言的发展状况以及人们对客观世界认识的广度和深度。一般来说，一个民族或国家的词汇越丰富，其词汇的表现力就越强。

词汇学，顾名思义，即研究词汇的学科。词汇学属于语言学的一个分支，主要研究现代汉语中词的性质、构成、词义、词与词之间的关系等内容。词汇学研究的内容包括普通词汇学、个别词汇学、历史词汇学、描写词汇学等。

❶ 曹炜 . 现代汉语词汇研究（修订版）[M]. 广州：暨南大学出版社，2010.

二、词的构成单位——语素

语素也叫词素，是语言中最小的音义结合体，也是构成词的主要材料。语素具有三个特点：最小、有音、有义。

（一）语素的确认

在汉语中，语素和汉字并不完全一一对应，而存在一字一素、一字多素、多字一素等情况。因此，要判断某个汉字或音节是否为语素或语素的构成部分，往往需要进一步的确认。语素的确认方法常用的有是否为最小单位、是否为音义结合体以及是否可替换。

1. 是否为最小单位

语素是最小的音义结合体，如果一个词语还能够拆分出最小单位，那么它就不是语素。例如，"铁路"一词可以拆分为"铁"和"路"，故其不属于语素；"玫瑰"拆分后不具有意义，所以该词为语素。

2. 是否为音义结合体

语素是语音和语义的结合体，如"天""地"均为单音节词，又具有独立的含义，所以其为独立的语素；"玻璃"作为一个双音节词，拆分后不具有独立的含义，因此该词为一个语素。

3. 是否可替换

黄伯荣、廖序东在所著的《现代汉语》中，对语素的"替换法"做出了一段说明，这段说明颇具代表性，即确定语素可以采用替换法，用已知语素替代有待确定为语素的语言单位。在这段说明中，作者举了几个例子，如"蜡烛"和"蝴蝶"两个词。"蜡烛"中的"蜡"字可以用"花""火""香"等字替换，分别组成"花烛""火烛""香烛"等词；"烛"字分别可以用"像""染""纸"等字替换，组成"蜡像""蜡染""蜡纸"等词。因此，"蜡烛"包括两个语素，即"蜡"和"烛"。再看"蝴蝶"这个词，其中的"蝴"字可以被替换为"灰""花"等，组成"灰蝶""花蝶"等词，然而在这一词语中"蝶"字无法用其他语素替换，因此"蝴蝶"这个词中只包含了一个语素。

除此之外，"是否具有别义作用"也是判读语素的方法，这一方法可以作为

"替换法"的补充，与其共同使用。例如，1999年张斌曾对"是否具有别义作用"进行了说明和解释："在汉语里，把语段切分，不但可以得出表达意义的（音义结合的）单位，而且可以得出区别意义的单位。"对此，作者同样以"蝴蝶"这个词作为例子进行了分析，指出"蝴蝶"经切分后可以分出"蝴"和"蝶"两个字。其中，"蝶"字是音义结合的单位，因此是一个独立的语素，而"蝴"字不属于音义结合的单位，但是具有区别意义的作用。按照张斌的这种说法，"蝴蝶"是一个语素。

当然，对于"蝴蝶"一词中究竟含有几个语素，国内学者目前还存在较大争议，一般分为三种：一是只有一个语素即"蝶"；二是"蝴蝶"一词合起来是一个语素；三是存在两个语素即"蝴"和"蝶"。因此，在划分语素时应多方求证。

（二）语素的分类

语素从不同的角度可以划分为不同的种类。常见的分类方法有三种：一是按音节分类，二是按照能否单独回答问题分类，三是按词语意义分类。

语素按照音节可以分为单章节语素、双音节语素以及多音节语素三类，这种分类形式也较为常见。

语素按照能否单独回答问题分为自由语素和黏着语素两类。

语素按照是否有词语意义可以分为实语素和虚语素两类。

三、构词模式

现代汉语的词语主要通过构词法实现。当前，国内现代汉语语言学家和现代汉语词汇学家对构词模式的分类各不相同，在这里主要介绍传统的四种构词模式，即句法构词、形态构词、语音构词、语义构词。

（一）句法构词

句法构词是以汉语中的语素为基本单位，按照一定的规律构造词语。这种构词法是最常见的一种构词模式。语素作为音义结合体，一般含有基本意义，这些意义在长期的语言使用、发展中已经内化于人们的认知体系中。因此，当汉语的使用者在必要时，即可根据语素的基本意义，按照一定的规则构造新词。一般来说，语素构词法在构词时可以依照并列式、偏正式、主谓式、补充式、动宾式等规则。例如，并列词语有国家、江山、山河、星辰、乾坤、山川、高大等，偏正词语有美丽、佳人、美德、书桌、红花、青山、绿水、高大、年轻等，主谓词语有月亮、认真、体验、年轻等，补充式词语有小学、祝愿、长久、整齐、奇怪、珍贵、疼痛、奔腾等，动宾式词语有唱歌、说话、感谢、爱惜等。

（二）形态构词

形态构词法是将词语中存在的部分语素通过替换的方式变成新的语素，从而构成具有新的意义的词。学术界也称这种构词法为换素法。这种构词模式的构词能力出众，现代汉语中以这类构词模式形成了大量具有相同词缀的词语。例如，"追"字可以组成"追梦""追星""追车""追尾"等词语；"歌"字可以组成"歌唱""歌颂""歌手"等词语，"吃"字可以组成"吃饭""吃穿""吃喝""吃请""吃鳖"等词语，"上"字可以组成"上海""上面""上班""上学""上台"等词语。

（三）语音构词

语音构词法从语音入手，主要为象声造词，即模仿自然物的声音、人造物的声音以及外语声音的音译词、双声词、叠韵词等。例如，小羊的"咩咩"声、狗吠声、鸡叫声、钟表的"滴答"声、敲门的"咚咚"声等，此外还有大量的音译词。

（四）语义构词

语义构词法是通过语素的基本含义，结合词语的引申义进行构词。例如，某个词语在刚出现时代表某种含义，而随着时间的推移、时代的变化，受社会环境和文化环境的多重影响，语义也发生了转移、变化，出现了一词多义的现象。例如，"老板"一词最初指一个公司或企业的带头人，后来则泛指在所有关系中处于带头位置的人，这一词语的词义发生了转移，该词也成了一个多义词。又如，"上台"原指走上高台，后来则指职位或官位高升。

第二节　认知方式

一、认知语言学的兴起

认知语言学是 20 世纪七八十年代在西方语言学界兴起的一门新兴学科，该学科吸收了语用学、生成语义学、心理学、人类学以及认知科学诸多成果，逐渐形成了一套全新的理论体系。认知语言学的兴起极大地推动了当代语言学的发展。我国认知语言学从 20 世纪 80 年代末期引进国外认知语言学的相关研究成果开始起步，通过对认知语言学理论深入分析汉语现象而逐渐发展起来。

认知语言学从人的基本认知能力出发，强调人的认知能力在语言与客观世界之间的作用。认知语言学通过人类与外在客观现实相互作用过程中形成的概念结构分析并解释语言结构。认知语言学主张从语言外部对语言的形式和规律做出合乎直觉的解释。认知语言学对意义的态度不同于结构主义语言学和生成语言学，后两者对意义采取回避的态度，而认知语言学正好相反，它的语义取向十分明显，而意义研究在词汇学领域里恰恰是不可或缺的部分。

认知语言学在汉语词汇研究中的优势主要体现在以下两个方面。

第一个方面，认知语言学重视从经验事实的归纳中取得独立的经验支持和验证，这与中国语言传统主流学派重归纳的思路相吻合。中国传统上以意义之学作为内核的古典解释学，其特征为超越语言、重视经验体悟和直观感受的具象思维，这也恰恰是认知语言的哲学基础——体验哲学，所极力追寻的。

第二个方面，认知语言学与汉民族的文化特征在语言上的"非形态"表现相契合。汉语作为意合语言，其词素组合成词语主要取决于语义搭配的合理性。我国有重意合不重形合的文化传统，反映到词语层面则表现为一种"非形态"特征，其词法以及语义信息不通过词语形态显露，而着重于意义、概念、隐喻、结构及相似性特征，与认知语言学有着很高的适配性。

二、认知语言学主要理论

（一）意象图式的认知方式

意象图式是认知模型理论中的一个非常重要的概念，研究意象图式对人们研究如何建构范畴、形成概念、分析隐喻、理解意义、实行推理等过程具有重要意义。意象和图式原本是两个独立的概念。康德在讨论图式的哲学意义时指出："图式是连接感知和概念的纽带，是建立概念与物体之间联系的手段，也是建构意象、创造意义的必要程序。"而意象则是一个心理学的术语，指代一种心理表征，即人们虽然不能看到某物却仍然能够想象出该物体的形象和特点，这正是在没有任何外界事物提示的情况下，人们仍然能在心智中猎取这个事物印象的一种认知水平。

1. 意象图式结构定义

1987 年，Lakoff 和 Johnson 首次提出了意象图式这个概念：意象图式是感知互动和运动活动中持续再现的动态模式。1995 年，Gibbs 和 Colston 指出意象图式为空间关系以及空间中运动的动态模拟表征。2004 年，Oakley 指出意象图式则是为了把空间结构映射到概念结构而对感性经验实行压缩性的再描写。认知语言学家赞同意象图式是基于人们的感知和体验的，并且先于人类语言。换言之，"现实—认知—语言"是认知语言学的一条基本原理，并且认知过程包括互动体验、意象图式、范畴化、概念化、意义等过程。所以，意象图式只不过是认知过程中的一个细节。认知语言学的哲学基础是体验哲学，即"经验是在我们持续通过与变化的环境互动之中产生意义的体验性感知运动和认知结构的结果"，其心理学基础是皮亚杰的建构论和互动论。所以，意象图式也是基于体验与现实世界互动，并抽象出来的一种形而上的结构。

2. 意象图式结构特征

意象图式体现了这样的特征，并且与空间概念联系紧密。根据 Lakoff 的分类，动觉意象图式可分为容器图式、部分—整体图式、连接图式、中心—边缘图式、始源—路径—目的地图式和其他图式等类型。

第一种类型：容器图式。容器图式的基本内涵是将目标视作一个容器，那么心智中马上形成界限作为容器，构成容器里和容器外两个区域。例如，"小明在班级里是班长，学校中有 56 个班级"。这句话中"小明"是个体，班级是小容器，学校是更大的容器。

这样的图式有某些以经验为基础的特征，暗含一定的自然逻辑关系，其包括两个规则：一是容器是一种选言判断，实体要么在容器里，要么在容器外；二是包容关系具有典型的传递性：如果一个容器在另一个容器里，那么第一个容器里的实体也在另一个容器里。容器图式还包括其他推理原理，如包容关系的经验涉及防御外力；包容关系限制容器内的力；被包容的实体有一个相对固定的位置；包容关系影响观察者对被包容实体的视野，要么放大这一视野，要么阻碍这一视野。

第二种类型：部分—整体图式是基于人的体验的一种抽象体系。身体部位就是一个很好的例子。胳膊是人身体的一部分，那么胳膊就是部分，身体就是整体。

第三种类型：连接图式也是基于人的体验的一种抽象体系。人们生来的第一个连接就是肚脐和母体的连接，经历了婴儿时期和儿童时期，孩童抓住父母，扶着其他事物，或是为了保持自己的位置或是为了保证其他人和事物的位置。此时，绳索就起到了连接的作用。长大以后，这具体的绳索可由抽象的、看不见的事物所代替。在"小明牵着妈妈的手"一句中，孩子和妈妈通过牵手而连接起来。

第四种类型：中心—边缘图式的理解亦是源于身体经验。身体有中心和边缘之分，而中心指的是心脏。如若一个人没有了四肢，也还能维持生存，但是如果心脏停止了跳动，这个人也就丢了性命。由此引申开来，任何事物都会有重点和非重点，重点即是中心，非重点即是边缘。成语"擒贼先擒王"讲的就是这个道理。

第五种类型：始源—路径—目的地图式，顾名思义，其组成包括三个部分：始源、路径和目的地。

第六种类型：其他图式。前景—背景图式，如东风牌汽车的广告语为"万事俱备，只欠东风"，这里借用了这句歇后语作为背景，实际上句子中的东风指的是汽车，一语双关。所以，现在广告语的理解多是使用这个图式识解的。上下图式多用于社会等级结构和家庭结构的理解，家谱就是上下图式。线性序列图式，如初中历史里面学的大事记都用直线以年代为标记归纳出来，这就是线性序列图式。

（二）概念隐喻理论

Lakoff&Johnson 首次提出了概念隐喻理论，认为隐喻和转喻是形成人类概念系统的主要认知手段。

概念隐喻理论主要包括以下几个基本观点：隐喻和转喻的本质是以一种事物来理解和体验另一种事物；隐喻及转喻主要是一种无意识的认知活动，是人们日常思维、行为和语言表达的一种系统认知方式；隐喻和转喻是以人类经验为基础的；两者产生的基础是因为两种事物在我们的经验中存在某种联系或某种相似之处。

首先，概念隐喻理论将绝大部分日常语言纳入了隐喻和转喻的范畴；隐喻和转喻成为语言中大量存在的一词多义现象背后的主要认知机制。

其次，概念隐喻理论将隐喻看成一个认知域到另一个认知域的映射，而不仅仅是一个词语到另一个词语的映射。每个认知域后面蕴含了庞大的意义网络，为语言现象提供了系统而非孤立的解释。

再次，概念隐喻理论强调隐喻形成的经验基础，对隐喻产生的经验基础的探讨使一些隐喻意义产生的动因得到了自然的、符合人的认知心理发展的解释。最经典的例子是从经验相关来解释概念隐喻，即隐喻的产生基于经验中的高度与数量增加之间的相关性。例如，往杯子里加水，水量的增加总会带来水的高度的增加。Grady 指出这种经验相关性导致两个看似毫无关系的概念产生联系，进而产生两个概念之间的投射。

认知语言学主张隐喻和转喻是历时词义扩展背后最为重要的认知机制，同时鉴于共时多义现象是历时词义扩展的结果，隐喻和转喻也是共时层面多义词不同义项之间联系产生背后的认知机制。目前，认知词汇语义学多义词的个案研究不可或缺的两大步骤如下：确定辐射式词义结构；分析义项之间存在什么样的隐喻或转喻关系或分析义项所表达的概念之间存在什么样的经验相关性。从最近的研究来看，认知词汇语义学已经不满足于仅仅指出两个义项之间存在什么样的隐喻或转喻关系，而主张从隐喻产生的经验基础和认知过程入手进行更进一步的探讨。

三、从语用认知角度看词汇的变化

（一）常用词词义深化

概念义使用对象不变，表示的对象特点深化。现代汉语中有一类词表示最基本的自然现象和动植物名称，它们的描述对象虽然古往今来没有太大的变化，但是随着社会的发展，科学不断进步，人们对自然现象和动植物等事物的认识不断深化，这些词的概念义所表示的对象特点也随之发生了变化。

比如，土在《说文解字》中的释义为"地之吐生物者也"。《现代汉语词典》中土壤的释义是地球表面的一层疏松的物质，由各种颗粒状矿物质、水分、空气、微生物等组成，能生长植物。

《现代汉语词典》中"土壤"的释义就是"土"的释义。"土"这个词的适用对象古今是一样的。《现代汉语词典》用类别词"物质"显示，《说文解字》用代词"者"（可释为"的东西"）显示。"地之吐生物"说的是"土"的特征（"地"指存在处，"吐生物"指作用）。《现代汉语词典》说明"土"的特征要丰富深入得多，不仅说明了其存在处"地球表面"，说明了其作用"能生长植物"，还说明了其构成"由各种颗粒状矿物质、水分、空气、微生物等组成"，其质地是"疏松的"。这反映了人们对"土"的性质特征的认识比《说文解字》时期有了很大的进步。

（二）常用词词义扩大

1. 空间上部分到整体

名词的适用对象从部分发展到整体（指空间），表示的对象特征也随之变化。以"脸"字为例，《古今韵会举要》中脸的释义是目下颊上部分。如今"脸"指整个脸面。"脸"原指"目下颊上"的部分，今指"从额到下巴"的部分，其适用对象在空间上扩大了，表示的对象特征（即对所指部位的限制）也随之变化。以"腿"为例，《玉篇》中腿的释义是腿胫。如今"腿"是小腿和大腿的总称。"腿"

原指"脚上膝下"的部位，今指"脚上臀下"的部位，其适用对象在空间上扩大了，表示的对象特征（即对所指部位的限制）也随之变化。

2. 成员从部分到整体

名词的适用对象从部分发展到整体（指成员），表示的对象特征也随之变化。例如，《礼记·典礼下》："天子之妃曰后，诸侯曰夫人，大夫曰孺人，士曰妇人，庶人曰妻。"（《辞源》）"妇人"原指"同士匹配的女子"，现指"已婚的女子"。词义适用对象的成员从部分发展到了整体（原义的适用对象是发展出来的意义的适用对象的一部分），表示的对象特征也随之变化。"妇人"原有"同士匹配"这个特征，现在这个特征消失了，特征仅是"已婚的"。所以，其表示的对象特征也随之变化。

3. 对象从特殊到一般

名词的适用对象从单一的事物发展到一般的事物，其表示的对象特征也随之变化。最典型的例子就是"江"与"河"。《说文解字》："河，水出焞煌塞外昆仑山发原注海"。如今"河"指一切河流。《说文解字》"水出蜀湔氐徼外岷山，入海。"如今"江"指一切江河。"河"原指固定的某一条河，即现在的黄河，它的特征是"出焞煌塞外昆仑山发原注海"，古代的人们提到"河"，就是指发源于昆仑山，向东注入海的黄河，而不是指其他的河。现指一般的河流，其特征是"水量大或较大，流入其他河或海"。"江"原来特指一条江，就是今天人们所说的长江，它的特征是"出蜀湔氐徼外岷山，入海"，古代人们在说到这条途经蜀地向东入海的长江时才用"江"。现在指一般的江河，其特征是"水量大，流入其他江河或海"。

4. 适用对象扩大

表形状的词适用对象扩大。例如，动听。动听在古时是指言辞足以使人留心倾听。《文选》三国魏阮元瑜《为曹公作书与孙权》："夫似是之言，莫不动听，因形设ραι，易为变观。"（《辞源》）如今动听是指听起来使人感动或者感觉有兴趣（《现代汉语词典》）。死在古时是指"天子死曰崩，诸侯曰薨，士大夫曰卒，士曰不禄，庶人曰死。"（《礼记·曲礼下》）如今死泛指死亡（《现代汉语词典》）。"动听"适用对象原是言辞，现在扩大了，还可用于声音、音乐。"死"原指"庶人之死"，现泛指"死亡"。词义的适用对象的成员从部分发展到了整体（原义的适用对象是发展出来的意义的适用对象的一部分），表示的对象特征也随之变化。

5. 表动作行为的词关系对象扩大

表动作行为的词表示的动作行为影响涉及的对象是它的关系对象，一般是动作行为的受害者。如果表动作行为的词的关系对象扩大了，那么这个表动作行为的词的词义也扩大了。例如，洗在古时指洗脚。《礼记·内则》："足垢，燂汤请洗。"如今洗是指用水或汽油、煤油等去掉物体上的脏东西（《现代汉语词典》）。"洗"的关系对象原只限于脚，后来扩大到一般的物体。

（三）常用词词义缩小

词义缩小有以下五种情况。

1. 空间上整体到部分

名词的适用对象从整体变为部分（指空间），表示的对象特征也随之变化。例如，肌肉在古时是皮肉的统称。汉王充《论衡·实知》："泽有枯骨，发首陋亡，肌肉腐绝。"（《辞源》）如今肌肉是指人体和动物体的一种组织（《现代汉语词典》）。"肌肉"在古代指"肌"和"肉"，包含肌肤和肉，是皮肤和肉的统称。而在现代汉语中"肌肉"只指肉。所以，这个词的适用对象发生了从整体到部分的变化，它表示的对象特征也从皮肉的特征变为了肉的特征。

2. 成员从整体到部分

名词的适用对象从整体变为部分（指成员），表示的对象特征也随之变化。例如，学者在古时指求学的人。《论语·宪问》："古之学者为己，今之学者为人。"（《辞源》）如今学者是指在学术上有一定成就的人（《现代汉语词典》）。"学者"在春秋战国时期指"求学的人"，现在特指在"学术上有一定成就的人"。求学的人有很多，不一定都能够在所学习和研究的领域有所成就，而在学术上有一定成就的人一定是求学的人，可见后者是前者的一部分，对象特征（即对所指成员的限制）也随之改变。

3. 表性状的词适用对象缩小

表性状的词适用对象缩小。比如，皎洁在古时指光白貌。唐张九龄的《感遇十二首·其一》："兰叶春葳蕤，桂华秋皎洁。"顾况《悲歌》之三："我心皎洁君不知，辘轳一转一惆怅（《辞源》）。如今皎洁是指月亮明亮而洁白（《现代汉语词典》）。"皎洁"原来的适用对象是花、心等，所指较为宽泛，而现在一般只用于形容月亮。

4.表动作行为的词行为主体缩小

例如，结婚在古时是指结为婚姻之好，结亲。《汉书·张骞传》："其后，乌孙竟与汉结婚。"也称男女结成夫妇（《辞源》）。如今结婚是指男子和女子经过合法手续结合成为夫妇（《现代汉语词典》）。

5.表动作行为的词关系对象缩小

比如，营业在古时是指经营生机。《三国志·吴书·骆统传》："百姓虚竭，嗷然愁扰，愁扰则不营业，不营业则致穷困。"（《辞源》）如今营业是指商业、服务业、交通运输业等经营业务（《现代汉语词典》）。"营业"的关系对象原是一般百姓的生计，现缩小为商业等行业经营的业务。

（四）常用词词义转移

词义转移有两类：第一类是词性不变，原义和后起义的适用对象之间没有整体和部分、类和种、多类对象和其中一类对象（如"动听"的适用对象本义是"言辞"，现在是"言辞、声音、音乐"，两者的关系就是多类对象和其中一类对象的关系）的关系，表示的对象特征也不同。

例如，主人公在古时是指主人。《汉书·武五子传》："主人公遂格斗死。"（《辞源》）如今主人公是指文学作品的中心人物（《现代汉语词典》）。"主人公"是名词，本义和后起义的使用对象不同，表示的对象特征也不同。

第二类是词性发生转换，如从动词变为名词、从形容词变为名词等，从而引起词义转移。布告在古时是指对众宣告，公告。《史记·吕太后本纪》："刘氏所立九王，吕氏所立三王，皆大臣之议，事已布告诸侯。"（《辞源》）如今布告是指机关、团体张贴出来通告群众的文件（《现代汉语词典》）。"布告"原义是对众宣告、公告，是一个动词，而在现代汉语中指机关、团体等张贴出来通告群众的文件，演变成了名词。

环境在古时是指环绕全境。《元史·余阙传》："乃集有司与诸将议屯田战守计，环境筑堡寨，选精甲外扞，而耕稼与中。"如今环境是指周围的自然条件和社会条件（《辞源》）。"环境筑堡寨"意思是环绕全境构筑堡垒和山寨，"环境"在这里是环绕全境的意思，是动词，而后来发展成名词的意思。秀才在古时意为才能优秀。《管子·小匡》："农之子常为农，朴野而不慝，其秀才只能为士者，则足赖也。"（《辞源》）秀才之称始见此，至汉始为举士之科目。如今秀才是明清两代生员的通称，泛指读书人（《现代汉语词典》）。"秀才"在汉朝以前是形容才能优秀，到汉代开始与孝廉并为举士的科名，成为名词。

第三节　现代汉语基本词汇的语用修辞功能

现代汉语根据词汇的来源特点，可以将词汇分为基本词汇和一般词汇（又叫普通词汇）。其中，基本词汇是现代汉语中最常见的词汇，也是现代汉语中数量最多，使用范围最广的词汇。无论语用学还是修辞学的研究都离不开基本词汇，而从语用修辞的视角看基本词汇在语用学中所表达的意义，有助于对语用学进行深入研究和分析。

一、基本词汇的含义

（一）基本词汇的内容

现代汉语中基本词汇主要包括 12 大类。

1. 自然界的常见事物构成的词语

例如，天、地、水、山、云、风、火、树、草、人、石、星辰、太阳、月亮、牛、马、羊、狗、鸡、鸭、鱼、湖、海等词语。

2. 人体各部分的词语

例如，头、肩、头发、眼睛、耳朵、牙齿、鼻子、眉毛、脸、手、胳膊、脚、腿、胸、血、心、肝、胃、脾、肾等词语。

3. 人类制造的劳动工具、对象、生活用品等词语

例如，刀、犁、耙、锄头、田、地、铲子、车、船、火车、飞机、纸、笔、柴、米、油、盐、酱、醋、茶、台灯、床、锅、沙发、房子、衣服、帽子等词语。

4. 亲属关系相关的词语

例如，爸爸、妈妈、哥哥、姐姐、妹妹、哥哥、弟弟、姑姑、爷爷、奶奶、姥爷、姥娘、舅舅、阿姨、叔叔、伯伯、丈夫、妻子等词语。

5.有关人类精神文化生活的常用词语

例如，音乐、戏剧、戏曲、舞蹈、电视、电影、恋爱、结婚、朋友、书、恋人、象棋、体育、篮球、排球、旅游等词语。

6.关于时间、方位、处所的词语

例如，昨天、今天、明天、前天、上、下、左、右、里、外、春天、夏天、秋天、冬天、家、广场、商场、户外等词语。

7.与人或事物的行为、变化有关的词语

例如，吹、拉、弹、唱、走、跳、跑、说、吃、听、学习、休息、改变、发展、爬、想等词语。

8.形容事物一般性质和状态的词语

例如，红、绿、黄、长、短、轻、重、薄、厚、开心、高兴、高、低、舒服、大、小、蓝等词语。

9.形容行为、性状的程度、范围、方式、语气、时间、频率等的词语

例如，最、很、非常、更加、仅仅、些许、稍微、已经、曾经、必须、刚刚、将要、没有、赶紧、大约、反正、幸亏等词语。

10.与数量概念相关的词语

例如，一、二、三、个、十、百、千、万、亿、兆、斤、两、尺、寸等词语。

11.指代词语

例如，这、那、我、你、他、谁等词语。

12.常见的连词、介词、助词、语气词和叹词

例如，不但、而且、虽然、但是、因为、所以、那么、假如、何必、从、向、靠、通过、比、让、和、跟、啊、吗、呢、哎等词语。

除了以上基本词汇的内容划分法，许多学者根据不同的理念和标准，对基本词汇进行了重新划分。例如，刘叔新在《汉语描写词汇学》中按照内容，把基本词汇划分为六大类别。

第一类为名物类，包括自然现象、人体以及动植物的各个部分的命名、亲属或其他社会关系、基本场所、劳动工具、生产设备、劳动对象、生活必需品等。例如，风、雨、雷、电、雪、云、星辰、月亮、太阳、江、河、湖、海、山、川、人、口、手、头、脚、胳膊、腿、犄角、尾巴、花园、车、船等词语。

第二类为价值判断类，主要包括体现事物或现象基本性质的词汇。例如，好、坏、强、弱、成功、失败、胜利、老成、安定等词语。

第三类为行为类，主要包括基本活动、行为类词汇。例如，吃、喝、穿、脱、拿、打、走、跑、说话、思量、工作、吞、咽等词语。

第四类为精神生活活动类，主要包括政治、经济、文化等活动的基本范畴、方式和成果。例如，国家、军队、历史、政权、商业、科学、文学、曲等词语。

第五类为基数、序数、时历类，主要包括数、序、日、月、节令等。例如，清明、谷雨、中秋节、初三、八月等词语。

第六类为虚词，主要包括副词和代词等，例如，你、我、他、很、非常、立刻、马上等词语。

以上两种划分法均为我国现代汉语学术界对基本词汇内容的划分，这两种划分方法均有各自拥趸，其中第一种划分方法的认同度更高。

（二）基本词汇的特点

现代汉语学术界一般认为基本词汇有三个特点，分别是稳固性、全民常用性和能产性。

1. 稳固性

稳固性包含两层意思，一层意思是从远古时期就创造出来，世世代代沿用至今的词语。例如，天、地、人、水、火、土、木、日等词语早在甲骨文时期就已出现，并且世代流传，其指代的常是自然界中的常见事物，是汉语词汇中广泛使用的基本词语。稳固性的另一层意思是有些词语尽管出现的历史不长，但是其性质和作用极为重要，因此也可以算作基本词语。例如，清朝末年、民国初期，我国受外国思想的冲击和影响，出现了一大批与社会思想接轨的词汇，这些词汇有的是从国外引进来的，有的是随着社会的发展出现的。例如，民主、科学等词语因指代的事物具有特殊的不可替代作用，属于基本词汇。

基本词汇的稳固性并不是绝对的，因此需用辩证的观点来看待基本词汇的稳固性。要用发展的眼光看待词汇的稳固性，正确区分古代汉语中的基本词汇和现代汉语中的基本词汇。有的词汇在古代汉语中是基本词汇。例如，古代汉语中以犬、雉、彘、豚、大虫、貘等作为动物的指称，属于基本词汇，这些词在现代汉语中被狗、鸡、猪、老虎、大熊猫所取代。因此，犬、雉、彘、豚、大虫、貘等词语在现代汉语中就不能再看成基本词汇了。再者，要从长远的角度看待问题，稳固性不等于一成不变，随着时代的发展；基本词汇不断淘汰旧词，同时不断补充新词。例如，电视、冰箱、洗衣机、计算机、电脑、电话、手机等词语出现不过十几年、数十年，然而已成为人们日常生活中不可或缺的家电用品，从长远来看，这些词语具有一定的历史稳定性，因此属于基本词汇。

2. 全民常用性

全民常用性是指基本词的所指对象无论抽象的程度、范围、结构关系，还是具体的事物、动作行为、性质状态都是社会日常生活中最常见的现实现象和基本概念，能够跨越职业、年龄、地域、阶层被广大人民群众所理解和使用，如果想要进行交际就必须掌握这一类词汇。对于词汇的全民常用性特点，不同的学者有着不同的解释和定义，其中代表性的观点为现代汉语学家苏培成的观点。

1993 年，苏培成发表了《关于基本词汇的一些思考》一文，文中对基本词汇的"全民常用性"提出了自己的看法。他认为，"全民常用性"前面必须加个限制，即"共时性"。苏培成认为，所处的时段不同，基本词汇的数量和成员也不相同。全民常用词毫无疑问属于常用词，那么常用词是否属于基本词汇呢？这个问题引发了学者的广泛讨论。

常用词是以词语的使用频次来进行计算的，一个词语在社会日常生活中的使用频次高，则属于高频词，相反即为低频词。高频词与低频词之间的词语属于次常用词。常用词指的是高频词和次常用词。然而，常用词不等同于基本词汇。因为低频词不符合基本词汇的全民常用词特性，所以其不属于基本词汇；而高频词受到地域、场景、组织、职业、年龄等条件的限制，所以未必具有稳定性的特点。

1990 年，刘叔新在其出版的《汉语描写词汇学》中指出："常用性是必然密切结合着社会上使用的普遍性的。"❶刘叔新在书中指出，如果一个词语仅仅适用于某个组织、团体，或某种场合中，在这个组织、团体或场合中属于常用的高频词，然而在其他组织、团体或场合中很少出现，则不能算作全民常用词语。因此，常用词不一定属于基本词汇，但基本词汇必须同时是常用词语。

1994 年，周荐在其主编的《词汇学新研究》专辑中指出："基本词汇能成为常用词语和次常用词语中的一部分，而常用词语中最重要的部分应是基本词汇成

---

❶ 刘叔新.汉语描写词汇学［M］.北京：商务印书馆，1990.

员。"周荐认为，常用词受到的限制太大，小到每一个人、村庄、团体都有自己内部的常用语，然而这些常用语的使用范围未必是最广泛的。因此，"全民常用"才是判断常用词是否为基本词汇的特点之一。

3. 能产性

能产性通俗来讲即为产生、构造新词的能力。基本词汇一般是由一个词根构成的，这些词汇所表达的含义往往在现代汉语的语义系统中具有重要的核心地位。因此，当汉语随着时代的发展需要创造新词时，往往将基本词汇作为语素，与其他语素相结合，从而构造新的词语。例如，将基本词汇"山"作为语素，可以构造出江山、大山、高山、泰山、香山、雪山、西山、山路、山道、山峰、山谷、山脉、山崖、山泉等众多新词语。又如，将基本词汇"田"作为语素，可以构造出田间、田地、田园、田亩、田赋、田鸡、田产、田蚕、田稻、田井、稻田、农田、盐田、屯田、丰田、井田、耕田、水田、肥田等众多新词语。

对于基本词汇的"能产性"特点，许多学者对这一特点能否代表基本词汇的特点保持质疑。例如，1999年张甫能指出基本词汇中的实词虽然具有"能产性"的特点，然而基本词汇中还包括大量虚词，这些虚词并不具备"能产性"特点。也有的学者从能产性与前两个特点的关系入手，质疑这个特点。例如，1991年黄伯荣在其合著《现代汉语》中指出词汇的能产性与词汇的稳固性和全民常用性的特点不具有直接的相关性。此外，基本词汇中还有一些词汇，虽然不是虚词，但是其构词能力也较弱。例如，桌子、凳子、头发等词语。因此，基本词汇中虽然有许多词语具备能产性，但如很、呢、都等虚词不具备能产性的特点，以此特点判断一个词语是否属于基本词汇存在一定的疏漏。

综上所述，在大多数学者看来，基本词汇具有稳固性、全民常用性、能产性三个特点。但是，也有学者指出，如果基本词汇必须满足这三个条件才能称为基本词汇，那么只有很少一部分词语能被称作基本词汇。然而，如果只用前两个特点来界定基本词汇又存在着基本词汇与一般词汇概念和界线模糊的情况。语言学家对此问题进行了深入讨论，其结论为"历史稳固性"是基本词汇的根本特点，对判断词汇是否是基本词汇具有决定性作用。

（三）基本词汇的语用修辞功能

基本词汇的语用修辞功能与语境有直接的关系。王希杰在《修辞学通论》中指出语言环境是修辞的生命，没有语言环境就没有修辞，而且一切修辞只能在特定的语言环境中产生。因此，观察、分析基本词汇的语用修辞功能离不开语境。

例如，"白杨"作为一个词语，是指一株白杨树，而放在不同的语境中就有了不同的修辞效果。"这个少年像沙漠中笔直的小白杨一样坚强。"在这句话中给出了一个语境，即少年的意志十分坚强，就像沙漠中笔直的小白杨一样，这句话用"白杨"比喻少年的意志，如果离开语境，这个意义就不存在了。

二、人体词语的语用修辞功能

人体是由一个个器官、组织以及细胞组成的。按照人体器官的大小、位置等因素，可以将人体词语总结、归纳出来。从大的器官划分，人体器官包括头、颈、躯干、四肢。头部器官所包括的人体词语有大脑、面部、眉毛、眼睛、头发、鼻、口、舌、牙齿、耳朵、胡须等。躯干器官包括的人体词语有胸、腹、心、肝、脾、胃、肾、胆、肠等脏腑以及背、腰、臀。四肢器官包括的人体词语有手、臂、肘、腕、肩、指、拳、掌、足、膝、大腿、小腿、脚踝、踵等词语，此外还有骨、血、肉等词语。

（一）单个人体词语的本义与隐喻

人体词语除本义之外还存在着许多隐喻含义。人类学家维柯就曾明确指出人类词语的隐喻意义："在一切语言里，大部分涉及无生命事物的表现形式都是从人体及人的感觉和情欲那里借出来的隐喻。"详细了解人体词语的隐喻含义可以提高我们对语言的掌握和运用能力，有助于人们在话语交际中更好地表达或理解语义。表 3-1 为单个人体词语的本义与隐喻一览表。

3-1　单个人体词语的本义与隐喻一览表

字母	部位	本　义	隐喻义	拟人隐喻词
b	背	躯干的一部分，与胸、腹相对	物体的反面或后部	刀背、椅背、书背、纸背、斧背
	鼻	嗅觉或呼吸器官	形状像鼻的物体	门鼻儿、针鼻儿、锁鼻儿、柜鼻儿
	脖	脖子	器物形状像脖子的部分	山脖儿、檐脖儿、拐脖儿
c	齿	咀嚼器官	物体上齿形的部分	齿轮、锯齿儿、梳齿儿、门齿

语用视角下的现代汉语研究

字母	部位	本　义	隐喻义	拟人隐喻词
d	胆	储存胆汁的器官	形状似囊状的物体	瓶胆、球胆、海胆、胆瓶
e	耳	听觉器官	像耳朵或位置两旁的物体	帽耳、木耳、银耳、耳房、耳门、耳子
f	腹	躯干的一部分	位置像腹部的部分	山腹、腹地、腹韵、韵腹、腹稿
j	脚	人体下端，接触地面支持身体的部分	位置或性能像脚的物体	山脚、地脚、泔脚、根脚、墙脚、裤脚、针脚、线脚、秧脚、雨脚、韵脚
	颈	脖子	物体位置上相像的部分	瓶颈、颈联
k	口	进食、发声的器官	容器通往外面的地方或出入通过的地方	口岸、口子、隘口、白口、版口、插口、茬口、岔口、出口、创口、窗口、刀口、道口、断口、渡口、风口、封口、港口、关口、河口、海口、合口、虎口、黑口、豁口、决口、进口、领口、路口、罗口、门口、切口、缺口、入口、出口、伤口、收口、书口、袖口、垭口、闸口、口子
l	脸	头的前部	物体的前部	门脸儿、皮脸儿、鞋脸
m	眉	眉毛	物体的上部	眉批、眉题、书眉、眉端
n	脑	知觉、运动和思维记忆器官	物体精华、零碎的部分	电脑、豆腐脑、薄荷脑、针头线脑、樟脑、田头地脑、脑库
s	舌	辨别滋味、帮助咀嚼和发音的器官	形状像舌的物体	冰舌、火舌、帽舌
	手	能拿东西的部分	形状、性能像手的物体	佛手、机械手、猪手
t	头	人体最前部长着口、鼻、眼的部分	物体的最前部、顶端、末梢、剩余的部分	案头、棒头、报头、笔头、钵头、磁头、葱头、弹头、地头、槽头、唱头、插头、尺头儿、火头、词头、火车头、接头、箭头、街头、灯头、渡头、坟头、斧头、话头、镜头、刊头、莲蓬头、矛头、墙头、瓦头、天头、天地头、窝头、汤头、桥头、水头、山头、蒜头、线头、滩头、烟头、韵头、云头、柱头、针头、码头

字母	部位	本　义	隐喻义	拟人隐喻词
t	腿	支持身体和行走的部分	物体下端或像腿一样起支持作用的部分	裤腿
x	心	在胸腔的中部,推动血液循环的器官	物体的中央部分、中心	笔心、版心、核心、灯心、泥心、机心、气门心、球心、砂心、辑心、焰心、铁心、页心、圆心、枕心、心裁、心头
y	眼	视觉器官	小洞、窟窿状的物体或起关键作用的部分	炮眼、打眼、针眼、电眼、猫眼、字眼、榫眼、芽眼、卯眼、砂眼、气眼、泉眼、枪眼、洞眼、窟窿眼儿
	腰	躯干中部	腰状物体或物体的中部	腰果、山腰
z	嘴	口,进食和发声的器官	形状或作用像嘴的东西	豆嘴儿、山嘴、喷嘴、奶嘴、沙嘴、电嘴

（二）两个人体词语共同产生新的隐喻

除单个人体词语具有隐喻意义外,两个或两个以上的人体词语连用时,又会引申出新的意义。

眼睛 + 鼻子:连用时比喻挑剔。例如,"横挑鼻子竖挑眼"。

眉毛 + 胡须:连用时比喻紧张、杂乱。例如,"眉毛胡子一把抓"。

嘴 + 心:连用时比喻心口不一。例如,"刀子嘴豆腐心"。

胳膊 + 大腿:连用时比喻力量相差悬殊。例如,"胳膊拧不过大腿"。

皮 + 肉:连用时比喻分离、相背。例如,"皮笑肉不笑"。

唇 + 齿:连用时比喻相近、相依。例如,"唇亡齿寒"。

（三）两个人体词语构成新词产生隐喻

两个单个人体词语按照一定的规则构造成新的词语,新词中除了包含原来身体器官的含义外,又引申出了新的含义。正如吕叔湘所说:"任何语言里的任何一句话,它的意义决不等于一个一个字的意义的总和,而是还多些什么,按数学上的道理,二加二等于四,不能等于五,语言可不是这样。"

头 + 脑——头脑:指有头绪、思考能力;领袖、领导。例如,"摸不着头脑""头脑风暴""他当上了某个组织的头脑"。

眉+眼——眉眼：泛指容貌，引申出察言观色之义。例如，"眉眼高低"。

眉+目——眉目：指事情的头绪；文章的条理。例如，"这篇文章眉目清晰""总算有了眉目"。

喉+舌——喉舌：泛指口才，言辞；比喻发表言论的宣传机构；掌握机要、出纳王命的重臣；要害之地。例如，"这件事情费了我许多喉舌""《人民日报》是党和人民的喉舌""出纳王命，王之喉舌""嘉峪关是敦煌的喉舌"。

耳+目——耳目：眼睛和耳朵；见闻；打探消息的人；比喻辅佐或亲信之人。例如，"掩人耳目""耳目一新""耳目众多""大臣是皇上的耳目"。

嘴+脸——嘴脸：容貌，模样；丑恶面目，比喻心理阴暗，行为龌龊。例如，"那姑娘有一副好嘴脸""丑陋嘴脸"。

面+目——面目：相貌；事物的外表、形态；面貌。例如，"面目可憎""有何面目见江东父老"。

心+胸——心胸：心中，内心；胸怀，胸襟；抱负。例如，"心胸宽广""何时更杯酒，再得论心胸"。

心+肝——心肝：指人体内脏中的心脏和肝脏，引申为真诚的心意、心爱的人、心肠等含义。例如，"像摘去了心肝一样痛苦""全无心肝""心肝宝贝"。

心+肠——心肠：心情，心绪；指感情；想法，意思。例如，"我没有心肠看戏""慈悲心肠""你居然猜忌我的心肠"。

心+腹——心腹：亲信的人，亲随，比喻要害部位。例如，"心腹之患""心腹要害"。

手+足——手足：指兄弟，亲如手足；也可指动作、举动；还有党羽、爪牙之意。例如，"兄弟手足""亲如手足""手足无措""手足甚多"。

手+脚——手脚：指举动、动作；为了某种目的而暗中进行的活动；四肢；指拳脚、武艺；工序、手续。例如，"慌了手脚""做手脚""手脚冰凉""手脚利索"。

骨+肉——骨肉：身体或骨和肉，比喻文章充实的内容；比喻至亲之人。例如，"亲生骨肉""骨肉团圆""莫怪文章生骨肉，谪来元是掌书仙"。

身+手——身手：本领，技艺；身体，体魄；引申为家当；又可比喻身段手势。例如，"身手不凡""好身手""身手敏捷"。

眉+睫——眉睫：原指眉毛和睫毛，现比喻近在眼前。例如，"迫在眉睫"。

口+腹——口腹：指口和腹，比喻饮食。例如，"口腹之欲"。

口+齿——口齿：指口和牙齿；比喻口才；也指歌唱、说话、读书时的发音吐字；还指牲口的年龄。例如，"口齿伶俐""口齿清晰""请按照牛的口齿大小、体质强弱进行报价"。

口＋舌——口舌：说话的器官；指劝说、争辩、交涉时的言辞、言语；指言语引起的误会或纠纷；议论、谈论；争吵、争执。例如，"口舌是非""搬弄口舌""班长费了许多口舌才说服他"。

唇＋舌——唇舌：指劝说、争辩、交涉时的言语；比喻言辞、议论；指毁谤、挑拨的言词。例如，"何必多费唇舌""村长问了问情由，费了好大一会儿唇舌，才给她们调解开"。

脸＋面——脸面：面孔，比喻面子、情面。例如，"抹不开脸面""有脸面"。

体＋面——体面：体统、身份；光荣、光彩；好看、美丽。例如，"有失体面""好吃懒做不体面""长相体面"。

须＋眉——须眉：指眉毛和胡须，比喻男子。例如，"须眉皆白""巾帼不让须眉""堂堂须眉"。

面＋貌——面貌：脸的形状、相貌；比喻事物所呈现的景象、状态。例如，"社会面貌""精神面貌"。

肺＋腑——肺腑：肺部，泛指人的内脏；比喻内心。例如，"沁人肺腑""肺腑之言""感人肺腑"。

腹＋背——腹背：指前面和后面；比喻关系亲近。例如，"腹背受敌"。

腰＋杆——腰杆：比喻靠山。例如，"挺直腰杆"。

肝＋胆——肝胆：比喻真诚的心；也比喻勇气、血性。例如，"肝胆相照""肝胆过人"。

心＋血——心血：比喻心思和精力。例如，"花费心血"。

骨＋干——骨干：比喻在总体中起主要作用的人或事物。例如，"骨干分子""业务骨干""骨干要员"。

臂＋膀——臂膀：比喻得力助手。例如，"可靠臂膀"。

手＋腕——手腕：比喻手段、本领或能耐，多为贬义词。例如，"铁手腕""耍手腕"。

手＋心——手心：手掌的中心部分，比喻所控制的范围。例如，"逃不出如来佛的手掌心""攥在手心里"。

手＋头——手头：指伸手可以拿到的地方，比喻个人某一时候的经济情况；还比喻写作或办事的能力。例如，"手头宽裕""可惜不在手头""手头利落"。

拳＋脚——拳脚：拳头和脚，比喻会功夫。例如，"拳脚相加""会几手拳脚"。

（四）人体词语与颜色词语组成新词产生隐喻

单个人体词语与表示颜色的词语组合时，由于颜色词语所暗含的文化意义，使新词语语义产生了新的隐含意义。

红＋人体词语：红脸、红眼、眼红，隐喻愤怒、急躁；红心、丹心，隐喻真诚。

黑＋人体词语：黑脸，隐喻生气；手黑、心黑，隐喻恶毒。

白＋人体词语：白脸，隐喻内心奸邪。

灰＋人体词语：灰心、灰头土脸，隐喻意志消沉。

青＋人体词语：青眼，隐喻喜爱或重视；青面，隐喻凶恶。

（五）人体词语与温度词语组成新词产生隐喻

冷＋人体词语：齿冷、胆寒，隐喻害怕、恐惧；冷眼，隐喻冷淡；心寒，隐喻失望。

热＋人体词语：耳热，隐喻兴奋；眼热，隐喻渴望；肝火、心火，隐喻愤怒；热心、热心肠，隐喻热情；焦心、心急火燎，隐喻着急。

（六）人体词语与方位词语组成新词产生隐喻

1. 隐喻时间概念的新词

头前：表示以前。例如，"头前，这里种着一排大杨树"。

眼前／眼跟前／眼底下：表示当下、目前、现在。例如，"眼前最主要的任务是秋收"。

上手：表示事情开始的时间。例如，"这件事情他是从昨天上手的"。

前／后脚：表示时间距离接近。例如，"他前脚出门，你后脚就来了"。

2. 隐喻方面、地位、等级、属有等概念的新词

上＋头——头上，指头上方的位置，隐喻等级。例如，"曾经，他是你的下属，如今，竟敢爬到你的头上作威作福"。

上＋嘴——嘴上，指嘴上的本领，隐喻方面。例如，"别听他嘴上说的漂亮，要看实际行动"。

上＋心——心上，指心中的位置，隐喻地位。例如，"这么多年，他始终把母亲放在心上"。

上＋心——上心，隐喻用心。例如，"这件事情麻烦您上心办好"。

上＋脸——上脸，隐喻自以为是。例如，"蹬鼻子上脸"。

中＋心——中心，隐喻地位。例如，"中心思想""中心工作""中心问题"等。

中＋心——心中，同"心上"，隐喻地位。例如，"无论走到世界哪个角落，祖国始终在我心中"。

下＋手——下手，隐喻地位。例如，"林黛玉坐在王熙凤下手位置"。

下＋手——手下，隐喻等级。例如，"李鸿章在曾国藩的手下为官多年"。

里＋手——手里，隐喻属有。例如，"这本书是从我手里借出去的"。

（七）人体词语与体态语组成新词产生隐喻情绪

表示喜悦的人体词语：眉飞色舞、眉开眼笑、手舞足蹈、喜上眉梢、容光焕发、捧腹大笑、笑逐颜开、喜形于色、拍手称快等。

表示愤怒的人体词语：怒目而视、瞪眼、怒发冲冠、咬牙切齿、直眉瞪眼等。

表示悲伤、悲愤的人体词语：鼻酸、心酸、断肠、肠断、伤心等。

表示着急、急切的人体词语：干瞪眼、手忙脚乱、束手无措、搓手顿脚等。

表示忧愁的人体词语：愁眉锁眼、愁眉不展、揪心等。

表示得意的人体词语：摇头晃脑、趾高气扬等。

表示害怕的人体词语：心惊肉跳、闻风丧胆、心悸、肝儿颤、缩手缩脚、心惊胆战、悬心吊胆、提心吊胆、咋舌、张口结舌、束手束脚、缩头缩脑等。

表示轻视的人体词语：咂嘴、耸肩、嗤之以鼻、撇嘴等。

表示恭敬、顺从的人体词语：点头哈腰、拱手、俯首贴身、垂手等。

（八）人体词语的语用修辞模式

话语交际中经常使用人体词语以及由人体词语组成的新词或成语，这些词语在实际语言环境中承担着重要的语用功能。人体词语常见的语用修辞模式有以下几种：比喻、夸张、借代等。

在人体词语使用中，人们常将自然物品或其他物品与人体部位进行对比，发现其中的共同点和相同之处，所以常借用人体基本词汇对这些事物进行命名。其中，最典型的是山，如山脚、山腰、山头、山口、山腹等。

（1）比喻修辞方式。人体词语在与其他词语组合使用时，常常借助比喻修辞方式来表情达意。例如，"易如反掌"，就像翻一下手掌一样容易，比喻事情简单，不需要花费大力气；"亲如手足"，就像自己的手和脚一样难以割舍，比喻人和人的关系像兄弟一样亲密，常用来形容朋友之间的深厚情谊；"人面兽心"，从面貌上看是人，但心肠像野兽一样狠毒，将人心比喻为野兽的心肠，比喻为人凶残卑鄙；"切肤之痛"，就像切割自己的肌肤一样痛苦，比喻亲身经受的痛苦，也比喻感受深切；"巧舌如簧"，舌头就像乐器中的簧片一样，比喻舌头灵巧，能言善辩，含有贬义色彩；等等。

（2）夸张修辞方式。人体词语在使用时，存在着用于表现隐含意义的夸张修辞方式。例如，"一手遮天"，一只手把天遮住，形容依仗权势，蒙骗群众；"浑身上下都是嘴"，浑身上下长满了嘴，形容能言会道；"翻手为云，覆手为雨"，向上翻一下手掌是云，向下翻一下手掌会下雨，形容人变化无常，耍弄手段；等等。

（3）借代修辞方式。人体词语在使用时，存在着大量以局部代指整体的借代修辞方式，以人体的某些器官或部位代指人的面貌形态、地位或思想品德情况。例如，"双拳难敌四手"中以"双拳"指代一个人，"四手"指代两个人，因此其含义为一个人打不过两个人，或人少斗不过人多。又如，"须眉"中"须"指男子的胡须，"眉"指男子浓密的眉毛，以男子独有的特征指代男子。同样，"蛾眉"中以具有女子特征的细细的弯眉来指代女子。

三、颜色词语的语用修辞功能

现代汉语的基本词汇中包含着大量表示颜色的词语，但在现代汉语语言学界，对基本颜色词语的范畴界定并不相同，大概可分为以下几种观点。

第一种观点：黑、白、红、黄、绿、蓝、青、紫、灰、褐。此种观点的持有人为刘钧杰。

第二种观点：黑、白、红、黄、绿、蓝、橙、紫、灰、褐。此种观点的持有人为姚小平。

第三种观点：黑、白、红、黄、绿、蓝、紫、灰、褐。此种观点的持有人为王逢鑫。

第四种观点：黑、白、红、黄、绿、蓝、紫、灰。此种观点的持有人为李红印。

第五种观点：黑、白、红、绿、蓝、紫、灰。此种观点的持有人为叶军。

其中，第四种观点的认同度最高，在这里也以第四种观点为准。第四种观点中颜色的基本含义和引申义如下：

（一）黑的基本含义和引申义

《说文解字》中对"黑"的解释为"黑，火所熏之色也"。黑色在先秦时期被作为卿大夫的朝服的颜色；秦汉时期以黑为美，以黑色袍服作为帝王、官员的朝服，这时的黑色有赞美之意。此外，京剧中的黑脸也为正直、刚强的好汉。在漫长的历史演变中，黑色又被赋予了多种含义，其中多以贬义为主。

黑色后来引申出以下含义：①光线昏暗、黑暗，如"一片乌云过来，天忽然黑了"；②夜晚、黑夜，如"天黑了，早点睡觉吧"；③与白相对，有是非对立之意，如"做事情要黑白分明"；④坏、狠毒，如"黑心肠"；⑤倒霉，如"黑色星期五"；⑥非法的、秘密的、非公开的，如"黑市""黑话"；⑦严厉，脸色阴沉，如"他气得脸色发黑"；⑧陷害，如"我从来没有黑过朋友"；⑨象征反动，如"黑色暴动"；⑩攻击、破坏，如"黑客"。

（二）白的基本含义和引申义

《说文解字》中"白"的含义为"西方色也，阴用事，物色白"。古代人将日光的颜色作为白色，后来引申出以下含义：①丧事。白色最初为丧服的颜色，后来借代丧事，如"白事"。②银子。古代的钱币有多种材质，其中银子色白，以颜色借代银子，如"黄白之物"。③洁净，纯洁，如"白色的哈达"。④空白，未添加任何东西，如"白纸""白开水"。⑤徒然，没有效果，如"白费力气"。⑥不用付出任何代价或报偿，如"白吃白喝"。⑦不识字，没有文化或没有功名，如"一介白丁"。⑧表示轻视或不满，如"白眼"。⑨象征反动，如"白色恐怖"。

（三）红的基本含义和引申义

《说文解字》中称"红"为"红，帛赤白色也"。红最初指代比赤色稍浅的颜色，后来引申出以下含义：①红色外表包裹的礼物，如"红包""红封"；②红色的花朵，或借代所有花朵，如"花红""落红不是无情物，化作春泥更护花"；③美人的代称，如"红颜""红装"；④鲜血的代称，以鲜血的颜色代指鲜血，如"红旗""两臂流红"；⑤象征喜庆，如"红事""红蛋"；⑥象征受重视或欢迎，如"红色绶带"；⑦象征爱情，如"她是我心中的红玫瑰"；⑧象征革命或政治觉悟，如"红色政权"；⑨象征危险，警示，如"红灯""红牌""红色信号""红色通缉令"等。

（四）黄的基本含义和引申义

《说文解字》中关于"黄"的解释为"黄，地之色也"。人们最初将大地的颜色寓为黄，如"天地玄黄""黄土"等。后来引申出以下几种含义：①变黄，成熟，如"黄叶""黄草""金黄的果实""麦子黄了"；②美好的代称，如"黄道吉日"；

③黄帝的简称，如"黄炎二帝"；④黄金，金印，如"黄白之物"；⑤象征皇权，崇高，如"黄色的圣旨"；⑥黄河，如"黄患"；⑦事情失败或计划不能实现，如"这事儿恐怕已经黄了"；⑧象征腐化堕落，或指色情，如"黄色录像"。

（五）绿的基本含义和引申义

《说文解字》中"绿"的含义为"帛青黄色也"。人们最初以青色和黄色调和的颜色视为绿，后来引申出以下几种含义：①象征地位低下、卑微，如"绿帽子"；②绿叶，如"知否，知否，应是绿肥红瘦"；③象征和平，如"绿色使者"；④象征生命、希望和青春，如"绿意盎然"；⑤无公害、无污染，如"绿色食品""绿色能源"。

（六）蓝的基本含义和引申义

《说文解字》中"蓝"的含义为"蓝，染青草也"。人们最初以植物的叶子提炼的颜色视为蓝，后来引申出以下几种含义：①滥，不加节制，如"蓝犹滥也"；②末尾，如"蓝尾酒"；③象征和平、宁静、祥和，如"蓝色联合国国旗"；④象征忧郁，如"蓝色情绪"。

（七）紫的基本含义和引申义

《说文解字》中"紫"的含义为"帛青赤色也"。人们最初以青色和黄色调和出的一种间色视为紫，后来引申出以下几种含义：①紫色的衣冠或绶带，如"紫袍蟒服"；②美好、吉祥的象征，如"紫气东来"。

（八）灰的基本含义和引申义

《说文解字》中"灰"的含义为"灰，死火余烬也"。人们最初将物质充分燃烧后残留的粉状物颜色视为灰，后来引申出以下几种含义：①消沉、失望，如"心灰意冷"；②暧昧无知、不光彩，如"灰色事件"；③关系疏离、辈分极小，如"灰子灰孙"；④比喻不正规的、不明朗的，如"灰色地带"。

以上基本词汇中的颜色词语的引申义多通过借代、比喻、象征、转类、移觉等修辞手法生成，在语用修辞功能中主要表现在比喻意义、借代意义、通感意义三个方面。

第一个方面，比喻意义。比喻修辞是颜色词语中常见的一种引申义，也是一种颜色词语构词中的常见构词模式。例如，"红"是基本颜色词语之一，以比喻修辞方式构成的颜色新词语有火红、橙红、杜鹃红、海棠红、茶红、宝石红、鸡血红、金红、橘红、玫红、玫瑰红、珊瑚红、石榴红、桃花红、血红、樱桃红、枣红、胭脂红等，这些词语共同的特点是都有"像……一样"的含义。例如，"火红的柿子，高高地挂在枝头"。此外，"红"的引申义中也有许多比喻意义。例如，"红事""红包""红鸡蛋""红牌""红色预警"等。

第二个方面，借代意义。以颜色来代指某事物，从而生成新的词语。例如，以"红粉"指代年轻女子，以"白发"指代老年人，以"黄脸婆"指代面色泛黄、苍老的妇女。

第三个方面，通感意义。基本颜色词语可以用通感的修辞手法生成许多表示颜色的新词，如"粉嘟嘟""红艳艳""黑洞洞""绿茸茸""红润""冰蓝色""枯黄""枯白""嫩黄""白嫩嫩""翠生生"等。

四、量词的语用修辞功能

通常用来表示人、事物或动作的数量单位的词叫作量词。基本词汇中的个体量词有一百多个，还有集合量词、度量词和临时量词等。现代汉语中的量词可以分为名量词（物量词）和动量词两大类。其中，名量词又可分为个体量词（如个、把、张、条、块、匹、架、分、朵、辆、只、片等）、集合量词（如对、双、组、伙、帮、套、副、队等）、度量衡词（如尺、寸、分、丈、斤、两、钱、升、斗、厘等）、不定量词（如带、点、些、节儿、丝儿、份儿等）、准量词以及临时量词等。动量词包括个体动量词（如回、阵、趟、次、遭等）、临时动量词等。此外，单纯量词还可组合成为复合量词，如人次、件次、辆次、场次、人口等。

现代汉语的量词修辞功能有比喻、比拟、通感、拈连、夸张、借代、反复、排比等。

（1）比喻功能。用表示某事物形象的词语计量该事物的量，可以达到不用比喻词就能对事件做出具体、生动的比喻，这就是量词的比喻功能。例如，"不信，请看那朵流星，那是他们提着灯笼在走"。这句话中用量词"朵"表现流星如同花朵般的形状，以及在特定情境中闪烁的优美意境。

（2）比拟功能。将量词活用于人或事物上，体现出新鲜感和奇特感，表达出强烈的感情色彩。例如，"太阳光从树叶的空隙落下来，在泥地上，在家具上，一抹一抹的金黄色"。这句话中用"抹"代替了"道"与金黄色搭配，将太阳光拟人化，仿佛是太阳光在家具和泥地上抹上了一道道金黄色，使整个句子的表达十分活泼、生动。

（3）通感功能。将量词用于通感句中，达到巧妙表达的效果。例如，朱自清在《荷塘月色》中曾用"微风过处，送来缕缕清香，仿佛远处高楼上渺茫的歌声似的"。这句话中用"缕"代替"阵"修饰"清香"，将看不见的"清香"可视化，沟通了视觉与嗅觉。

（4）拈连功能。将甲、乙两种事物连在一起叙述时，将用于甲事物的描述也用于乙事物的描述，叫作拈连。例如，"种下了一棵树，也种下了一棵希望"。其中，"棵"是用来形容树的，这里用作"希望"的量词，就是用了拈连。

（5）夸张功能。通过突出某一事物或突出某种感受，带给读者鲜明而深刻的印象。例如，"谈起曾经受到的委屈，她流了一缸眼泪"。这句话中以"缸"修饰眼泪，用了夸张的手法。

（6）借代功能。通过突出事物或人物的特征，产生生动形象的艺术效果。例如，"千秋功过"中"秋"在这里是量词，用来指代"年"。

（7）反复功能。通过强化某种氛围或气势，将量词或数量词反复重复，以加快节奏，加重语势。例如，"大自然的画展，一幅比一幅新颖，一幅比一幅明亮"。这里"一幅"反复使用是为了渲染大自然美景的丰富。

（8）排比功能。将三个或三个以上结构相同或相似，预期一致的词组或句子排列起来，借以增强表达效果。例如，"一条条街道宽又平，一座座楼房披彩虹，一盏盏电灯亮又明，一排排绿树迎春风"就是用了排比修辞手法。

现代汉语量词的语用修辞效果主要体现在三个方面：第一个方面是准确、形象地描绘事物，如"两串晶莹的泪水""一撮儿黑胡子""一弯新月"巧妙地将"泪水""胡子""新月"的形象描述得十分生动；第二个方面是将抽象的事物和感情表达得生动、具体，富含韵味，如"一团高兴""一团和气""一味景色"将"高兴""和气""景色"表现得十分别致；第三个方面是增加语言的幽默风趣，如"把屁股摔成两瓣儿"生动地表现出"摔"的力度。

第四节　现代汉语非基本词汇的语用修辞功能

一、非基本词汇

现代汉语非基本词汇又叫一般词汇，是除基本词汇以外词汇的集合，包括古语词、外来词、方言词、行业词、隐语等。基本词汇和非基本词汇的区别在于，基本词汇能满足人们日常简单交际的需要，适用全民日常交际领域；非基本词汇则是为了在日常交际需求之外，满足人们言语交际的多样性、丰富性和复杂性需求。此外，基本词汇的适用范围广，受年龄、文化程度、职业、地域等限制较小，非基本词汇则对使用者的文化程度或年龄、职业、地域方面有较高要求。因此，基本词汇和非基本词汇的使用范围和价值不尽相同。与一般词汇相比，非基本词汇有以下特征。

（一）状态的灵活性

与基本词汇相比，非基本词汇的灵活性和多变性更强。与基本词汇任由时代变迁而保持相对稳定性相反，非基本词汇往往随着时代的变迁而变迁，难免出现许多流行词语。此外，新事物不断出现，新词不断产生，与此同时旧词被淘汰。例如，"大哥大""BP机"等词语都曾是一个时代进步的标志，但随着技术的进步，这些词语所代表的事物被更先进的事物取代后，这些词语也就被淹没在历史中，很少被人提起。

（二）成员的芜杂性

与基本词汇较为清晰的分类相比，非基本词汇的范围相对较为杂乱，这是因为除了较为稳定的非基本词汇外，非基本词汇中还存在着大量需要规范的词，这些词要么诞生的时间过于短暂，要么时代色彩明显或政治色彩浓郁，要么是同一事物的外来音译词与本土词共存等，这些情况均有待时间的筛选。

（三）使用的局部性

非基本词汇另一个显著的特点是局部性。非基本词汇中存在着大量仅适用或通行于某一领域、某一地区、某一时间的词语，人们将这类词称为外来词、行业词语、地方方言或古语词等。例如，上海、江苏一带的方言词"侬""陈阿拉"等极具特色的"吴侬软语"就是只在有限的范围内流行的词语，属于非基本词汇。

（四）风格的个性化

非基本词汇中还包含着大量具有风格化、个性化的语言。作家的语言常具有鲜明的特色，以此塑造出形象鲜明、生动、个性化强的人物。例如，沈从文的作品中大量使用了湘西一带的语言；冯骥才的作品中大量使用了天津方言；孙犁的作品中大量使用了河北一带的方言；老舍的作品也存在着大量方言。正因如此，他们的作品才令人印象深刻，也才能塑造出大量有鲜明特点的人物。

值得注意的是，基本词汇和非基本词汇之间的关系并不是对立的，而是互相补充、同气连枝的关系。例如，"葡萄""摩托""坦克""雷达""狮子"等为外来词，这些词汇在使用过程中被全民所接受，因此转化为基本词汇。此外，基本词汇随着时代的进步和发展，逐渐被淘汰，转化为非基本词汇，如大量古语词等。

二、借词的语用修辞功能

借词，顾名思义，即一种语言从另一种语言中借来的词语，其中多为音译词。现代汉语中存在着大量借词，可以说现代汉语的借词是汉民族和其他民族或国家交流、整合过程中所使用的词语。

（一）借词的来源

自古以来，汉民族就常与其他民族相互交流和借鉴。上古时期，汉民族与匈奴的交流和融合最为明显，在这一过程中，产生了大量的借词。这些借词要么来自匈奴的词语，如"单于""阏氏"等，这些词语本是该民族中称呼头领或头领夫人的词语，后来被音译过来成为汉民族中的一部分；要么是西域的各种事物，如大量从西域流传入我国的生活类用品或动植物类用品等，如"葡萄""辣椒""狮子""骆驼"等。此外，到了中古时期，随着丝绸之路的开通，宗教（佛教）传入我国。我国词语中出现了大量和信仰、音乐相关的词汇，这些词汇的来源范围也越来越大，包括事物的名称、生活用语以及信仰意识等。例如，"佛陀""罗汉""如来""沙弥""舍离子""大乘佛教""小乘佛教"等。到了近代，我国呈现出与国内多民族和国外西方国家之间的双重融合与交流的现象。尤其是大量外国传教士来到中国，他们一方面把西方国家的宗教文化和宗教思想传入中国，另一方面翻译了大量的外国科技书籍，这些书籍中出现了大量音译语。中国这一时期的借词主要来源于女真族、契丹族、蒙古族、满族以及西方国家的语言，如"科学""民主""科尔沁大草原""皇阿玛""圣母玛丽亚"等词语。到了现代，我国与世界各国的交流和融合进一步深入，汉语中的借词也越来越多。借词在从其他文化进入汉文化的过程中接受了汉语语音、语义、语法和构词规则等方面的改造，使借词更加符合汉语的规则和习惯。

（二）借词的分类

根据借词汉化方式，可以将借词分为 8 种：①音译词，即根据读音由与原发音相似的汉语直译而来的词语，如"比基尼""迪斯科""披头士""黑客""克隆""秀""酷""粉丝"等；②半音半意词，即部分采用音译，部分采用意译的词语，如"因特网""呼啦圈""冰激凌""唐宁街""水上芭蕾""奶昔"等；③音译＋汉语语素列式，如"高尔夫球""拉力赛""嘉年华会""大巴""打车""酒吧"等；④音意兼顾的词语，如"香波""露华浓""施乐""味美思"等；⑤借译，如"超级明星""冷战""超市""情商""绿卡""超人"等；⑥英文字母＋汉字组成的词语，如"BP机""IC卡""T恤"等。⑦英文字母缩写，如"DVD""VCD""CD""MTV"等；⑧直接使用，此类词语主要为日源词，如"足球""黑板"等。

（三）借词的语用修辞功能

借词的语用修辞功能在应用过程中受到语境的限制，多使用比喻的修辞手法，在具体的表达中受到地点、对象、目标和方式的限制和影响。借词在语用功能中受对象的特征所限制，一般对于现代汉语中的借词，年轻人比老年人更喜欢追求标新立异，因此常出现于对象是年轻人的场合。一般交际场合越正式，使用借词的概率就越小；相反，交际场合越随意，借词的使用率和使用范围就越宽广。在日常寒暄、聊天或调侃中使用借词的概率较高。一般来说，交际方式有三种，即口语、书面语和通用语，借词出现在口语交际中的频率较高。

三、网络词语的语用修辞功能

网络词语，顾名思义，即伴随互联网而诞生和发展，并且在互联网上使用的一些特殊的语言和文字。网络词语不同于其他非基本词汇，其是使用于特殊场合——网络世界的交流工具，因此网络词语既遵循语言的普遍规律，又具有特殊的特点。

一般来说，网络词语的涉及面较广，包括缩略语、方言俗语、谐音词以及热门事件的名称等。网络流行语根据网民参与原创的程度可以分为两大类：一类是由网民完全自创的网络词语，如"神马都是浮云""囧"等；另一类是网民根据网络流行事件或人物具有代表性的言论而提炼出来的，并赋予词语新意的网络语言，如"先树个小目标，赚它1个亿""至于你们信不信，我反正是信了"等。网络词语产生的原因在于其真实地反映了当下年轻人渴望赚大钱和博取关注的心态，也承载着不同时期的文化内涵。此外，网络词语的动态性与语言的语境和结构密切相关，其形成机制顺应了网络世界求新求变的特点，经过不断争新、共鸣，产生了网络流行语。

（一）网络流行语的特点

网络流行语和日常用语相比，有许多突出的特点，主要表现在以下几个方面。

1. 符号形象化

网络语言也和语言一样是一种符号系统，且是语言符号系统下的子集之一。各大网络社交平台上均流行着大量形象、生动的网络符号语言，这些语言是语言文字的一种形象补充，既可以模仿文字，又可以模仿声音、动作和表情，能够生动地传达网络的意义和情感。例如，各种表意丰富的特色表情是网络流行语符号化的重要走向。

2. 网络谐音词

网络谐音词是网络流行语的重要组成部分，通过读音相近而衍生出新的含义，具有幽默、诙谐的表达效果。网络谐音词包括以下几种：①数字谐音。例如，"1314"意为"一生一世"。②汉字谐音。例如，"大虾"意为"大侠"，指在网络上仗义、乐于助人的网民。③英文音译。例如，"copy"意为"抄袭、复制"的意思；"蓝瘦香菇"是"难受想哭"的谐音，将伤感的情绪用充满欢乐的形式表现出来。网络谐音词使用简便、风趣幽默、通俗易懂，是一种大受网民欢迎的网络语言。

3. 文字或字母缩略语

网络流行语中的缩略语有两种形式：一种是文字缩略语；另一种是字母缩略语。其中，文字缩略语要么是从一组流行词语中提取几个字组合而成，要么是将原有的长句进行缩略、概括。例如，"喜大普奔"是"喜闻乐见、大快人心、普天同庆、奔走相告"的缩略语，与之相似的还有"高大上""白富美"等。又如，"躺枪"是从"躺着也中枪"的长句缩略而来，相似的还有"人艰不拆""累觉不爱""战五渣""注孤生"等。字母缩略语则为英文单词或拼音缩略而成，如"BF"是"boyfriend"的缩略语，"RMB"则是"人民币"的缩略语。

4. 旧词新义

旧词新义是网络流行语中十分普遍的一种现象，是指现代汉语中原有这一词汇，但在网络中该词语的意义发生了变化。网络词义发生变化的途径有语义扩大和词条扩展两种。语义扩大："熊猫"原指大熊猫，在网络中指稀缺、珍贵的人或事物；"花孔雀"原指孔雀，在网络中指爱美、自负、善于打扮的人；"腐败"原指机构或组织黑暗混乱，在网络中指出去购物、吃饭、游玩等大肆消费的行为；"沙发"原指家具中的一种，在网络中指第一个回帖的人。词条扩展："吃瓜"原指吃西瓜，在网络中又增添了不关自己事，纯粹属围观群众的含义；"天才"原指智力超群的人，在网络中又增添了"天生的蠢才"的含义；"偶像"原指榜样，在网络中又增添了"呕吐的对象"的含义；"楼上"原为楼层的上一层，在网络中将前面发帖的人统称为楼上；"路过"原指从某处经过，在网络中指不认真回帖但又想拿经验值的人。这种旧词新义给网络词语带来了极大的丰富性。

5. 原创新造词

网络中还存在着大量原创造词，如"灌水""菜鸟""版主""网虫""扫楼""筒子"等。这些网络词语生动、形象、活泼，大大增添了非基本词汇语言的丰富性。

（二）网络流行语的修辞特点

网络词语之所以拥有极强的生命力，能在极短的时间内迅速流传开，是因为这些词语的感染力和表现力相对较强，且在词语构成中运用了大量的修辞手法，使这些网络词语内涵丰富、形式俏皮活泼。一般来说，网络词语中多采用以下几种修辞方法。

第一种修辞方法：比喻。例如，"青蛙"是将相貌丑陋的男子；"恐龙"是指相貌丑陋的女子；"菜鸟"则是指什么都不懂的人。此外，运用比喻修辞的网络词语还有"杯具""洗具""潜水""和谐""觉皇""哥只是一个传说"等。

第二种修辞方法：排比。例如，"和老婆讲理是不想过了，和领导讲理是不想混了，和父母讲理是不想孝了，和自己讲理是不想活了"。

第三种修辞方法：借代。例如，"老孔"用人物孔子式的学究气来借指人物假正经；"腹黑"用黑色的心肠指代人物的表里不一；"坑爹"借指与本人意愿有较大出入的事情，有欺骗和不给力的含义。此外，网络词语中的借代还有"特困生""国粹""美眉"等。

第四种修辞方法：隐喻。例如，"月光族"指每月花光钱财，也隐喻有稳定的收入；"铁扇公主"原指《西游记》中的人物，在网络环境中使用时，隐喻心狠手辣、小肚鸡肠、生性多疑之人。此外，网络词语中的隐喻还有"神马都是浮云"等。

第五种修辞方法：拟人。例如，"理想很丰满，现实很骨感"即将理想和现实拟人化了，形象地表达了理想光明、现实坎坷的意思。

除上述修辞方法外，网络词语还有引用、夸张、押韵、顶针、对偶、叠音等修辞手法。

（三）网络流行语语用注意事项

1. 注意使用场合

网络流行语的特点为诙谐、幽默，适用于开放、自由的网络世界，也较适合朋友或非正式会谈场合，但不适用于庄重场合或在公文、正式文章中引用。例如，有的部门或学校为了树立亲民形象，曾在招聘等对外公文中使用网络流行语而引发了较大争议，为部门或学校带来了一定的负面影响。此外，在日常生活中使用网络流行语时要注意网络词语表意清晰准确，确保没有模糊不清的概念或产生多重歧义的现象。

2. 区分网络词语的使用对象

一般而言，使用网络词语的人群多为年轻群体，因此年轻人与同龄人或更年轻的群体交流时使用网络词语，可以创造轻松、融洽的交流氛围，也很容易让彼此之间的沟通更加通畅。然而，老一辈的人群对传统的语汇系统已经非常习惯，对网络词语了解和掌握得不多，因此如果年轻人在与老一辈人交流时，满嘴"不明觉厉""累觉不爱""社病我药"等词语，那么一定会对两者的沟通造成影响。因此，在网络词语具体使用过程中应注意使用对象的年龄和常涉及的语汇特征。

四、古语词的语用修辞功能

古语词一般包括历史词和文言词。关于古语词的概念，现代汉语语言学家的论述可分为三种不同的主要观点：第一种观点为胡裕树所提，其在自己主编的《现代汉语》中指出，古语词在现代汉语中非常少见，多见于古代文献中；第二种观点为黄伯荣、廖序东所提，其在两人主编的《现代汉语》中指出，古语词是一种来源于古代文著的词语，包括历史词和文言词；第三种观点为武占坤和王勤所提，其在两人合著的《现代汉语词汇概要》中指出，古语词是现代人为了满足交际需要，从古代汉语词中吸收了一部分作为现代汉语。这些词语有两个特点：一方面，其保留着十分鲜明的古汉语特色与风格；另一方面，其被汉语吸收后，改变了某些特点和部分语义。为了与古代汉语区分开，特将其称为古语词。因此，古语词与现代汉语词汇是对立和统一的关系。从以上三种观点来看，第三种观点与前两种观点相比较，更加详细，因此本书采用这一定义观点。古语词多使用于书面语中，较少用于口语交际会话中。

（一）古语词的特性

古语词与其他非基本词汇相比有两个最主要的特点：一是古语词集和现代汉语词集是现代汉语词汇系统内部两个相对独立的词集；二是古语词的词义基本上保留着古汉语的意义，并且较少用于口语交际，多用于书面表达。

（二）古语词产生的原因

古语词与现代汉语词汇相比，更加精练。在现代汉语词汇中，大部分古代汉语词汇已被淘汰，但仍有一部分古语词因为交际需要而被保留下来，且用于书面表达中，表达的意思更为简练、准确。此外，这部分词语还用来表示独特的感情色彩、特殊的意义以及语体色彩，所以人们将这部分词语吸收进了现代汉语非基本词汇中。这些古语词已成为现代汉语词汇系统的一部分，需要遵守现代汉语规则，并且在不同的语境中，语义会发生相应的变化。例如，"进贡"一词原指地方向中央或属臣国向皇上进献礼物，而在现代汉语中，"进贡"则采用了古汉语中"送礼"的意义并将其词义扩大化，意为"给人送礼，以求方便"之意。与"送礼"相比，"进贡"的含义更加丰富，更加带有诙谐、幽默的语义，因此在表达上易被人接受。除此之外，古语词产生的另一个重要原因是古语词和现代汉语并不是割裂的，而是共存于同一个有活力的词汇系统中，古语词正是部分古代汉语词汇仍有活力的体现。

（三）古语词的语用修辞功能

古语词常在公文中使用，能够极大地提高公文的语言精练程度，以达到主旨明确、主次分明、精益求精的效果。例如，"兹""兹特""予以"等词语具有极强的指代作用，能使公文达到简练的效果。

另外，古语词用在公文中也能表现出准确、典雅、言简意赅的效果。例如，"妥否""如期""异议""特此函达"等很好地展现了公文的典雅性与郑重、庄重性。

五、方言的语用修辞功能

方言是指在特定的区域里流行的一些词语，方言的区域大小不一，有的地区将方言词叫作土语。方言词在形成和使用过程中常常带有一定的修辞效果。

（一）方言修辞的特点

方言词汇与普通词汇相比，有着鲜明的地方特色。一般而言，方言修辞词汇更加生动、传神、真实、具体。与非基本词汇中的其他词汇相比，方言修辞有两个特点：一是地域化。方言中存在着大量的地方特有名词，这些词不可用其他词语代替，只能使用方言词。此外，方言中有许多独特的形容词或描述语，具有极强的地方色彩和浓郁的当地特色风土人情，具有一定的唯一性和不可替代性。例如，"狗气杀"等表现出浓郁的地方色彩。二是口语化色彩浓郁。方言是活在群众心中和口中的日常语言，因此在戏曲、民谣以及文学作品中，方言修辞的应用范围极其广泛，具有生动活泼、口语化、通俗化、清新自然的特点。

（二）方言词语的语用修辞功能

方言词语的语用修辞功能主要表现在以下几个方面。

首先，方言词语修辞方式具有丰富性的特点。1985 年，陈刚主编的《北京方言词典》收录了许多地方色彩浓郁的方言词汇。例如，流行于河北一带的"不鲇鱼"是"不言语"的谐音，指不说话，该词中用了谐音修辞法。又如，"吹喇叭"，用喇叭声音响亮的特点形容小孩放声大哭，运用了比喻的修辞方式。再如，有的方言词汇中将跟班仆役形容为"马后喘儿"，用了十分生动传神的拟人修辞手法，显得极为生动幽默。此外，方言中的修辞手法还有借代、夸张等。例如，"拉抽屉"指说话做事出尔反尔，"大舌头"指说话结巴，"阔嘴婆"指"鸭子"，这些词语寓意独特，并赋予了方言词语丰富的修辞效果。

其次，方言词语的语义具有独特性。方言词语自有一套独立于普通话系统的构词模式和语意表达功能。例如，"天井种菜"比喻不成园，因此又指无缘；"茄花色"指"紫色"。另外，对于不同的地域，方言的语义也不尽相同。

最后，一个国家的语言主要由一种方言组成。方言内涵丰富，形式多样，是现代汉语词汇中具有极强的生命力与"活力"的特色语言之一。因此，现代汉语的普通话中也不断吸收方言词汇以丰富语言的表达功能。

（三）方言词语语用修辞注意事项

方言词汇在语用中常用于表达特殊的感情。方言中的许多词汇均用于表现方言的细腻性，富有极强的地方特色和喜剧效果。例如，东北方言中的"滑不溜丢"形容为人狡猾，不留把柄；"虎了吧几"形容做事鲁莽，不分轻重；"尖嘴猴腮"形容人的长相不佳；等等。然而，方言具有极强的地域性，有的地方的方言随着电视剧、戏剧等的普及，变得越来越大众化，大部分地区的方言还具有十分明显的地域性。因此，在交际中使用方言词汇时应注意说话者和听话者所处的方言系统的一致性，若不一致则会导致理解偏差，不利于交际和沟通。

此外，作家在创作过程中使用具有特色的方言，可以获得意想不到的效果。一方面，作家使用方言进行创作，有利于创造符合地域特色的、鲜明的人物形象。人物形象的创造既要有独特的动作描写又要有鲜明且富有个性的语言描写。例如，老舍的《茶馆》中用富有京味特色的语言描述了一个个鲜明的人物形象，是名副其实的"京味小说"。又如，赵树理等山西作家在作品中大量使用了"看风使船""怪眉怪眼""连明带夜""巧舌头""大包单""烧灰骨""瞎话篓""耍赖皮""害人精""头痛耳热""楞头楞脑""使厉害""打平和"等方言词汇，表现出了浓郁的地方特色，被称为"山药蛋派"。另一方面，作家使用方言有利于树立鲜明的创作风格，如贾平凹在创作中大量使用具有陕晋特色的方言，形成了自己独特的语言风格。而一个作家的创作成熟与否，往往与其创作中是否形成鲜明的语言风格有着重要的关系。

第五节　汉语成语的语用修辞功能

成语是在长期的历史中形成的，是形式简洁、意思明确且精辟的一种定型词语或短语。成语是人们在漫长的历史中，根据对事物的认识和实践过程，提炼总结出的思想结晶。成语有广义和狭义两种不同范畴的定义，广义上的成语指包括俗语、熟语、谚语和歇后语在内的可以作为书面语运用的语言，侠义上的成语指四字成语。

一、成语的来源和特点

（一）成语的来源

成语主要有四种来源：一是历史故事；二是寓言故事；三是神话传说；四是古典文学作品。

第一种来源，历史故事。在我国长达五千年的历史中，产生了无数或缠绵悱恻或慷慨激昂的历史事件或故事，人们将这类故事或事件总结成四字成语，蕴含着极为丰富的故事寓意和文化意义，如"四面楚歌""锦衣夜行""纸上谈兵""一鼓作气""破釜沉舟""卧薪尝胆""一夜白头""三顾茅庐""望梅止渴""完璧归赵""吴牛喘月"等。

第二种来源，寓言故事。这类成语在我国非基本词汇的成语中占了相当大的比例，如"画蛇添足""拔苗助长""刻舟求剑""南辕北辙""对牛弹琴""叶公好龙""惊弓之鸟""滥竽充数""掩耳盗铃""东施效颦""井底之蛙""守株待兔""黔驴技穷""买椟还珠""画饼充饥""自相矛盾""杞人忧天""鹬蚌相争""杯弓蛇影""量体裁衣""螳螂捕蝉""无价之宝""自作聪明""亡羊补牢""曲高和寡""狐假虎威""人面兽心""庖丁解牛""患得患失""起死回生""庸人自扰""囫囵吞枣""随声附和""塞翁失马""痴人说梦""嗟来之食"等。

第三种来源，神话传说。远古时期，人们为探索人类的起源创造了许多成语，如"女娲补天""夸父追日""嫦娥奔月""精卫填海""天衣无缝""牛郎织女""八仙过海""叶公好龙""伏羲织网""仓颉造字""开天辟地""愚公移山""南柯一梦""点石成金""后羿射日""水漫金山""巫山云雨""东兔西乌"等。

第四种来源，古典文学作品。这类成语源于古典文学作品中的特殊情节或故事，如"草船借箭""桃园结义""望梅止渴""三顾茅庐""智取陈仓""乐不思蜀""老牛舐犊""七步成诗""得陇望蜀""六出祁山""七擒七纵""舌战群儒""如鱼得水""巢毁卵破""吴下阿蒙""偃旗息鼓""苦肉计""兵贵神速""单刀赴会""三英战吕布""刮骨疗毒""步步为营""空城计""连环计""大意失荆州""蒋干盗书""吕布戏貂蝉""过五关斩六将""万事俱备，只欠东风""鞠躬尽瘁，死而后已""初出茅庐""愿打愿挨""单骑救主""水淹七军""身在曹营心在汉""司马昭之心路人皆知""计收姜维""横槊赋诗""车载斗量""坚壁清野""半路出家""不打自招""逼上梁山""有眼不识泰山""饥不择食""打家劫舍""手忙脚乱""仗义疏财""替天行道""声东击西""秤砣虽小压千斤""道高一尺，魔高一丈""大显神通""摩拳擦掌""粉身碎骨""六根清净""撮土焚香""太虚幻境""曲径通幽""熟能生巧"等。

成语的构成多以四音节为主，如"四面楚歌""空中楼阁""掩耳盗铃""炉火纯青""狐假虎威""功亏一篑""画蛇添足""水落石出""刻舟求剑""千钧一发"等。此外，还有三音节、五音节、六音节、七音节、八音节、十音节、十一音节的成语，如"连环计""苦肉计""民以食为天""风马牛不相及""近水楼台先得月""谋事在人，成事在天""卧榻之侧，岂容他人鼾睡""以其人之道，还治其人之身"等。成语的内部构成方式有并列式、偏正式、主谓式、支配式、补充式、连动式、兼语式等。

（二）成语的特点

成语具有结构固定性、意义整体性、语法功能多样性以及风格典雅四个特点。

结构固定性是指成语的结构形式和构成成分均为固定不可更改的。成语中的语素不能随意增加或删减。例如，"画蛇添足"一词，不能更改为"画蛇添角""画虫添足""画蛇添四脚""画蛇添上足"等，这样虽然语意不会发生变化，但是改变了成语的固有成分。此外，成语中的语序也相对固定，不能对其进行随意调整，否则会在使用时带来误解。例如，"四面楚歌"不能改成"楚歌四面"；"谋事在人，成事在天"也不能改成"谋事在天，成事在人"，否则就与原来成语的意思相反了。

意义整体性是指成语的意义并不只是组成成语的各个词语的表面意思，而是作为整体概括出的新的意义，这一意义是由组成该成语的语素或词的本义所引申出来的。例如，"草船借箭"本义是诸葛亮在雾天借助扎有众多草人的船，故意引曹操攻击和哨兵射箭，而作为一个成语又引申出借助别人的力量达到自己的目的的含义。此外，"桃园结义"表面是指刘备、关羽、张飞三人在桃园结拜为异姓兄弟的故事，而作为一个成语又引申出朋友结拜之意或象征友谊。"七步成诗"表面是指曹植为曹丕所逼迫在七步之内作出一首诗的故事，而作为一个成语又引申出才思敏捷的含义。

语法功能多样性是指成语在汉语语法中相当于一个短语，可以充当句子的不同成分（主语、谓语、宾语、定语、状语、补语），因此在语法上具有多样性的特点。例如，鲁迅在《记念刘和珍君》中写道"长歌当哭，是必须在痛定之后的"，这里"长歌当哭"作为一个成语充当了句子的主语；"春节到了，家家户户都欢天喜地"，这里"欢天喜地"作为一个成语充当了句子的谓语；"这件事情就是今后工作的前车之鉴"，这里"前车之鉴"作为一个成语充当了句子的宾语；"这条河的河水清澈透底，游鱼和五光十色的小石头都看得清清楚楚"，这里"五光十色"作为一个成语，充当了"小石头"的定语；"一家人忍气吞声过日子，谁也不敢申冤"，这里"忍气吞声"作为一个成语充当了句子的状语；"老百姓把行列挤得乱七八糟"。这里"乱七八糟"作为一个成语充当了句子的补语。

风格典雅是指成语多来自古代典籍或神话、历史故事，因此其风格具有典雅、庄重的特点。

二、成语的语用修辞方式

成语多为四字，也有三字或七字的情况，这是中国传统文化的特色之一。成语中往往包含着结构稳定、形式固定的结构主义和非固定结构，是中华文化中一颗璀璨的明珠。

成语修辞在传达语义效果的同时，具有较强的文化意义。一般而言，成语的修辞手法有以下几种。

（一）比喻修辞手法

成语的比喻修辞指利用本质不同但与本体形象相同或相似的客体描绘或说明本体的辞格。成语的比喻修辞常用容易知道或理解的事物说明难以理解的事物，即以具体形容抽象。例如，"浩如烟海"即用具体的、看得到的广阔的像海洋一般的烟海，形容资料或书籍多到无法想象；"如虎添翼"这一成语比喻本来就强大的人或事物变得更强大，就像老虎添上了翅膀。除此之外，运用比喻修辞手法的常用成语还有"如鱼得水""如花似玉""如隔三秋""如临大敌""如狼似虎""如日中天""如影随形""如坐针毡""挥金如土""爱财如命""呆若木鸡""壮志凌云""如胶似漆""如丧考妣""如雷贯耳""大智若愚""大巧若拙""如获至宝""如隔三秋""如出一辙""垂涎三尺""洞若观火""恩重如山""健壮如牛""一毛不拔""心乱如麻""面如土色""挥汗如雨""健步如飞""守口如瓶""身轻如燕""如临深渊""忧心如焚""亲如手足""人面兽心""对答如流""风烛残年""恍如隔世""泪如泉涌""暴跳如雷""如痴如醉""如梦初醒""心如刀割""胆小如鼠""柔情似水""骄阳似火""繁星似锦""弯月如钩""寒夜如水""流年似水""度日如年""心如明镜""安如磐石""观者如云""高手如林""势如破竹""动如脱兔""静若处子""君子之交淡如水""甘甜如醴""腰若细柳""薄如蝉翼""峨眉如黛""冷若冰霜""大雨如注""绿草如茵""如饥似渴""水平如镜""固若金汤""了如指掌""目光如炬""从善如流"等。

（二）比拟修辞手法

比拟修辞是指将人当作物或将物当作人，从而达到修辞效果，如"兔死狐悲""鬼使神差""明察秋毫""争奇斗艳""莺歌燕舞""狐朋狗友""鸦雀无声""鸟语花香""风卷残云""鼠窃狗盗""卧虎藏龙""鼠目寸光""花枝招展""烘云托月""百花争艳""龙争虎斗""风尘仆仆""闭月羞花""肥头大耳""土崩瓦解""草木皆兵""抱头鼠窜""生灵涂炭""爱屋及乌""面红耳赤""饮鸩止渴""天高地厚""贼眉鼠眼""囫囵吞枣""呕心沥血""罄竹难书""兽头马面""首屈一指"等。

（三）夸张修辞手法

夸张修辞手法是指故意夸大或缩小客观的人或事物以使其形象或情意鲜明突出，如"一发千钧""顶天立地""永垂不朽""加油添醋""尺水丈波""焦头烂额""春蛙秋蝉""天花乱坠""空前绝后""怒发冲冠""一日千里""百发百中""日理万机""三头六臂""一字千金""胆大包天""一步登天""寸步难行""日上三竿""高谈阔论""大张其词""危言耸听""大言不惭""胡吹乱嗙""眉飞眼笑""一泻千里""一日三秋""不毛之地""一触即发""不计其数""震耳欲聋""惊天动地""摩肩接踵""十万火急""万古长青""千里迢迢""天衣无缝""山穷水尽""挥金如土""四海为家""千金一笑""气吞山河""四海为家""偷天换日""顶天立地""天翻地覆""攻无不克""无孔不入""只手遮天""战无不胜""千疮百孔""血流成河""摧心剖肝""敲骨吸髓""吹灰之力""排山倒海""一厘一毫""一孔之见"等。

（四）对比修辞手法

对比修辞手法是将同一事物的两个方面或者两种不同的事物放在一起进行比较，如"今非昔比""赌长较短""较长絜短""较短比长""较短量长""方寸之木，高于岑楼""大同小异""云泥之别""贵贱高下""半斤八两""天堂地狱""大同小异""相去咫尺""泰山鸿毛""硕大无比""迥然不同""黯然失色""龙生九子""有过之而无不及""棋逢对手，将遇良才""略胜一筹""较瘦量肥""货比三家""虎头蛇尾""好逸恶劳""南辕北辙""挂羊头卖狗肉""阳奉阴违""外强中干""吃一堑长一智""千军易得，一将难求"等。

（五）借代修辞手法

借代修辞手法是指两种事物之间有不可分割的关系，即可用一个事物代替另一个事物。成语中使用借代修辞手法可以增强语言的形象性，突出事物的本质特征，使语言丰富、鲜明、生动，富于变化。使用借代手法的成语有"化干戈为玉帛""一针一线""手无寸铁""不胜杯杓""目不识丁""披坚执锐""迫在眉睫""灯红酒绿""扭转乾坤""拈花惹草""大江东去""青黄不接""咬文嚼字""纸上谈兵""大兴土木""气冲霄汉""背井离乡""书香门第""梨园弟子""六尺之孤""二八佳人""久经沙场""纨绔子弟"等。

（六）对偶修辞手法

对偶修辞手法是将成语、短语、句子等字数相等、结构基本相同的句式整齐对称排列，如"满招损，谦受益""得道多助，失道寡助""地大物博""山穷水尽""感恩戴德""家喻户晓""仁者见仁，智者见智"等。

（七）反问修辞手法

反问修辞手法是用明知故问的手法，只问不答，将答案暗含在反问句中，这种修辞手法又叫激问或诘问。运用反问修辞手法的成语有"塞翁失马，焉知非福""皮之不存，毛将焉附""不入虎穴，焉得虎子""人非圣贤，孰能无过""岂有此理""是可忍，孰不可忍"等。

（八）反复修辞手法

反复修辞手法是指通过反复强调事物特点来加强语气。运用反复修辞手法的成语有"登峰造极""斗转星移""提纲挈领""情真意切""罪魁祸首""心灰意冷""真凭实据""一心一意""丰功伟绩"等。

（九）双关修辞手法

双关修辞手法是指在一定条件下，运用词语的多音或多义条件，使语句含有多重含义。运用双关修辞手法的成语有"风雨同舟""藕断丝连""立地成佛""乐在其中"等。运用双关修辞手法，可以使语言表达更加幽默、含蓄，也可以加深语意。

除以上几种成语常用修辞手法外，还可以使用回环修辞（如"人不犯我，我不犯人""疑人不用，用人不疑""来者不善，善者不来"等）和顶针修辞（如"知无不言，言无不尽""一传十，十传百""一而再，再而三""人同此心，心同此理"等）。

此外，许多成语还运用了复合式修辞方法。比如，"虚怀若谷""光阴似箭""挥汗如雨""日月如梭""富贵浮云""草菅人命""望穿秋水""铜墙铁壁""危如累卵"等成语中既运用了比喻，也运用了夸张的修辞手法；"秀色可餐""张牙舞爪""物欲横流""草木含悲"等成语中则运用了夸张和拟人两种修辞手法；"寸土寸金""咫尺天涯""百里挑一"等成语同时运用了对比和夸张的修辞手法；"气冲斗牛""一针一线""行将就木"等成语中运用了借代和夸张的修辞手法。

除同时使用两种修辞方法外，成语中还有三种修辞方法同时使用的情况。例如，"千钧一发"中将头发和千钧作对比，突出局势万分紧张的特点，同时用了夸张和比喻，因此这个成语中使用了夸张、对比、比喻三种修辞手法。又如，"龙潭虎穴"中用对偶形式的"龙潭""虎穴"比喻事情危险至极，同时运用了夸张修辞手法。这种类型的成语还有"金城汤池""地老天荒""山欢海笑"等。

三、成语语用修辞功能

成语作为词语的一个重要组成部分，在语言的交流写作中起着锦上添花的作用。成语形成于古代传说、历史故事或文化典籍，体现着中国数千年来价值观念、社会风俗、审美情趣、道德标准等各方面的文化价值。此外，成语的内涵丰富、涉及面广，几乎涵盖了社会生活的方方面面，在人们的交流或表达中发挥着极为重要的作用。从总体上看，成语的语用修辞功能主要体现在以下三个方面。

（一）正确掌握成语的含义

成语多由四字词语组成，其言简意赅，结构紧凑，内涵丰富。除了本义外，成语常通过比喻、比拟、夸张、借代、对偶等修辞手段，将事物的图景、声音、面貌、形状表现出来，构成一个个具体可感的形象，从而引发联想，使人们对事物的理解更加明白通晓。例如，"金盆洗手"原指从事黑道的人物在晚年时通过在金盆中洗手的仪式宣布退休之意，"洗手"通常在做事前或做事后，这里用"洗手"表示事情的结束，使人们能凭借简单的动作联想到较为深刻的含义。

许多成语可以从其表面意思猜出其背后的意义。例如，"拔苗助长""画蛇添足""滥竽充数""守株待兔""掩耳盗铃""欢天喜地""兴高采烈""上蹿下跳""南辕北辙""七上八下""一心二意"等成语所表达的内容相对较为直接，因此具有一定知识水平的人均可以理解。此外，还有一大部分成语的意义不能通过表面词语的意思去理解，也不能将各个词语的意思简单叠加后解释，需具备一定的知识后才能理解。例如，"叶公好龙"从表面意思解释是叶公喜欢龙，但该成语表达的意思是叶公在没有见到真正的龙之前喜欢龙，见到真正的龙后就被吓晕了，其实际意思是表面上喜欢某种事物，实际上却不喜欢。"四面楚歌"作为一个出自历史故事的成语，有着深刻的历史背景，要想真正理解这一成语背后的意思就需要先了解这一历史故事，因此表面上该成语的意思是四周是楚国的歌声，但其真正表达的是孤立无援、四面受敌的处境。"汗牛充栋"表面的意思是汗牛塞满屋子直到栋梁，这种望文生义的解释显然是错误的，要想了解这一成语的真正内涵，就需要了解其出处，该成语出自唐代柳宗元所著的《柳先生集·卷九·陆文通先生墓表》："其为书，处则充栋宇，出则汗牛马。"该句中有一前提，即"其为书"，因此该成语的真正含义是牛马在运书时累得出汗，书籍堆满屋子，高及栋梁，形容书籍非常多。"七月流火"的表面意思为七月骄阳似火。然而，这一解释是错误的。要理解其真正含义就需要了解其出处，该成语出自《诗经》中的《国风·豳风·七月》首句"七月流火，九月授衣"。《诗经》中的"七月"指农历七月，"流"意为向下运行，"火"指古代星宿中名为"大火"的恒星。该成语的意思是进入农历七月后，恒星"大火"开始向下偏西运行，气候由热转凉，到了农历九月就该分发寒衣了。因此，该成语的实际意思是天气逐渐凉爽起来。此外，随着时代的发展，有的成语的意思发生了变化，所以在使用时应清楚地了解该成语变化后的意思。例如，"桃之夭夭"出自《诗经·周南·桃夭》意为桃花盛开得美丽而茂盛，而"逃之夭夭"中将语素"桃"换作"逃"，意义发生了极大变化，变为逃跑之义。

除以上几种情况外，在使用成语时还易发生将特指成语用为泛指。例如，"鳞次栉比"一词是特指建筑物密集，如果用来指代群山起伏就不恰当了。又如，"破镜重圆"作为一个出自历史典故的成语，特指夫妻团圆，因此在使用时不能用于除夫妻之外的亲人或朋友团圆。

（二）分清成语的感情色彩

成语和词语一样也有着独特的感情色彩，有的成语属于中性词，如"小心翼翼""自知之明""仪表堂堂""雄心勃勃""千变万化""南征北战""兴致勃勃""轻车简从""一碧万顷""无声无息"等；有的成语属于褒义词，如"堂堂正正""才思敏捷""浩然正气""一寸丹心""不耻下问""鞠躬尽瘁""廉洁奉公""虚怀若谷""难能可贵""拭目以待""才高八斗""过目不忘""见多识广""无微不至""满腹经纶""博学多才""雄韬伟略""可歌可泣""抑恶扬善""光风霁月""来日方长""文武双全""颂德歌功""叹为观止""急中生智"等；有的成语属于贬义词，如"阴险狡诈""贼眉鼠眼""自以为是""鼠目寸光""勾心斗角""子虚乌有""指鹿为马""财迷心窍""离经叛道""口是心非""处心积虑""爱慕虚荣""口是心非""好吃懒做""朝三暮四""狐假虎威""掩耳盗铃""恶贯满盈""纵虎归山""跳梁小丑""厚颜无耻""臭名远扬"等。如果不加以区别，在使用中极易因成语的感情色彩错用而发生语意模糊不清或表意正好相反的情况。例如，"上行下效"是一个带有贬义色彩的成语，但有的单位在公文中将这一词语误作褒义词使用，出现了"领导带头，全体群众上行下效奔小康"这种令人啼笑皆非的错用成语案例；"振振有词"也是一个带有贬义色彩的成语，可用作"罪犯振振有词地进行辩解"，而不能用于"法官振振有词地痛斥罪犯"；"惨淡经营"的意思是费尽心思经营策划，在困难中从事某种事业，这一词语具有褒义色彩，但在现实中常常被错用作贬义词。

（三）注意成语的适用对象、范围和场合

成语的适用对象和适用场合不尽相同，错用情况大致可分为人和事物适用范围混淆，谦辞、敬辞不分，对象不分，场合不分。首先，有的成语只能用于人而不能用于事物，如"洗心革面""风姿绰约""炙手可热""倚马可待""楚楚动人"等词语均是用来形容人的而不能用于形容事物，其中"炙手可热"比喻气焰旺盛，权势很大。"某歌曲自诞生以来，就是炙手可热的作品。"这句话中用"炙手可热"形容歌曲显然是错误的。其次，有的成语属于谦辞则不能用于敬辞的场合，相反亦然。例如，"抛砖引玉""蓬荜生辉""忝列门墙"属于谦辞，不能用于敬辞场合。再次，有的成语有年龄之别，不能用于普遍人群。例如，"德高望重"可用于形容老年人，"血气方刚"适用于青年群体，"聪明伶俐"专指小孩。最后，有的成语适合庄重场合，有的词语则适合非正式场合。因此，在使用中要分清成语的适用对象、范围和场合。

（四）注意同义词语的意思差别

成语中存在一批同义成语，其意思相同或相近，所以在使用时要注意辨析清楚这类成语的意思，具体可以从侧重点不同、程度轻重不同、表义方式不同、范围大小不同、用法不同、适用对象不同、感情色彩不同等方面加以区分和辨别。例如，"袖手旁观"和"冷眼旁观"两者都有置身事外的意思，但"袖手旁观"含有贬义色彩，"冷眼旁观"属于中性词；"生机勃勃"和"生意盎然"均有生命力旺盛，充满活力的意思，但"生机勃勃"适用范围较广，可以指人、事物、自然景象或社会现象，"生意盎然"则只能形容自然景象，不能形容人和社会现象；"如愿以偿"和"称心如意"都有遂心所愿的意思，但"如愿以偿"经常用作状语或谓语，不可以与"很""非常"等词语搭配，"称心如意"则可以与"很""非常"等词语搭配；"旁征博引"和"引经据典"均有用其他材料作为例证的意思，但"旁征博引"适用范围广，引用材料的范围可以是经典著作，也可以是其他材料，"引经据典"的适用范围则相对较为狭窄，引用材料的范围专指经典著作；"鹤立鸡群"和"出类拔萃"两个成语均有某人或某物显得特别突出的意思，但"鹤立鸡群"使用了比喻修辞方式，"出类拔萃"则没有使用任何修辞方式；"箭在弦上"和"一触即发"两个成语均有紧迫的含义，但前者的紧迫程度小于后者；"饱经沧桑"和"饱经风霜"两个成语均有历经岁月磨砺，阅历丰富的意思，前者形容经历世事变化，后者则侧重自身经历的艰辛，因此两个成语在使用时应加以区分。

第四章　语用修辞与现代汉语语义

第一节　语言意义和言语意义

语言是人类最重要的交际工具，也是正常人进行交流的工具。语言是一种符号系统，它包括语音系统、语法系统、词汇系统。现在世界上使用的语言有 5 500 多种，由于现代汉语是世界上最重要的语言之一，了解其语义的特点、价值与使用十分必要。

一、语言的定义和特征

人类社会所独有的语言现象包括两个层面：语言和言语。前者指语言集团代代相传的符号系统，后者指人的具体的言语活动。瑞士语言学家索绪尔发现并阐述了语言和言语的区别，给现代语言学的发展指出了正确的方向。

"语言"和"言语"这两个概念最先是由现代语言学之父、瑞士语言学家索绪尔提出来的。为解决"语言学既完整又具体的对象是什么"这一问题，索绪尔提出了"语言"和"言语"的概念，他称之为"建立言语活动理论的第一条分岔路"。也就是说，要研究语言学，第一步要把语言和言语区分开。"语言"和"言语"问题之所以如此重要，是因为它在现代语言学中不仅是最重要的方法论原则之一，也是科学语言观的一个重要组成部分。只有弄清语言和言语的关系，才能更好地研究语言。

（一）什么是"语言"和"言语"

"语言"是人类特有的一种符号系统，是以语音为物质外壳、以语义为意义内容、音义结合的词汇建筑材料和语法组织规律的体系。当作用于人与人之间的关系时，它是表达相互反应的中介，如"早上好""你说的有道理"；当作用于人和客观世界的关系时，它是认知事物的工具，如概括与分类、假设与结论等；当作用于文化的时候，它是文化信息的载体和容器，如讲演、著作、信息库等。语言是一种社会现象，是人类最重要的交际工具，是人们之间沟通的方式。

"言语"是人们所说的话的总和，是人类通过高级结构化的声音组合，或者是通过书写符号、手势等构成的一种符号系统交流思想的行为，其中包括以说话人的意志为转移的个人组合，实现这些组合所必需的同样与意志有关的发音行为。言语是个人意志和智力的行为。在言语中没有任何东西是集体的，它的表现是个人的和暂时的。言语活动有个人的一面，也有社会的一面，它既包括一个已定的系统，又包含一种演变。

语言具有能产性、结构性、意义性和社会性等基本特征。

语言的能产性包含两方面的意思：一是每一种语言都能产生无数各不相同的句子，而且所能产生出的新句子数没有一个固定的上限；二是同样的观点或思想可以用任何一种语言表述。例如，可以用汉语表达的思想，也可以用英语等表述。

语言的结构性是指每一种语言都是受规则支配的，说同一种语言的人们都是以相同的语言规则而不是以偶然的方式来说话的。例如，我们说"这是一棵树"，而不说"一棵树是这"。

语言的意义性是指语言中的每个词都有一定的含义，通过语言交际就可以把这种意义传达给他人。语言的意义不仅决定于单个词的意义，还决定于词与词的关系，即句子中词的组合关系。这种意义性使人们能借助语言互相理解和互相交流，语义是约定俗成的。

语言的社会性是指语言是在社会中产生的，它只能在社会中生存和发展。语言是一种社会现象，它作为人们交际、交流思想的工具而服务于社会。

（二）语言和言语的区别

语言是全民的、概括的、有限的、静态的系统（知识）；言语是个人的、具体的、无限的、动态的现象（话语）。具体来说，两者有以下几种区别。

1.语言具有全民性，言语具有个人性

语言既然是存在于全体社会成员之中的相对完整的抽象符号系统，那么它对社会成员来说就是全民的，因此具有全民性；言语具有个人性，每个人说话都带有许多个人的特点，如地域、性别、年龄、文化素养、社会地位等，因此言语是个人对语言形式和规则的具体运用。

2. 语言是抽象的，言语是具体的

语言是对同一集团所有人所说的话的抽象，它排除了一切个体差异，只保留了作为语言而存在的共性。言语是运用语言的过程和结果，因此人们只能直接观察到言语（外部言语），语言学家只有对大量的言语素材进行抽象概括，才会从中发现语言的各种单位和规则。如前所述，人们对语言的认识通常是从语言的具体现象开始的，人们所说的话都是具体的，或通过听觉，或通过视觉，言语常常带有具体的特点。

3. 语言是有限的，言语是无限的

世界上没有两个人说话会完全一样，但是没有一个人能脱离共同的语言规则进行交流。言语就是说话，是一种行为动作及其结果，一个人一生中究竟要说多少话、写多少东西，这是无法计算的。任何一种语言的句子都是无限的，每个人根据交际需要说出的话语的内容是纷繁芜杂、各种各样的。但是，就某一语言而言，可加以辨别的语音是有限的，词的数量和构词规则是有限的，组词造句的规则也是有限的。在无限的句子中包含着有限的东西，不同的句子中所包含的词是有限的，每一个词像机器的零件一样可以卸下来、装上去，反复使用，因而同一个词可以和不同的词组合，构成不同的句子。而组织这些材料的规则也是有限的。这就告诉人们，人类每天面对的这些具体的、无限的说话和说出来的话就是言语；一定的社会集团从这些具体的、无限的言语事实中概括出来的一些抽象的、有限的系统就是语言。所以，语言是一个有限语言单位的集合，这些有限的语言单位按照一定规则组织成一个系统（音义结合的词汇系统和语法系统），人们的一切言语活动在这个系统中进行。而在具体的言语活动中，作为一个行为过程，人们所能说出的话语是无限的，每句话的长短在理论上也应该是无限的，任何一句话都可以追加成份而使它变得更长。利用有限的符号及其规则说出无限的话是言语活动的特点。

4. 语言是静态的，言语是动态的

在日常活动中，就人们运用的语言而言，语言的规则都是现存的、约定好的，不允许处于经常的变动之中，这是言语活动得以进行的前提和基础，否则人类就无法交际，无法组织社会。因而，语言在一定时期内处于静止状态。当然，随着社会的变化和语言的发展，语言也会出现适应性变化。所以，语言的静止是相对的，静中有动。然而，言语就不同了。言语活动总是在说话人和听话人之间展开，

从说到听是一个动态的过程。有研究表明，言语交际的过程就是信息传递的过程。在这个过程中，语言充当信息传递的代码。说话人通过语言发送信息，听话人通过语言接收信息，其间经历编码、发送、传递、接收、解码几个连续衔接的过程。

（三）语言和言语的联系

语言和言语不但有区别，而且有紧密的联系。语言和言语是静态和动态的联系、概括和具体的联系、系统和形式（现象）的联系。语言和言语的关系就像"人"和"张三、李四"的关系，"人"是对"张三、李四"的抽象，我们说"人"有头、身躯、四肢，还有大脑、心脏，"人"能思考、有创造力等，这些都是对"张三、李四"的特点的抽象。我们能看到的只是"张三、李四"等一个个具体的人，谁也看不到抽象的"人"。

语言和言语的关系也是这样，我们听到的只是人们嘴里说出来的一句一句的话，看到的也只是书面上写着的一句一句的话。口头上说的话和书面上写的话都是"言语"。"语言"存在于"言语"中，它本身是看不见、听不到的，人们听到和看到的只是它的表现形式"言语"。这就是说，语言存在于言语之中。语言源于言语，语言的生命在于广大社会成员的运用，不被运用的语言就没有生命力。因此，语言就存在于我们的话语中。因为语言的表现形式是言语，我们只有通过言语才能认识语言和学会语言。无论是研究语言，还是学习和讲授语言，都必须以言语为对象，从言语入手。

言语依赖语言。言语要被人所理解，并产生它的一切效果，必须有语言，有全社会共同的语言作基础，达成语言的共识，才能进行交际。语言作用于言语，在实际的交际中表现得很明显。每个人说话可以是千差万别的，但是每个人都必须遵守共同的规则，否则人们就无法交际。语言对言语有着强制性的规范作用。

区分语言和言语有助于明确语言研究的对象和范围，还具有一般科学方法论的价值，因为它阐明了任何科学程序所必需的抽象过程。

索绪尔严格区分"语言"和"言语"的目的就是要纯化语言学的研究对象，这在一门科学发展的某个特定的历史阶段是合理和必要的，历史实践也证明了这一点。

二、语言意义

语言是在一个大的社会语境下使用，言语则是在一个相对较小的语境（如情景语境、文化语境和上下文语境等）下使用，因此产生了其相关的意义，即语言意义（简称"语义"）和言语意义，这两者均受到某种语言环境（简称"语境"）

的影响，可以说语境对语义和言语意义有制约或决定作用。

（一）语义的相关概念

语义是语言的意义内容，是客观现实在人脑中的概括反映，语义同语音形式相结合就形成了语言单位。因此，语义被定义为用语音形式表现出来的含义，是人脑对客观事物或现象的概括反映；语义是人脑对客观世界能动的、概括的反映，具有系统性、概括性，同样具有相对的稳定性，也是音义结合的语言单位。语义可分为词汇意义、语法意义和修辞意义三种。词汇意义是语言单位的理性意义，它具有客观性、概括性、相关性、民族性和模糊性等特点。语法意义是在词汇意义基础上更大的概括和抽象，是一整类语言单位所具有的抽象的关系意义，可分为语法单位意义、语法功能意义和句法结构意义。修辞意义是语言单位的主观评价的感情意义，有褒贬之别，包括表情色彩、语体色彩和联想色彩。它一方面表现为语言单位的修辞分化，另一方面表现为言语环境中形成的语境意义。

（二）言语意义的相关概念

言语意义是在一定的语境中人们说的行为和说的结果所体现出来的具体意义，即在语言的使用中所产生的具体的、特定的、临时的意义，是对语言的具体运用和运用结果。所以，言语意义总和特定的语言环境及社会文化背景相联系，具有具体性、临时性等特点，还有一个重要特点就是约束性。如果离开了具体的语境，其言语意义便荡然无存，只剩下其语言意义了。因此，可以说言语意义与语境的关系最为密切。

三、言语意义

巴黎释意学派理论对言语意义做出了这样的解释："言语的意义即信息所传递的意义，不是以含糊的方式出现在每个词和每个句中。（这一）意义以语言含义为依据，但又不局限于语言含义。（这一）意义是在阅读文章的过程中逐步明朗的。也就是说，只有读完整篇文章之后才能理解作者想说的是什么。在未完整读完或听完之前，作者想表达的思想是零碎不全的。"这意味着言语意义在口译活动中指"话语语篇的整体意义"，它是言语的实际应用意义，基本上等于我们通常所说的"语境意义"。这一意义在释意理论中被称作"sense"（语篇意义、语境意义），它与"signification"（语言含义、字典意义）相对应。

这种话语语篇的意义处于言语的层面上，它包括词的部分语言含义，但是它的内涵是字典里列举的语言含义所难以准确覆盖的。这是因为在保障双方沟通的前提下，话语者的言语使用过程总是趋向于融进某种创造性因素，赋予言语某种个性化的色彩，从而令语言的基本含义发生语境内的某种畸变，产生某种我们可称为"语境内语言含义变体"的灵活的、创造性的新语义，如诗歌中的新颖想象画面或意境、笑话中颇具幽默的非常规语义、生活口语中某些超出语言常规的生动措辞等。话语者的神经反应越灵活，思维越活跃，思维方式越呈现"发散"特点，这种创造行为就越明显。另外，言语交际行为的副语言和其他语言外信息的参与也使话语者更加放心大胆，因为这些信息可以对口语语言性质的信息做出补充，所以话语者不一定完全照搬字典所列举的意义，有时话语者也不一定完全了解某些词汇的"字典意义"。更为重要的是语境、主题、交际环境等还会对语义做出某些限制或提示，这些限制或提示通常是字典难以一并囊括的。它们造成了一种对翻译来说具有相当指导意义的语言应用现象，即语境内的话语语篇意义在多数情况下均不存在"歧义"。这就是说语境、主题、交际环境等仅允许词的一种语言含义出现，否则交际双方就会难以继续沟通，除非在特定的语境条件下，某些因素暗示了话语者有意为之的"一词多义"语用安排，如双关语、歇后语等语言游戏。

（一）言语意义的多义性和概括性

某一语言形式的语言意义常常不止一个。语素大多数情况是多义的；词也是多义的；短语乃至句子也有多义的。语言意义还有一个重要的属性，即具有概括性。离开了交际环境的"我去学校"，泛指任何一位说话的人用任何一种能使自己移动的方式到任何一所正规的专门从事教学的机构。语言单位的多义性在进入组合之后往往会失去，但其概括性只有在进入交际后才会由于交际环境的参与而丢失。

（二）言语意义的特指性

言语的交际意义常常是特指的，交际中"我去学校"中的"我"一定是说话的那个人；其中的"学校"一般是说话人和听话人心目中同时想到的一间学校；如果说话的那个人手扶自行车，那么句中的"去"通常是骑自行车去；如果说话的那个人在车站，那么"去"一般是坐公共交通工具去；如果说话的那个人正在路边走，那么"去"很可能是走着去。即使说话的那个人在家里，听话的人也往往会根据他平时对说话人的了解而对"去"有一个特定的理解。语言的公设意义转化为言语的交际意义时所产生的蜕变使人们可以用相同的表达序列在不同条件下表示不同的意思，从而可以用相对有限的语言备用单位应付千变万化的交际需要，而且所传递的信息是正确无误的。

（三）言语的交际意义和语言的公设意义的基本统一

言语的交际意义和语言的公设意义不大一样。人们对言语交际意义理解的出发点，其基础一般是语言的公设意义。"我不吃了"可以表示生气，这是因为人们突然停止正在进行的某种活动有可能表示他的情绪发生了比较强烈的变化。说话人说"我不吃了"，听话人产生的"他生气了"这种想法是建立在他突然拒绝进食有可能表示他的情绪发生了变化这一推理上的，而"他拒绝进食"这一推理的前提是"我不吃了"的公设意义。由此可见，所谓"言此意彼""意在言外"等语义的转移还是有它的出发点的，这个出发点一般是以语言形式的公设意义为基础的。

（四）言语的交际意义和语言公设意义的对立

扩大、缩小、旁逸和分离语言的公设意义转化为言语的交际意义，其内涵大致可以有扩大（增多）、缩小（减少）、旁逸和分离几种变化形式。扩大是指人们在交际时所说的话常常含有许多不言而喻的因素。语义的扩大和缩小是相对的，内涵的扩大就意味着外延的缩小，反之亦然。旁逸是指人们在交际时会出现言此意彼，意在言外的现象。有时其语言意义与言语意义仍保持着相同的方向或保持着某些联系，我们把这种现象叫作旁逸。例如，战争期间一个做丈夫的因为要去打仗，只好把即将分娩的妻子一个人留在医院里，打完仗他回到医院找他的妻儿，得知他的妻子已经因难产而去世，问起孩子，答复是："你的孩子因难产体弱必须放在恒温箱里，德军轰炸，断了几天的电。"下面的话不必说了，大家心照不宣。答话人要传递给问话人的信息："你的孩子死了。"在所说的话中一点都没有出现，但是他的意思问话人完全明白了。有些言此意彼、意在言外的现象与其语言意义和言语意义已经基本上没有直接的关系了，我们把这种现象叫作意义的分离。四川女人说"我们家那个砍脑壳的"，其意义和"我那个亲爱的"差不多。甲问乙某"某人怎么样"，乙说"很好"，说完了嘴一撇。这次交际活动的言语意义和语言意义相比，恐怕是恰恰相反的。这就是我们所说的言语意义和语言意义的"分离"。

（五）环境对语义的影响

1.语言环境和它对语义的影响

这里没有使用"语境"这个词，因为要区别语言意义和言语意义就必须区分语言环境和言语环境。语言环境应该专指语言单位在进入交际之前所处的环境。例如，"青丝"中的"丝"是语素"青"的语言环境，"熟人"中的"人"是"熟"的语言环境，"那群狼咬死了猎人的狗"中的"那群狼"则是短语"咬死了猎人的狗"的语言环境。语言环境对语义的影响有以下两个方面。第一个影响是限制。其表现是多义的语素在组成词之后、多义的词在组成短语之后、多义的短语在组成更大的短语之后，意义大都会单一化（当然不是百分之百如此）。正如前面说的"青""熟"和"咬死了猎人的狗"在进入组合之后变成单义。第二个影响是补充。其表现是语言单位在组合时会增加一些原来没有的意义。例如，"熟人"和"人熟"在意义上是不一样的，其区别源于组合时产生的语法意义，这些意义是组合前所没有的。由此可见，经过组合的句子的语言意义是词汇意义加上语法意义在语言环境影响下，按照语言规律进行选择加工的产物。它的随机性较小，有较强的客观性。

2. 言语环境

语言单位一旦进入交际就变成言语，而交际总是伴随着某些环境因素。这些因素是语言外的因素，它和语言代码无关而只和言语行为产生关系，它只是言语环境而不是语言环境。言语环境包括的内容非常丰富，包括交际双方共处的时间、地点，共有的文化背景、知识背景，情感因素与利害因素，说话时周围的事物、气氛，说话人听话人双方的关系，交际双方的默契，等等。人们在运用语言时，还会使用一些非语言交际手段，夹杂着非语言交际手段的语言形式，其交际意义和公设意义的差距就可能更大了。非语言交际手段也是言语环境。

3. 言语环境对语义的影响

言语环境为交际双方提供了一批不言自明的补充信息，它是语言意义蜕变为言语意义的客观依据。例如，代词"这个"有极强的概括性，但当它进入交际时具有非常强的特指性，这种特指性的获得是由交际环境赋予的。"请你把这个拿给我。""这个"是什么？脱离了交际环境便无法明白，因为它几乎可以指世界上的一切事物。一旦进入交际，它指什么就一清二楚了。说话时，言语环境中一定有某一个可以被称为"这个"的事物存在，它排除了其他所有可能被称为"这个"的事物，使这个所指的事物变得极为明确。"你来一盘吗？"说话的地点如果是网球场，这是一个意思，如果在棋类室，这又是一个意思。意思之所以会不同，是因为语言环境——地点所提供的不言自明的信息发挥了作用。两个很熟悉的朋友之间可能发生这样的交际活动："你可以把这本书借给我吗？""不行。"说完一笑，同时把书递了过去。在这次交际活动中，表情、行为成为传递信息的决定性因素。如此，"不行"所表示的意义发生了偏移，它不再表示不同意，而是表示"何必如此客气"。语言的公设意义转化为言语的交际意义的客观依据是交际环境提供的信息补充，其主观的心理途径则是判断、推理和联想。"鱼不吃了"是一个常常被提到的多义结构，但在饭桌上，它的意思通常是单一的、明确的，而在鱼缸前那恐怕就是另外一个意思了。人们凭什么对这个多义结构的意思做出了这样或那样的选择？显然是因为交际环境所提供的补充信息排除了其他含义出现的可能性。这种排除，或曰这种选择，实际就是一次简单的判断与推理。刘三姐对心爱的小伙子说："世上只有藤缠树，哪见树缠藤。"人们一听自然明白她是在启发那个笨小伙儿。这个"自然明白"是通过联想实现的，若没有共同的联想，这次交际活动便无法完成。

4. 改正与曲解

言语意义是人们对语言意义所指示的信息以及言语环境所提供的信息进行综合加工的产物。由于可供选择的信息较多，选择什么又有较大的随机性，因此人们对言语意义的确定就有较大的主观性。正因为存在着听话人的加工，所以才会产生听话人对说话人所说的话进行改造的现象。这种改造除了通常发生的"由表及里""由此及彼"之外，还可以有两个方向：一是纠正错误；二是导致错误。"下一个节目，独子笛奏。"观众在哄笑之余，完全明白报幕人想说什么。人们运用自己固有的知识纠正了说话人的错误表达。这也是言语中可以存在大量不完全符合或完全不符合语言规则的表达序列却又能基本上不影响交际的原因。误解和曲解则是听话人对说话人所说的话进行了错误加工的结果。

第二节 语义组合和语用修辞

语义之间有各种联系，同语音、词汇、语法一样，语义关系主要表现为聚合关系和组合关系。语义的组合关系是指在语流中各个语义成分通过前后连接形成的关系，"几个成分连接起来组成一个比较大的单位，这几个成分之间的关系就是一种组合关系"。

一、句子的意义

句子的意义涉及三个语言层面，构成三种不同的意义：逻辑意义、语法意义和语用意义。

（一）逻辑意义

逻辑意义反映语句与现实的关系，在逻辑学中，一般用真假值来分析。从语言学的角度看，句子的逻辑意义是由句子中实词本身的意义和相互间的语义关系构成的，不涉及词语在句子中的语法性质。下面三个句子的逻辑意义是相同的，即在逻辑上等值。

A. 他打破了杯子。

B. 他把杯子打破了。

C. 杯子被他打破了。

这三个句子的语法结构各不相同，但这三个句子中实词的意义相同，语义关系也相同，"打破"是动作，"他"是施事，"杯子"是受事。"动作、施事"等就是逻辑意义。

（二）语法意义

句子的语法意义是由词语的语法形式所表现出来的意义，主要由词语的语法形态、虚词或语序表示。上面三个句子中的"他"有时属主语，有时属状语；"杯子"有时属宾语，有时属主语，有时属状语。

语法意义大致可以分为结构意义、功能意义、表述意义三类。

1. 结构意义

结构意义即反映语法单位之间的结构关系的意义，基本类型包括主谓结构、述宾结构、述补结构、偏正结构和联合结构。

主谓结构是语法结构中较常见的句型，主要指由一个或者若干个主语加上一个或若干个谓语所组成的句式。主谓句由表示陈述和被陈述关系的两个成分组成，表示被陈述对象的是主语，用来陈述的是谓语。根据充当谓语的词语的功能的不同，可以把主谓句分为三个下位句型：名词性谓语句、动词性谓语句、形容词性谓语句。例如，"我爱热闹，也爱冷静"这句话为动词性谓语句；"天冷，出门多带衣服"这句话为形容词性谓语句；"鲁迅浙江人，老舍北京人"这句话为名词性谓语句。

2. 功能意义

功能意义是反映词语的组合功能的，如名词、动词、形容词、名词性短语、动词性短语等。组合功能包括充当某种结构成分的功能（如充当主语、谓语、能带宾语），也包括与某类词语组合的功能（如能加冠词、副词等）。功能意义有不同层次，因为一些较大功能类型还可分出较小功能类型，如动词可分为及物动词、不及物动词等。那么，及物动词、不及物动词的功能意义就是动词功能意义的下层功能意义。

3. 表述意义

表述意义反映语法形式与所指事物现象以及语言使用者的关系，可分为称述意义和情态意义两种。称述意义反映语法形式与所指事物现象的关系，是从词语的语汇意义中进一步抽象出来的意义，如名词是表示事物的，动词是表示行为动作的。一些语法范畴（如数、性、人称、时态等）的意义也是一种称述意义。情态意义反映语法形式与说话人的感情态度及表述意图的关系。句子的各种语气及语式、语态范畴都属于这种情态意义，如陈述、疑问、感叹、祈使等语气，以及直陈式、虚拟式、愿望式等，都与说话人的感情态度和表述意图相关。主动语态、被动语态与说话人要强调什么的表述意图相关。

（三）语用意义

语用意义是说话人说出该句子时的交际意图和交际价值。交际意图与语言环境密切相关。同一个句子在不同的语言环境中说出来，可能有不同的交际意图。例如，"今天是星期天。"说话人在不同场合说出来，可能是想提醒听话人应该休息，或该去逛公园，或该多睡一会儿，等等。这种交际意图就是句子的语用意义。又如，"客人来了。"和"来了客人。"这两个句子具有不同的交际价值，前者"客人"处于话题位置，表示"客人"是已知的、定指的；后者表示"客人"是不速之客。这种不同的交际价值也是语用意义。句子的语用意义又可分为一般语用意义和特殊语用意义两种类型。

1. 一般语用意义

（1）句调不同，语用意义也不同。不同的句子，如陈述名、疑问句、祈使名、感叹句，表示的语法意义不同。同时，同样的话语结构由于语调的区别，其语用意义也大相径庭。例如，"你穿什么，他穿什么？"这句话语调不同，可以解读出三种不同的语用意义。第一种，当同为升调时，语用意义："你和他分别穿什么？"这时候可以回答："我穿制服，他穿西装。"第二种，当前者为升调，后者为降调时，语用意义："你穿什么，他就穿什么。"这表示"他老和你学"。第三种，当两者同为升调时，其语用意义还可以解读为"你穿得比他好"的意思。

（2）语气不同，语用意义也不同。句子依据用途或语气分类，可分为陈述句、疑问句、祈使句、感叹句。陈述语气表示说明意见、陈述事实。疑问语气可分为选择问、猜测问、反诘问、是非问等类型，不同的问句表达的语用意义也不相同。祈使语气表示请求、劝阻、命令、禁止一类语气的语用意义。感叹语气则根据不同的语境表示兴奋、喜悦、气愤、赞扬、冷淡、恼怒、讽刺、激动、踌躇、惊奇等语用意义。例如，"他是你爸爸吗？"该句为是非问，目的是确认"他"的身份，回答"是"或"不是"即可。又如，《雷雨》中周朴园听到鲁大海是他的儿子后使用了一连串的疑问句和祈使句："什么？鲁大海？他！我的儿子？"这句话中的"什么？"表示惊讶，是一种感叹语气；"鲁大海？"表示猜测，是一种疑问语气；"我的儿子？"表示气愤恼怒，是一种反问语气。这句话中不同的语气表达了惊讶、疑问、恼怒、惊喜等复杂的感情，提示了人物的心理变化。

2. 特殊语用意义

在一般的语用意义的基础上派生出或引申出了故意突破常规的、临时、特殊的具体用法，这就是变格修辞。这类修辞看似有语病，但在运用中谁都不会认为这是病句，相反会感到更生动，更具美感，更新鲜、别致或含蓄、幽默。

（1）语意变格产生的语用意义。例如，有几个"慈祥"的老板到菜场去收集一些菜叶，用盐一浸，这就是她们难得的佳肴。（夏衍《包身工》）慈祥的词典意义是和蔼安详，多用来形容老年人的态度、神色。这里却反用其义，是语义上的变格，叫反用，它临时产生了可恶、狠心的语用意义。

（2）语形变格产生的语用意义。例如，如果共掉了朱自治的房产，看他神气不神气。（陆文夫《美食家》）把共产一词拆开，在共与产之间插入了补语"掉了"，定语"朱自治的"，使内容更加具体，用法新奇。把共产扩用，使人从中感受到了词语变异使用的艺术美。

（3）词彩变格产生的语用意义。例如，吕后就是女皇，那是妇女的典范，我学习的榜样，我就是红色的吕后，布尔什维克的吕后，20世纪70年代的密斯吕。（常宝华、常贵田《帽子工厂》）通过红色、布尔什维克、密斯等有着明显现代色彩的词语与吕后的错位组合，从表面的不协调产生了丰富的、深刻的含义，具有明显的讽刺效果。

3. 句子变格产生的语用意义

（1）由修辞运用而产生的语用意义。例如，你默默地吐着丝，吐着温暖，吐着爱。在用生命织出的丝绸上，人们认识你的价值。（马继红《蚕》）这种修辞格是拈连，第一个吐着是正常搭配，第二个、第三个是超常的动宾搭配，但通过上下文的铺垫，下文就能由实入虚，由具体到抽象，使语义得到升华。从修辞效果看，这里产生了诗的意蕴，很具有美感，同时突出了蚕具有巨大社会价值的语用意义。

（2）由变序而产生的语用意义。例如，你放着罢，祥林嫂！（鲁迅《祝福》）在《祝福》中，四婶曾三次不让祥林嫂摆祭品，前两次都是"祥林嫂，你放着罢"，这是正常语序，第三次却用"你放着罢，祥林嫂"，结构的变序突出了情绪上的急迫和严厉的语用意义，四婶责怪、抱怨的神态跃然纸上。

（3）由省略而产生的语用意义。例如，待到祥林嫂出来，刚刚要跪下去，那船里便突然跳出来两个男人来，像是山里人，一个抱住她，一个帮着，拖进舱里去了。窥探舱里，不很分明，她像是捆了躺在船板上。"可恶！然而……"四叔说。（鲁迅《祝福》）鲁四说的"可恶"是对祥林嫂婆家人的野蛮手段感到不满，不打招呼就将他家中佣人抢走，有损他的面子，难以令人忍受。同时，写出了鲁四的另一种心态：妇女出嫁从夫，婆家人管她纯属名正言顺，外人没有必要去干预。这句话的省略结构揭露了鲁四这个封建卫道士的嘴脸。

二、词义组合

词语搭配要受到语法规则、语义条件和语言实际三个方面的制约。

（一）词语搭配的语法规则

词语搭配即词与词之间的组合。词与词之间搭配得当，就能准确、生动、具体地表情达意；搭配不当，就会使意思表达含糊不清，甚至造成理解上的错误。

词语搭配关系主要有以下五种：

1. 主谓关系

例如，"王婆卖瓜""东施效颦""月明星稀""神出鬼没""哪吒闹海""嫦娥奔月""缇萦救父""夸父追日""夫唱妇随""愚公移山""乌鸦反哺""寿比南山""福如东海""鲤鱼打挺""狗拿耗子，多管闲事""猫哭耗子"等。

2. 联合关系

例如，"干净整洁""艰苦朴素""蠢头蠢脑""翻肠倒肚""风霜刀剑""风雨雷电""柴米油盐""衣食住行""喜怒哀乐""锅碗瓢盆""笔墨纸砚""琴棋书画""梅兰竹菊""春夏秋冬""风花雪月""避凶就吉""燕雀乌鹊""山水泉石""邀功讨好""酸甜苦辣""丸散膏丹""说学逗唱""江河湖海""绫罗绸缎""鸟兽鱼虫""吹拉弹唱""唱念坐打""斧钺钩叉""刀枪箭戟""煎炒烹炸""东南西北""望闻问切""生旦净丑""魑魅魍魉""亭台楼阁"等。

3. 偏正关系

例如，"精心照顾""中流砥柱""衣冠禽兽""前古未闻""扬长而去""窈窕淑女""好生之德""无人之境""绣花枕头""沾沾自喜""炯炯有神""怡然自得""高高在上""彬彬有礼""绰绰有余""洋洋得意""酒肉朋友""空中楼阁""皑皑白雪""安身之处""八拜之交""倾盆大雨""平地风波""金玉良言""一丘之貉""经久不息""风流人物"等。

4. 动宾关系

例如，"打扫教室""言行一致""耳目一新""衣冠楚楚""表里如一""气象万千""气味相投""精神焕发""智勇双全""仪态万方""飞黄腾达""悲愤填膺""泾渭分明""声名狼藉""花枝招展""锋芒毕露""波澜壮阔""变化无常""记忆犹新""精神抖擞""茅塞顿开""杯盘狼藉""斯文扫地""出没无常""野心勃勃""羽毛未丰""百废俱兴""白驹过隙""腹背受敌""宠辱不惊""本末倒置""机关用尽""百感交集""痴人说梦""荆棘载途""依违两可""要言不烦""琳琅满目""丑态百出""雅俗共赏""寸步难行""臭名远扬""悲喜交集""爱憎分明""臭名昭著"等。

5. 补充关系

例如，"听得清楚""回答正确""血战到底""放荡不羁""入木三分""不绝如缕""望尘莫及""鞭辟入里""肆无忌惮""川流不息""严于律己""欢聚一堂""甘之如饴""退避三舍""酣畅淋漓""永垂不朽""登峰造极""过目不忘""垂涎三尺""嫉恶如仇""玩世不恭""失之交臂""昏迷不醒""同归于尽""贪得无厌""坚忍不拔""名噪一时""垂涎欲滴""处之泰然""挥洒自如""气急败坏""碧空如洗""恶贯满盈""赞叹不已""忠贞不渝""壁立千仞""情深似海""缄口不言""赞不绝口""哑口无言""放浪不羁""遗臭万年""精美绝伦""坦然自若""饮马长江""味同嚼蜡""畅通无阻""惊惶失措""破烂不堪""恪守不渝""体贴入微""流芳千古""略逊一筹""坚贞不渝""料事如神""矫若惊龙""荒淫无度""誉满天下""感激不尽""彪炳千古""弃若敝屣""恨之入骨""取信于人"等。

（二）词语搭配的语义条件

1. 符合客观事物之间实际存在的关系

例如，"安娜的妹妹正在安静地睡觉。"这句话符合人们的日常认知。"疯狂的念头正在安静地睡觉。"这句话中"疯狂的念头"不属于人，其与"睡觉"搭配不符合人们的日常认知，即使是拟人的修辞手法也不能说通，因此不符合客观事物之间的实际存在关系。

2. 受到语义系列中其他成员的制约

处于同一语义系列中的成员是相互联系、相互制约的，甲的搭配关系不但决定于它自己，而且取决于它与乙、丙的关系。如果这个系列中乙消失了，甲和丙的搭配关系也会相应变化。例如，古代"汤"的含义包括"汤汁""热水""开水"等，因此古代可以说"用热汤洗漱"，而随着时代的发展，词语发生了演变，"热水""开水"等词语独立出来，不包含在"汤"中，现代汉语中的"汤"仅指食物煮熟后剩下的汁水，所以在现代汉语中"用热汤洗漱"这句话就应做相应的修改，改为"用热水洗漱"。同理，"吃牛奶""喝面包"也是不正确的，应该改为"吃面包""喝牛奶"。

3. 考虑社会的使用习惯

使用习惯是由地域、民族约定俗成的，因此词语搭配必须适应不同语言（方言）的表达系统的要求。比如，汉语普通话中用"吃""喝""吸"三个词表达的行为（"吃饭""喝水""吸烟"），在南方的一些方言中只用"吃"一个词就可以表达了（"吃饭""吃酒""吃烟"）。又如，"肥""胖"在普通话和一些方言中的分工也不同。"寿""龟"在汉语与日语中的寓意不同。习惯无法用理性来判断。"共进午餐"可以，"共进午饭"不可。"吃食堂""打扫卫生""救火"，原也不可思议，约定俗成后成了规范的。习惯随着语言的发展而变化，如"酷毙了""帅呆了"之类的组合出现，也无法用理性去说明。

4. 涉及词义的各种附加色彩和修辞效果

带有褒义的词不能用于贬义，如"伟大的祖国""鲜红的国旗"等。

三、词义和语境

语境是指言语交际过程中的某个言语单位在表达某种特定交际价值时所依赖的文章或言谈中的话题的上下文或上下句。它可以是一个词、一个短语乃至更长的话语、语篇前后的语言内容。这就是我们通常所说的狭义的语境。语境对语义的作用有两种，一种是限制作用，另一种是明确作用。

（一）语境对词义的限制作用

语境对语言交际的制约功能往往因对语言所关注的角度不同而具有不同的语言学意义。无论是语词还是句子、语段、语篇，只有在特定的语境或者语义环境下，才不会造成语义歧解，其语义才是确定的。如果脱离语境、语词等，语言单项的语义就不具有确定性。这里的语境实质上就是语义环境。

一个多义词虽有几种或十几种含义，但只要把它用在一定的上下文里，一般不会产生歧义，这是因为具体的语言环境把这个多义词的其他讲不通的含义都排除了。

1.语境有助于义项定位

词的多义现象使语言可以用较少的词语表达较多的意思，然而在实际运用中，这种现象给阅读带来的不便也是不容忽视的。面对众多的义项选择，其中一个有效的途径就是分析语境。结合语境可以消除歧义。同样的情况还适用于语句，不同的语境会帮助我们确定语句的真实含义。"教师去讲课"和"学生去听课"都可以表达为"去上课"。同样，医生与病人都可能会说"去看病"，但意思是不一样的。在书面上看就成了歧义句，但是在交际过程中，对说话人的地位、处境等语境的了解就会帮助我们做出正确的判断。

2.语境使概括意义具体化

词义有概括性，通常都指整类事物或现象，如果放在具体的语境中就会明确它到底是指整类事物中的某些个还是某一个个体。例如，"鱼"本身可能指河里、海里的任何一种鱼，但若根据语境，如妈妈说"小明前天天嚷着吃鲤鱼，我今天晚上早点回来炖鱼"，那么这里的"鱼"指的就是鲤鱼。

3.语境可以增加临时性意义

有些词出现在一定语境中的时候，词义中便增添了一些新的义素。仍以上文中的"鱼"为例，"鱼"有活鱼，也有死鱼。例如，"他们正在观赏鱼"这句话中提到的鱼一定是活的，因此这句话中暗含了"活鱼"义素。"他们在吃妈妈炖的鱼。"这句话则暗含了"死鱼"的义素。这些义素是通过不同的语境赋予的。

4.语境可以改变语义的色彩

色彩是指附着在词的理性意义上的表达人或语境所赋予的特定感受。有的词汇可以为褒义词，也可以为贬义词，通过具体的语境可以确定词语的感情色彩。例如，朱自清在《背影》中有一句话："唉，我现在想想，那时真是太聪明了！""聪明"是褒义词，赞扬人具有聪明才智，但这里的"聪明"指的是"我"没有感受到父亲浓浓的爱意和不舍，是在"自作聪明"，因此可知其是贬义词。又如，茹志鹃在《百合花》中写道："我从心底爱上了这傻乎乎的小同乡了。"这句话中"傻乎乎"本来是个贬义词，指缺乏变通，但在这里是褒义词，指憨厚老实。

（二）语境对词义的影响

语境对词义和语意的影响主要是通过上下文、特定场合、特定文化、特定时空的组合对词义的影响产生的。

第一种情况：上下文对语义的影响。

这里的上下文可以是具体篇章的上下文，也可以是交谈过程中的上下文。任何语词和语句的使用都受其所处言语链条前后环节（言内语境）所形成的语义氛围的制约，并据此获得确切的解释。这点我国古代文论和现代心理学界均已注意到了。我国南朝刘勰所著《文心雕龙》关于"字、句、章、篇"内在联系的论述就很到位，其中说道："夫人之立言，因字而生句，积句而为章，积章而成篇。篇之彪炳，章无疵也；章之明靡，句无玷也；句之清英，字不妄也；振本而末从，知一而万毕矣。"由字到篇，这段话除了辨析其先后次序外，更反复讨论彼此关系的绵密性："篇"想要出彩，有赖"章"的完美；"章"想要明丽，需要"句"的清爽；"句"想要秀雅，必推"字"的精确。就像贾岛的"推、敲"，仅一个字的差别就能让句子焕发不一样的光彩。这就体现了字、句、章、篇之间的关系紧密。

心理学家也较早从"言语理解"的角度进行研究，普遍认为句子的上下文所提示的内容就是一种语义情境，它会影响理解的方向和深度。同样一句话，孤立地听或读时，可能不解其意，或者意义显得含混或模棱两可，但将它纳入一定的上下文中，就易于理解它的确切含义。人们阅读书面材料时，遇到某句看不懂时，往往要来回阅读上下文，从上下文中寻找帮助理解这句话的线索。上下文的语义情境仿佛以某种方式限制着听者或读者所可能接受的语义范围，从而在一定程度上规定了理解的方向。例如，"这点小意思你就收下吧"和"这件事，小意思"。同样是"小意思"这个词，在第一句中指的是一些礼品礼金，可能是说话人要求对方办事时送礼所说的话。第二句中的"小意思"指的是这件事很容易办成，可能是说话人要对方不用担心。上下文不同，对同样一个词的理解也就不同。

第二种情况：特定场合对语义的影响。

我们说的话都是在一定的场合说的，在不同的场合所说的同一句话可能有不同的含义。例如，"我都20多岁了"。如果在别人表扬你懂事的时候，你回答这句话，意思是你已经20多岁了，懂事是应该的。如果在别人说你样子很显小，像个中学生似的，你回答这句话，意思是你不像看上去的那么小，你的实际年龄是20多岁。又如，当儿子告知这次高考情况后，父亲脱口而出："真有出息！"如果成绩是好的，这句话可以是肯定、赞许；如果成绩是差的，这句话也可以是批评、责骂。

第三种情况：特定文化风俗对语义的影响。

中西方的文化差异比较大，同样的词语却有着不同的意义。例如，在中国，含有"狗"字的词语一般都是贬义的，如狐朋狗友、丧门犬、狗尾续貂、鸡鸣狗盗等。而在西方，含有dog的词语一般都是褒义的，如luckydog、cleverdog等。又如，汉语中"龙"这个词指称的是传说中的一种具有神奇力量的动物。在中国历史上，"龙"曾经是七八千年前的远古图腾，是被人们崇拜的神灵之物。许多民族把龙作为自己先祖的化身。在中国人的日常生活中，龙始终是高贵、有力的象征。所以，"龙腾虎跃""龙凤呈祥""虎踞龙盘""生龙活虎""望子成龙""藏龙卧虎"等成语就成了人们常说的褒义词。但在西方神话传说中，龙是性情凶残的怪物。在中世纪，龙更是罪恶的象征。

第四种情况：特定时空对语义的影响。

词语的含义不是一成不变的，一个词语在历经时代变迁、社会变革、科技的发展以后往往会获得某些特殊的含义，体现一定的时代特色。例如，在我国古代，"同志"一词是朋友之间的称呼。20世纪20年代的"同志"一词意思是拥有共同志向的人，被广泛用于陌生人之间打招呼。可是到了20世纪90年代，中国同性恋开始用"同志"互相称呼。知道这种演变之后，人们在使用词语时就要慎之又慎了。

阅读古代文学作品、历史书籍，阅读过期的报纸、杂志，同样需要语境知觉，特别是对话语所产生的原始语境信息的知觉。因为话语理解所处的语境已经与话语所产生的原始语境有很大差异，而且历时话语还涉及语言的变化。如果理解者以现实的语境作为理解历史话语的参照系，那么势必会导致对话语的误解。著名作家刘半农曾作过一首《情歌》（后来改名为《教我如何不想她》），全诗以优美抒情的笔调反复咏唱了"我"对"她"的思念和向往，情真意切，令人难以忘怀。这深切的情意很容易让人联想到生离死别的恋人，"她"很容易被理解为"我"的恋人。实际上，这首诗是诗人留学欧洲时写的一首思念祖国的诗。诗中的"她"就是诗人的祖国，诗人反复咏唱的绵绵情意不是献给恋人的，而是献给自己日夜思念的祖国的。全诗表达了海外游子思念家乡、思念祖国的赤子情怀。这首诗常常被后人误解为一首情诗，其原因就在于人们对诗人及其写诗的原始语境不了解。可见，离开了原始语境，话语的意义就会产生偏离。如果要把握语境的真实信息，就必须把话语放置在其所产生的原始背景中进行解析、认知和评价。

第三节　语义聚合和语用修辞

聚合关系是指具有相同组合功能的语言单位之间的关系，又称联想关系。例如，"老刘买菜""小王穿鞋""陈兵喝酒"中的"老刘""小王""陈兵"三个语言单位有相同的组合功能，都充当主语；"买""穿""喝"也有相同的组合功能，都充当述语；"菜""鞋""酒"也有相同的组合功能，都充当宾语。那么，"老刘""小王""陈兵"之间、"买""穿""喝"之间、"菜""鞋""酒"之间都有聚合关系。具有聚合关系的语言单位之间一般能互相替换。具有相同聚合关系的语言单位构成某种聚合类，即功能类。语义聚合包括多义词、同义词、反义词、类义词、颜色词、动物词、称谓词等。

一、语义场

语义场就是对不同词进行对比，根据它们词义的共同特点或关系划分出来的类。属于同一语义场的各词义有共同的义素，表明它们同属一个语义场；又有一些不同的义素，表明词义彼此之间的区别。共同义素表明各词义之间的联系，区别义素则表示各词义之间的区别。处于不同语义场中的词的意义会有所不同，这是受同一语义场中其他词的词义制约的结果。

（一）语义场的层次

语义场的层次有如下几个特点：第一个特点是每个语义场中均有不同的语义

层次；第二个特点是上一层次中某个词的义素必然为下一层次的各词所具有，而下一层次又必然有自己一些特殊的义素；第三个特点是上位词必有下位词，下位词也可以有自己的下位词，对它的下位词来说它又成了上位词；第四个特点是语义场的各项可以没有共同的上位词；第五个特点是语义场同类属词虽有一定联系，但并不是一回事，有些词可以兼属不同层次的语义场。

（二）语义场的种类

1. 类属义场

类属义场的成员同属于一个较大的类，如"桌子—椅子—板凳"同属家具类，"锅—碗—瓢—盆"同属厨具类，"红—黄—蓝—白—黑"同属颜色类，"纸—笔—墨—砚"同属文具类。

（1）类属义场所概括的事物往往超过所列举的事物的总和，如"桌椅板凳"实际可以代表一切家具，"锅碗瓢盆"实际可以代表一切厨具，"煎炒烹炸"实际代表一切烹调的手法。

（2）汉语中的类属义场的划分并不一定符合科学分类的要求，很多分类都只是根据人们的某种思想、习惯，如"家禽—野禽""害虫—益虫"。

2. 顺序义场

（1）顺序义场的各成员按照某种固定的顺序排列，如"大学—中学—小学"。

（2）有些顺序义场可以周而复始，即"循环义场"，如"春—夏—秋—冬"。

3. 关系义场

（1）关系义场一般由两个成员组成，两者处于某种关系的两端，互相对立、互相依靠，如"老师—学生"。

（2）方位、过程也可以作为关系组成某些关系义场，如"上—下""高—低"。

（3）行为动作过程也可以看作一种关系，从而形成关系义场，如"买—卖""嫁—娶""收—发""来—去""交—接""输—赢"等。

（4）关系义场的成员只有两项，没有"中间项"，如"夫—妻"等。

二、多义关系

多义关系是一个语言单位中多项意义的聚合关系。客体是无限的，语言单位是有限的。用有限的语言单位表示无限的客体，就形成语言单位的概括性和多义性，如词的概括性和多义性。一个多义词的若干意义相互联系就构成了一个语义体系。一般而言，分析多义词语义体系有三种方法。

（1）把多义词各意义分为本义和转义。

一般来说，最基本、最常用的意义是本义，由本义派生的意义是转义。转义有如下几种。

第一种：引申意义，由本义直接派生而形成，如"老"的本义是"年纪大"，直接引申出"历时长久""陈旧""原来的""经常""很"等转义。

第二种：比喻意义，通过本义的比喻用法固定而成，如"包袱"一词的转义"思想负担"就是比喻义。

第三种：借代意义，这是借相应的词代表有关意义而固定下来的，如"喝茶"中的"茶"是"茶水"的意义，以茶代茶水。

第四种：功能转移义，由于功能相同而形成的转义，如"嘴"由于作为"吞吐之口"的功能而转义用到"瓶嘴""茶壶嘴"。

（2）用自由意义和限制意义、词汇意义和语法意义区分的原则把多义词的意义分为以下七种类型。

第一种类型：自由词汇意义。搭配自由，不依赖词汇环境。例如，"给我一支钢笔"中的"钢笔"可以替换为一支铅笔、一本书、一杯茶等。

第二种类型：词汇限制意义，只同有限的词搭配，依赖词汇环境。

第三种类型：语法限制意义，依赖特定的语法结构。

第四种类型：词汇语法意义，词汇意义逐渐消失，向语法意义过渡。

第五种类型：语法意义，词汇意义消失，变成语法构成成分。

第六种类型：熟语意义，与固定词组中的其他词构成统一的熟语意义。

第七种类型：半熟语意义，在半固定词组中的意义。

（3）从词汇的意义关系出发，多义词分为辐射式、连锁式和结合式三种。

第一种类型：辐射式，由一个基本意义发展为平行的几个无直接联系的派生意义。

第二种类型：连锁式，又叫链条式。由甲义引申出乙义，乙义引申出丙义，丙义又引申出丁义，一个接一个，形成一种连锁的关系，即连锁式引申。上古词义系统中有很多此类引申义。

第三种类型：结合式，又叫综合式，是连锁式和辐射式两种基本引申形式的综合运用。

三、同义词

同义词是指语言中意义相同或相近的一组词。同义词分为四类：词义完全相等，可以任意替换；词义相同，色彩不同，替换的可能性很大；词义近似，部分语境可以替换；词义近似，一般情况下不能互换。

同义词的作用有三个方面：第一，同义词聚合体可以通过联想对比丰富词汇量；第二，辨别意义相近的同义词可以选用恰当的词语正确地表达自己的思想感情；第三，辨别同义词可以避免词语误用，如"胖"和"肥"不能替换。

（一）辨析同义词的方法

辨析同义词要坚持"同中求异"的基本原则，可以从以下几个方面着手：

1. 词义轻重不同

有些同义词的细微差别表现在词义的轻重不同。例如，在西藏高原的雪山中也有热带风光，也长着香蕉和菠萝，这实在是一件令人啧啧（称奇　称道）的事。"称道"是称述，称赞；"称奇"是称赞奇妙。"称奇"比"称道"语义重。这里用"称奇"。

2. 范围大小不同

有些同义词词义涵盖的范围大小不同。例如，"保卫钓鱼岛"网站遭受黑客袭击，（目前　日前）仍在修复当中。"目前"指说话的时候，"日前"指几天前。这里指直到说话的时候"仍在修复当中"，因此用"目前"。

3. 适用对象不同

有些同义词所表示的概念相同，但适用对象不同，有上下、内外之分。例如，今年1月1日，中国26年来粮食接受联合国（馈赠　捐赠）的历史画上了句号。"馈赠"是赠送（礼品），"捐赠"是赠送物品给国家或集体。这里"中国26年来粮食接受联合国"是赠送物品给政府，因此用"捐赠"。

4. 语体色彩不同

有些同义词词义体现出的庄重和诙谐、谦敬和讽刺、委婉和直露以及文、白、雅、俗等不同色彩，虽然意义相同或相近，但各适用于不同场合。例如，帕金森病是常见的中老年神经系统疾病，拳王阿里就患有（该　本）病。"该"是指示词，指上文说过的人或事物，多用于公文；"本"是指自己方面的，多用于口语。

5. 感情色彩不同

有些同义词词义附带的表现为感情上的某种倾向、情调不同。例如，在改革开放的新形势下，我们仍然要从实际情况出发，从中探索出固有的而不是（臆造　编造）的规律。"臆造"指凭主观的想法编造。"编造"有三种解释：①把资料组织排列起来（多指报表等）；②凭想象创造（故事）；③捏造。"臆造"是贬义词，"编造"是中性词，因此应该选用"臆造"。

6. 搭配关系不同

有些同义词基本义相同，但搭配有别，不能混用。例如，中国文物信息网日前公布了已入围 2005 年度全国考古新发现的 24 个项目名单。"新发现"（涵盖　囊括）了石器时代至宋元时期的文化遗产。"涵盖"是包括，包容；"囊括"是把全部包罗在内。这里"石器时代至宋元时期的文化遗产"从搭配关系来看，应该用"涵盖"。

7. 语法功能不同

有些同义词的差别表现在句法功能的不同上。例如，故乡的小溪永远在我的心中静静流淌，轻轻私语，（给予　给以）我精神的抚慰。"给予"是指"给"，是动词，可以直接接宾语；"给以"是指"给"，后面只说所给的事物（并且多为抽象事物），不说所接受的人。本句后面接的宾语是"我""精神的抚慰"，因此应该用"给予"。

8. 词义侧重点不同

有些同义词词义侧重点不同。

9. 主动和被动不同

有些同义词表示的动作行为的施事者与受事者不同。例如，就此事件，我新华社（授权　受权）发表声明。授权是把权力委托给人或机构代为执行；受权是接受国家或上级委托有权力做某事。"受权"和"授权"的不同在于，前者是接受，后者是授给别人。因此，应该选用"受权"。

10. 整体概念与个体概念

有些同义词适用的整体概念与个体概念不同。例如，他身上有古典意识的（风范　风尚）。"风范"是指风度，气派；"风尚"是指在一定时期中社会上流行的风气和习惯。这里说"他身上有"是个体具备的，而不是"社会上"群体具备的，因此这里应该用"风范"。

（二）同义词的语用修辞功能

1. 巧易词语，避免雷同乏味

"那忘掉自己的危难，却铭记着他人的艰辛，只为人民的幸福去忘我战斗的人，才是勇士，真正的勇士。"（《记忆》）易"危难"为"艰辛"，词语错综有变化，句子活泼不呆板，增强了语言感染力。

2. 互为补充，语意明朗完满

"整个世界装在他的心中，人世间的一切痛苦和一切苦难藏在他的心头。"（《时钟》）"痛苦"和"苦难"从不同侧面写人们的不幸，不但表达了细致的思想感情，而且使意思更完备和周密。

3. 强化语气，增大表达力度

"为自己建造另一种……时钟，用它来代替这枯燥、单调，以愁闷来扼杀心灵，带有责备意味和冷冷地滴答着的时间。"同义词连用更鲜明有力地表达了人不能活得死气沉沉的意思，加重了语气，达到了强调语意的目的。

4. 揭示性格，具象鲜明生动

"窃书不能算偷，窃书！读书人的事，能算偷么？"（《孔乙己》）孔乙己认"窃"不认"偷"，一是炫耀学问，二是无理找理来掩饰难堪。穷困潦倒还死要面子，只一对同义词就深刻揭示了他性格的一部分。

四、反义词

反义词就是两个意思相反的词，包括绝对反义词和相对反义词。绝对反义词即成对的意义相反、互相对立的词，有的反义词所表达的概念意义互相排斥。相对反义词即成对的经常处于并举、对立位置的词，有的反义词没有矛盾对立关系，但对比鲜明。

（一）反义词类型

1. 成对的意义相反、互相对立的词

例如，"真—假""动—静""拥护—反对"。这类反义词所表达的概念意义互相排斥。

2. 成对的经常处于并举、对立位置的词

例如，"春—秋""黑—白""高山—平地"。这类反义词没有矛盾对立关系，但对比鲜明。

反义词的特点是组成反义词的一对词必须属于同一意义范畴。当然，不是任何一个词都有反义词。反义词中形容词最多，动词次之；表示具体事物的名词（如书、笔）大部分没有反义词。多义词可以有几个跟不同义项相配的反义词。

（二）判断反义词的标准

反义词是客观事物的矛盾对立现象在词汇中的反映。客观事物的矛盾对立现象是错综复杂的，所以反义词的对应关系也是复杂的。有些词只有一个反义词，有些词（特别是多义词）则有几个反义词。例如，"进步"的反义词就有"落后、退步"等；"光明"的反义词就有"黑暗、暗淡"等。但无论有多复杂，从反义词构成情况看，两者的对应才是其基本特性。这也是我们判断反义词或运用反义词所必须注意的。具体的对应包括词性、结构、音节、意义范围和风格色彩五个方面。

1. 词性对应

词性对应就是双方必须是词性相同的词，即名词对名词、动词对动词、形容词对形容词。例如，"白天"是名词，应配上"黑夜"，若配上"黑暗"（形容词）就不对；"开始"是动词，应配上"结束"，若配上"结尾"（名词）就不对。

2. 结构"对应"

结构"对应"就是双方必须是构成方式相同的词，即并列对并列、主谓对主

谓、动宾对动宾、偏正对偏正（包括定名对定名、状动对状动、动补对动补、形补对形补）。例如，"浅显"是并列式，应配上"深奥"，若配上"深入"（偏正式）就不对；"开幕"是动宾式，应配上"闭幕"，若配上"解散"（动补式）就不对。

3. 音节"对应"

音节对应就是双方的字数相等（一个汉字通常就是一个音节），即单音节词配上单音节词，双音节词配上双音节词，多音节词配上多音节词。例如，"忙"应配上"闲"，不应配上"清闲"；"唯心论"应配上"唯物论"，不应配上"唯物主义"；"无产阶级"应配上"资产阶级"，不应配上"资本家"。

4. 意义范围对应

意义范围对应就是双方的基本义（或最常用的意义）所表示的内涵和外延相对应，简单地说，是看其主要运用在哪个方面。例如，"高大"（指形象）应配上"矮小"，若配上"弱小"（指力量）或"瘦弱"（指本质）就不妥；"愚蠢"（指智力）应配上"聪明"，若配上"灵活"（指动作）或"活泼"（指性格）也不妥。

5. 风格色彩对应

风格色彩对应就是双方运用的场合要一致，即口语对口语、书面语对书面语、一般场合对一般场合、特殊场合对特殊场合等。例如，"赚钱"配"亏本"（口语色彩），"盈利"配"亏损"（书面色彩），"在世"配"去世"（一般场合），"健在"配"病逝"（特殊场合）。

（三）反义词的语用修辞功能

反义词的特点在于它的对立性。两个概念的内涵不但不同，而且相互对立；不但有差别，而且差别甚大。说写者如果需要将不同的现象明显地对立起来，或把某一现象的矛盾性突出出来，表现相反的思想，就常常使用反义词。因此，反义词的运用是增强语言鲜明性、生动性、尖锐性的有效方法。

（1）某些修辞方式的运用能巧妙地发挥反义词的对比作用。利用某种修辞方式，用反义词将事物做鲜明的对比，能够强烈地影响人们的想象力，使人们对事物获得生动、深刻的印象。这种鲜明的对照作用是根据反义词的对立、对峙的特质而产生的。

（2）运用成双成对的反义词起浑括作用。浑括作用指成双成对的反义词使用起来虽然字面上仅仅表示两端，但是实质上却表示事物的整体，这显示了汉语构词方面的特点。

（3）运用两个形容性的反义词词素并列复合成词，词素意义之间相反相消，冲淡彼此的意义浓度，起讳饰婉言作用。这是利用连及的修辞方式所产生的偏义复词，语用上的婉言需要起了催化剂的作用，是修辞上的讳饰说法转化为词汇现象的结果。

（4）错综运用动作性的反义词和同义词，组成四字格的成语，起概括意义、反映事物间的联系与对立的作用。这是运用错综的修辞方式组成四字格成语，其中同义词表示事物的统一性，反义词表示事物的对立性。

五、类义词

（一）类义词特点

1. 类义关系有广义和狭义之分

广义类义关系是指表示同类事物现象的词语之间的语义关系，包括上下义关系、总分关系、同义关系、反义关系和狭义类义关系，如一般所谓类义词的"类义"就是指广义类义关系；狭义类义关系是词语语义上的同属异类关系，即词语所指事物属于同一大类（或整体），而分属不同种类（或部分），不包括同义、反义、上下义或总分关系。

具有狭义类义关系的词就是类义词，如"苹果、梨、桃子、香蕉""花瓣、花萼、花托、花蕊""蛙泳、仰泳、蝶泳、自由泳""煮、蒸、炒、炸""东、南、西、北""博士、硕士、学士""夏朝、商朝、周朝、秦朝、汉朝"等。"苹果、梨"等都属于同一个大类"水果"，但分别属于不同的各类；"花瓣、花萼"等都是"花"的组成部分，所以都是类义词。其余依此类推。

2. 类义词与反义词有些瓜葛

例如，"东、南、西、北"是一组类义词，但其中"东—西""南—北"又是反义词。不妨说，这种反义词是类义词的一种特殊形式。有些词语一般看作反义词，如"中医、西医""父亲、母亲""寒假、暑假"等。反义词是意义相反或相对的词，问题是什么叫意义相反或相对，没有明确的标准，有时就不容易判断。"中医、西医"等语义上是否相反或相对，就可能见仁见智。又如，"哥哥、姐姐、弟弟、妹妹",一般容易认为"哥哥"的反义词是"弟弟","姐姐"的反义词是"妹妹",但"哥哥"与"姐姐、妹妹"语义上似乎也有相反相对之处,它们是不是反义词呢?对此,可能就有不同看法。为了避免纠缠,不如把这些词都看作类义词。

3. 类义词可以从两个不同的角度分类

根据类义词之间有无顺序关系,类义词可分为有序类义词和无序类义词两类。有序类义词之间有某种大小、先后、高低、方位等顺序关系,如"大学、中学、小学""初一、初二、初三、初四、初五""教授、副教授、讲师、助教""东、南、西、北"等。无序类义词之间没有这种顺序关系,如"金、银、铜、铁""小说、诗歌、散文、戏剧""田径、体操、游泳"等。

根据类义关系的远近,类义词可以分为直接类义词和间接类义词两种。具有共同的直接上位概念的类义词是直接类义词,如"车、船、飞机"具有共同的直接上位概念"交通工具",是直接类义词。而"汽车、轮船、飞机"是类义词,都属"交通工具",但它们的直接上位概念各不相同,是间接类义词。

4. 类义关系也是词语之间的一种重要语义关系

我们解释词语概念时,常常也要利用词语之间的类义关系,如"学位是某些国家根据专业学术水平而授予的称号,如博士、硕士、学士等"。这种定义方式就是"枚举定义"。此外,"构造定义"也要利用词语之间的类义关系,如前面所讲的"花"的定义中,"花瓣、花萼"等是类义词。

我们所说的上下义关系、总分关系和类义关系三种语义关系是词语之间最基本、最重要的几种语义关系,整个词汇系统的概念语义网络主要是由这三种语义关系构成的。其中,上下义关系和总分关系都是词语之间的纵向聚合关系,上义词与下义词、总义词与分义词分别处于语义网络中的不同层级;类义关系是词语之间的横向聚合关系,直接类义词处于语义网络中的同一层级,如"学校"下面可分"大学、中学、小学"等,"大学"等下面又可分"教师、学生、教学设施"等,"教师"下面又可分"教授、副教授、讲师、助教"等。其中,"学校"与"大学"等、"教师"与"教授"等都是上下义关系;"大学"与"教师"等是总分关系;"大学"与"中学"等、"教师"与"学生"等、"教授"与"副教授"等都是类义关系。

（二）类义词的语用价值

语言的价值在于使用。维特根斯坦的"家族相似性"为类义词群内部成员的语义关联提供了充足的理论依据。维特根斯坦后期的语言哲学研究对 20 世纪语用学的发展产生了重大影响（语用学的"言语行为""合作原则""语用关联"等核心理论就根植于维特根斯坦对"使用中的语用"的执着思考）。在语用方面，大部分类义词群成员一般会表现出如下三个较明显的倾向性特征。

1. 变异的系统性

由于类义关系既可以是历时层面的范畴，又可以是共时层面的范畴，因而可以从历时和共时两个维度考察。例如，"沐、洗、盥、浴、沫"是一组表"盥洗"义的动词，在先秦时都是自足型动词，有着明显的对立分布特征，在先秦的共时语用层面构成了类义关系。后来在实际语用中，"沐、盥、浴、沫"就与"洗"完全等同了，失去了独立存在的价值。于是，这一适用于人体不同部位的"盥洗"义语义场在现代汉语的共时语用平面上解体了，相应的语义也发生了系统性变异，即原来"沐、盥、浴、沫"所表达的行为意义要由"洗"带上"发""足""手""身""面"等这些身体部位，共同组成动宾短语来表达了。另外，特殊时期产生的表示"革命"义的"红、专"等类义词群，如"全国山河一片红""自来红"等，随着改革开放的到来，也已发生了系统性变化——几乎全被废弃。可见，类义关系是一个动态系统，系统内总会有些成员逐渐融合（如"饥、馑、荒、荐"是区别对立的类义词，《尔雅·释天》云："谷不熟为饥，蔬不熟为馑，果不熟为荒，仍饥为荐。"后来人们只使用"饥荒""饥馑""荒年"这些通称），有些成员逐渐消隐（如古代汉语中一层生育关系亲属类义名词有"父、母、嫡母、庶母、嫡子、庶子、嫡女、庶女"八个，到现代汉语中只剩下"父亲、母亲、儿子、女儿"四个，"嫡母、庶母、嫡子、庶子、嫡女、庶女"都成了历史词），另有一些新成员产生。这些变异都会带来词语间类义关系的扩大、缩小或转移等系统性变化。

2. 极强的场域依存性

类义词群总是存在于某一联想场域中，在语义方面的显著表现就是能形成一定的语义场。如果若干个义位含有相同的表共性的义素和相应的表差异的义素，那么这些义位就构成一个语义场。类义词群对场域表现出极强的依存性，一旦场域发生变化，类义关系也会随之变化，原来同场域的词语就会与其他场域的词语构成新的类义关系。此外，一些原来没有类义关系的词语也会在某些语境中形成临时类义关系，这一语境就变成了类义关系得以存在的场域。比如，词类的活用，修辞上的仿拟、拈连、双关等都能构筑临时的类义关系，一旦这种临时类义关系获得了大众认可，就可以转化为相对稳定的类义关系。例如，改革开放后，随着语用环境的消失，"黑×类"类义词群发生了系统性变化，几乎全被废弃，只有"黑五类"一词因转指"黑豆、黑米、黑芝麻"等黑颜色粮食作物而留存下来，于是它又作为较典型的"天然食物"与"健康食品""绿色食品"等有了类义关联。可见，类义关系总是存在于特定的场域中，差别仅在于有些场域是稳定的，有些场域是临时的，有些场域侧重于语义，有些场域侧重于形式（同形或谐音），表现出极强的场域依存性。

3. 成员功能和主观义的差异性

类义词群是以概念范畴的"家族相似性"为关联基础聚合在一起的一组词语。构建类义词群时一般并不考虑成员之间的功能差异，但这并不表明类义词群忽略成员间的认知和功能差异。而恰恰是类义词群内部成员之间的功能差异才为语言的准确表达奠定了基础，为丰富我们的语言表达预留了诸多可供选择的空间。类义词之间功能的差异表现在多个方面。例如，"交流"和"交换"区别在于搭配的对象不同；"铲除""拔除"和"根除"相异于语义程度不同；"才能"和"才干"的分别在于侧重凸显的焦点不一样，"才能"包括知识和能力，侧重指一个人在实践中运用知识的能力，"才干"则侧重于指做事的能力。类义词之间在主观义上也可能存在差异。例如，同为汉语颜色类词，"红"往往附载喜庆、正义、革命的意义，而"黑"往往附载压抑、非法、反面的意义；"破""烂""碎""裂""断""残""缺"等"破缺"义类义词群中的各个词语，"破"和"烂"与其他各词的主观义有所不同，可以用在詈言中，多指不好的事物，可以用来表达糟糕、坏透了的意思，是对事物的蔑称，可以构成"破鞋""烂货"等詈词，而"破"和"烂"表达蔑称时也有差异，在语用环境上有所不同，"烂"多用于南方，"破"多用于北方。

六、动物词

（一）动物词的分类

自然界中的动物数量众多，种类复杂，动物学家根据动物在形态、细胞遗传、生理、生化、生态和分布等方面的特征，将动物分为多个类别。这里所说的动物词包括两种：一种是动物的名词，如单音节词"鱼、鸟、虫、猪"，双音节词"鲤鱼、蝙蝠、麻雀、鸭子、老虎"，多音节词"毛毛虫、沙丁鱼、布谷鸟"；另一种是以动物、动物身体部位以及产出物名称作为构词语素而衍生的词汇，这类词汇从语义上来看涉及社会生活的方方面面。

（二）动物词的文化内涵

语言是文化的载体，文化对语言的影响渗透到词汇、语法甚至语境各个层面。文化对词汇的影响导致词汇产生文化伴随意义。词语文化伴随含义的内容丰富多彩，其中很突出的一点是褒贬色彩及其对立。所谓褒就是人们喜欢、爱好、赞美、欣赏等肯定的感情色彩，而贬则表现为主体的厌恶、憎恨等否定的感情色彩。不少动物词受文化的影响，也具有文化伴随意义。动物词的文化伴随含义，尤其是褒贬色彩，是人们对动物主体的文化情感的评价。首先是因为动物词所指称的动物不同于一般的非生命体，它们是有生命的，具有一定的情感和初始思维状态，是具有一定行为规范的生命体。人类在与之共处的漫长岁月中对它们或喜爱、或厌恶、或恐惧，产生了对一般物体不会产生的情感态度。这使动物词的文化伴随意义往往具有褒贬倾向，人们在对待动物这一客观事物时，总会寄予自己各不相同的感情色彩，使之具有这样或那样的联想意义。人们在认识动物的过程中也往往折射出自己的感情世界，或借物寓意，或融情于物，这样又产生了一大批新的动物词语，如"兔死狐悲""望子成龙"等。在这里动物被人格化了，动物词已走出纯生物范畴的自然圈子，甚至超越人类社会生活的领域而进入人们的精神世界、感情世界，带有强烈的感情色彩，反映汉族人民的思想意识。其次是建立在物理世界中动物本身的形态、特征和功用之上。一般说来，形体壮丽优美、有价值的动物容易获得人们褒义的评价；形体丑恶、有害无益的动物往往会得到贬义的评价。例如，"虎"是兽中之王，往往使人产生一种勇敢、强悍、威武的联想，汉语中把勇将喻为"虎将"，把勇猛善战的人喻为"虎胆英雄"，勇猛健壮、精力充沛的年轻人常被称为"小老虎"，这些都是褒义；"老鼠"的形象猥琐，偷盗成性，使人产生厌恶感，成语"贼眉鼠眼""鼠目寸光""鼠窃狗偷""鼠肚鸡肠"等都是从老鼠的形象和特征入手来比喻各种小人，因而带有贬义。

汉族人在对动物的态度中，往往因某一方面的因素而发生单一投入感情的现象。一般说来，以"狼、狗、鼠、狐、蛇、熊、猪"等动物名称组成的词语往往具有贬义色彩。比如，"狗"在汉语文化中被认为是一种卑微的动物，虽然在古代说狗是忠臣，中国有句谚语"子不嫌母丑，狗不嫌家贫"，饿死也不离开主人，中国人养狗者很多。但汉族人厌恶"狗"的文化心理自古有之，用"狗"指人时常含贬义，指"卑鄙、卑微的小人"，如"狗东西、狐朋狗友、狼心狗肺、狗头军师、狐群狗党、狗仗人势、狗胆包天、狗急跳墙"等不一而足。大凡与"狗"沾边的词语，几乎没有一个是褒义词，如"疯狗、死狗、狗头、狂犬、癞皮狗、看家狗、狗腿子、丧家犬、狗血喷头、狗尾续貂、痛打落水狗、狗眼看人低、卖狗皮膏药、挂羊头卖狗肉、狗嘴吐不出象牙、画虎不成反类犬"等。即使从"犬"的汉字也多半含有贬义，如"狰狞""狡猾""猖獗""狯""狠""狱"等。又如，汉语文化中因人们讨厌"蛇"而产生许多贬义色彩的成语，如"蛇蝎心肠、牛鬼蛇神、佛口蛇心"等。带蛇的谚语和歇后语几乎无一例外地表明了蛇的可恶可憎的形象，如"强龙斗不过地头蛇"比喻外来的强势力斗不过当地恶势力，"毒蛇口中吐莲花"比喻阴险毒辣的人装出一副慈悲的样子。再如，"熊"在汉语口语中也具有贬义色彩，常比喻庸碌无能之辈，如"你真熊"，意思是"你真无能""你真愚蠢""你真不中用"等。除了少数如"虎背熊腰"（形容身体魁梧健壮）的赞美词之外，以"熊"字当头的含贬义的日常用语就可列出一大串，如"熊货、熊包、熊德行"，还有谚语"兵熊熊一个，将熊熊一窝"，及歇后语"黑瞎子跳井——熊到底了""熊瞎子掰苞米——掰一个，丢一个"等。显然，中国人只看到了熊的外在形象——头大、尾巴短、四肢短而粗、脚大、笨拙、行动不便等，因此"熊"往往被中国人视为愚笨、无能、窝囊的代名词。再如，"鼠"，从古至今，似乎无人对鼠有过好印象。早在《诗经》中就有"相鼠有皮，人而无仪！人而无仪，不死何为"的诗句；《诗经·硕鼠》更是痛斥硕鼠："硕鼠硕鼠，无食我黍！三岁贯汝，莫我肯顾。逝将去汝，适彼乐土。乐土乐土，爰得我所。"此外，在汉语中，大凡与"鼠"有关的词语，几乎没有一个是好字眼，如"胆小如鼠""鼠目寸光""无名鼠辈"等。可见，中国人心目中的老鼠是可恨的家伙，它猥琐、卑微，这样人们把社会生活中假、恶、丑的一面较为集中地嫁接到老鼠身上，使之成为社会不良现象的化身而受到人们的忌恨。在中国，"老鼠过街，人人喊打"，可鄙的人被称为"鼠辈"，卑劣的手段叫"鼠技"，仓皇逃跑叫"抱头鼠窜"，小偷小摸叫"鼠窃狗盗"，目光短浅叫"鼠目寸光"，形貌丑陋、神情狡诈叫"獐头鼠目"。

而以"龙、麟、凤、牛、马、莺、燕、鸳鸯"等动物名称组成的词语多带有褒义。例如，"马"是一种具有力量与速度的动物，被人类所驯服。自古以来，中国人的生活、生产、打仗、体育运动中都活跃着马的矫健身影，它深受中国人民的喜爱。汉语里有关"马"的成语都含有褒义，如"一马当先""马到成功""万马奔腾""马不停蹄""快马加鞭"等。用"马"来指代时，褒义色彩也很强烈，如汉语中"马"可以指称人才——"千里马"，将士——"兵荒马乱、千军万马"，经验丰富的人——"老马识途"，勇往直前、蓬勃向上的力量——

"骏马图"。又如，"牛"，因为中国人自古以来以牛耕为主，牛还与猪、羊等牲畜一起常常充当祭祀神灵和祖先的牺牲，世世代代的汉族人对牛怀有十分深厚的感情。因此，虽然存在"牛脾气"等某些责难牛的用法，但牛在中国文化中仍是一个很受人喜爱的形象。它是吃苦耐劳、勤劳忠厚、乐于奉献的象征，汉语中用"老黄牛"来指那些勤恳工作的人，尤其指那些努力工作不图回报的人。在中国文化里与牛有关的词语大部分为褒义词，如"体壮如牛""力大如牛""俯首甘为孺子牛"等。

语言丰富的文化内涵和文化负荷传递着无尽的信息。在语言的各个子系统中，词汇是语言的载体，任何一种语言的词汇都反映出使用这一特定语言的民族所特有的语言文化背景，与社会文化有着密切的关系。在汉语里，我们可以从很多表示动物的词语里看到古人生活中最常遇到的动物，根据这些动物的特征，人们把自己的喜怒哀乐用动物形象地表达出来，人们按自己的审美习惯和审美情趣把自身的是非、善恶等标准投射到动物身上，赋予其褒贬不一的肯定或否定的感情色彩，以抒发自己的情感，表达自己的心愿。汉语中动物词的褒贬色彩、褒贬对立是汉语词语文化意义中极富特色的一个部分。

（三）动物词的语用修辞功能

1. 比喻修辞

人类与动物息息相关，密不可分。人类的一切特征，如外貌、性格品质等，都能在动物身上找到原型。很多动物词的派生意义源于动物的外貌、生理、心理、性格、行为、习惯、作用等特征，借助动物词形容有某种动物特征的人或事物，不但生动形象，而且通俗易懂。

动物词的比喻修辞按具体的构词方式可以分为前喻式比喻词、后喻式比喻词、全喻式比喻词三种类型。

前喻式动物比喻词在整个现代汉语动物比喻词中占据很大的比例，经统计共有98个，在构词上一般表现为"喻体＋本体"的偏正式结构，在词典上的解释大多遵循"像……一样的……"的释义规律，前者是喻体，后者是本体。人们可以凭借喻体的形象特征理解新造词语。比如，"鸭舌帽"一词是典型的前喻式名词性比喻词，在《现代汉语词典》中的解释为"帽顶的前部和月牙儿形帽檐扣在一起略呈鸭嘴状的帽子"，即"像鸭舌一样的帽子"。鸭舌是喻体，帽子是本体。这类词还有很多，且大多数为偏正式复合词，又可分为名词性前喻式比喻词、动物词性前喻式比喻词、形容词性前喻式比喻词等类型。

后喻式动物比喻词与上面探讨的前喻式基本相似，只是本体和喻体的位置前后变换，在构词上表现为"本体＋喻体"的偏正式复合结构，在词义解释上仍为"像……一样的……"。但后喻式动物比喻词在数量上较前喻式动物比喻词减少了，且词性比较单一，都为名词。

全喻式动物比喻词指的是一个词的各部分语素都是喻体，本体不出现，这在比喻修辞中表现为暗喻手法。全喻式动物比喻词的各部分语素作为喻体融合成一个新词，语素义的融合并不是各部分语素义的简单叠加，在融合的过程中体现出对动物不同属性特征的选择，按照构词方式将其分为以下几类：①偏正式比喻词。喻人类：白眼狼、豹子胆、比翼鸟、变色龙、跛脚鸭、菜鸟、草鸡、丑小鸭、出头鸟、瓷公鸡、地头蛇、独眼龙、狗屎堆、狗仔队、哈巴狗、旱鸭子、黑马、狐狸精、虎步、虎胆、虎劲、虎将、虎气、虎实、虎势、虎威、黄牛、寄生虫、拦路虎、老狐狸、龙头、笼中鸟、落汤鸡、落水狗、马大哈、马后炮、马屁精、马仔、猫步、母老虎、牛角尖、牛脾气、牛气、牛性、千里马、犬子、软脚蟹、蛇头、鼠辈、铁公鸡、替罪羊、乌鸦嘴、笑面虎、蚁族、应声虫、蜘蛛人、纸老虎；指物类：电老虎、龟足、猴头、虎口、虎穴、龙眼、猫儿眼、银鹰、战鹰；表概念类：斗鸡、鸿毛、鹅毛、鸽派、狗屁、狐臭、鸡肋、鸡胸、鸡眼、龙套、驴肝肺、马脚、马趴、牛鼻子、牛脖子、牛毛、牛市、秋老虎、雀斑、蛇足、兔唇、驼背、熊市、一条龙、蝇头、鹰派、执牛耳。②联合式比喻词，如豺狼、鸿鹄、鸿雁、虎狼、狼狈、马虎、牛马、貔虎、禽兽、犬马、人蛇、孺子牛、蛇蝎、燕雀、鹰犬、鹰隼、鱼雁。③动宾式比喻词，如吹牛、吹牛皮、顶牛、拍马屁。④派生式比喻词，如狗腿子、虎彪彪、虎生生。⑤简化的句法结构关系，如狗吃屎、狗咬狗、驴打滚。全喻式动物比喻词的特点是词的各部分都是喻体，而本体不出现，大多数词在使用过程中由物及人，比喻人在某些方面的特点，如"寄生虫"本义是指"寄生在别的动物或植物体内或体表的动物，如跳蚤、虱子、蛔虫等"，常比喻"能劳动而不劳动、依靠剥削为生的人"。将动物的属性特征直接映射到人的身上，形象生动地表现人"不劳动、无作为"的特点，这也符合语言的经济原则。同类型的词还有"变色龙"。还有一类词在语素组合上有明显特点，如"纸老虎""旱鸭子""软脚蟹""笑面虎""瓷公鸡"等。这些词在构词上都表现出"与动物属性相反的语素＋动物语素"的规律，动物相反的属性特征与动物语素在结合的过程中产生了另一种奇妙的表达效果：动物自身的属性特征被弱化，强调了与其相反的矛盾属性特征。例如，"纸老虎"一词，"老虎"的典型属性特征一般指向凶猛、强大，而"纸"的特征却是脆弱、不堪一击，将"纸"和"老虎"组合在一起，词义在融合过程中更多偏向"脆弱"的一方，即"纸"的特征占据主导地位，所以"纸老虎"也经常被用来比喻人外强中干，形容一个人中看不中用。同理，"旱鸭子"一词，鸭子本是极擅长游泳的动物，但与"旱"组合在一起后，"旱"的义位占据主要地位，鸭子"擅长游泳"的属性被弱化，"旱鸭子"常用来比喻不会游泳的人，在使用中稍带诙谐讽刺意味。其中值得注意的是"笑面虎"一词，学生正是因为只理解词语表面含义而未注意到语义在融合过程中产生了变化，所以才会出现诸如"许老师帮助我很多，印象最深的是他像笑面虎一样"的偏误。"笑面虎"一词占主导地位的语义特征是"虎"的"阴险、凶恶"，多用比喻"笑里藏刀的人"，即表面上一团和气，背地里却总想着怎么排挤别人的人。

2. 借代修辞与动物词谐音文化

谐音取义是汉语的一种修辞方式，也是汉族民俗文化的一个重要特点。所谓谐音，就是指利用汉语词语的音同或音近的特点，由一个词语联想到另外一个词语。"谐音取义"也称谐音双关，就是由一个词语联想到与其音同或音近的另外一个词语，而且后者的语义是主要的交际义。汉语大量的同音词为谐音取义提供了有利的条件。比如，过年或结婚时，红窗花和被褥、枕头上往往有"喜鹊登梅枝"的图案，取其谐音"喜上眉梢"之意。有的画一枝梧桐与一只喜鹊，"桐"与"同"谐音，取"同喜"之意，即"皆大欢喜"。有的画一只豹和一只喜鹊，"豹"与"报"谐音，称"报喜图"。

这种谐音取义的语音形式，反映了汉民族求吉利、避凶邪、重含蓄、忌直言的文化心态。在民俗文化中使用动物词是汉族民俗文化的一个重要特点。例如，由于"鱼"与"余"谐音，所以"鱼"表达吉祥意义。鱼通过谐音"余"增加新的文化内涵是在元代之后。《儒林外史》第二十七回描述"南京的风俗：但凡新媳妇进门，三天就要到厨下去收拾一样菜，发个利市。这菜一定是鱼，取富贵有'余'的意思。"《红楼梦》第十八回有"吉庆有鱼银锞十锭"礼品，利用"鱼"谐"余"紧扣"吉庆有余"主题。所以"鱼"也成了民间风俗画或年画的热门题材，中国人也喜欢过年吃鱼，以期"年年有余"。如画"鲇鱼戏水"，"鲇"与"年"同音，"鱼"和"余"同音，取"年年有余"；画鱼和莲花，因"莲"与"连"同音，取"连年有余"；在瓷器画或年画中，有的画一缸或一池塘金鱼，也有的配海，因"塘""棠"与"堂"同音，"鱼"和"玉"同音，取"金玉满堂"的谐音义。

像蝙蝠这种夜行动物，由于"蝠"字与"福"同音，也形成了"福、禄、寿、喜、财五福临门""福从天降""五福献寿"等谐音用语，致使中国传统文化中蝙蝠的形象与西方不同。由于"蝠"与"福"同音，蝙蝠被视为幸福的象征，中国民间有许多图案采用蝙蝠表达吉利，且红蝙蝠尤其受到钟爱，因为"红蝠"与"洪福"同音，是大吉大利的象征。因为"蝠"与"福"同音，在中国文化中蝙蝠是吉祥、幸运、健康、幸福的象征。人们在画中经常把蝙蝠和云放在一起，表示福从天上来，或者把五只蝙蝠排成梅花形，表示梅开五福，象征长寿、富贵、康宁、好德和善终。明崇祯年间一工匠用蝙蝠石（亚洲晚寒武纪早期的无脊椎动物化石）制作砚石，名之曰"多福石"。

"鹿"与"禄"谐音，因此"鹿"有福运、福气之意，为民间"五福"之一。《宋书》载："虎鹿皆为千岁。"民俗中有关"鹿"的吉画、吉语很多。两头鹿为"路路顺利"；百头鹿为"百禄"；鹿与蝙蝠为"福禄双全"；鹿与鹤为"六合同春""鹿鹤同春"，中国传统画常用"鹿鹤同春"来比喻天下和谐、繁荣、幸福；鱼、鹿、蜂、猴为"余禄封侯"。在民间故事中，鹿是神仙的坐骑。蝙蝠和鹿是很普通的动物，就因为"蝠"与"福"谐音，"鹿"与"禄"谐音，"蝠鹿"读起来同"福禄"一样，它们在中国身价百倍，倍受珍爱。中国有些图画或图案既有蝙蝠又有鹿，象征吉祥、幸福、有权有势，表示福禄双全，也表达了中国人民对美好生活的向往。

羊也是汉文化中的吉祥物，《说文解字》中有"羊，祥也"的解释。广州的别名叫"羊城"，即源于古代"五羊衔谷"的神话传说，以为祥瑞。因"羊"与"阳"同音，因此"五羊"在汉文化中象征着吉利。广州生产的一种自行车取名"五羊"，表达了人们祈求吉祥、国泰民安的美好愿望。

此外，猫与蝴蝶组成"耄耋之年"；年画中公鸡与鸡冠花的构图寓意着"吉官"。以上这些都是谐音联想衍生出的文化含义。

七、称谓词

《现代汉语词典》对"称谓"一词的解释是"人们由于亲属和别的方面的相互关系，以及由于身份、职业等而得来的名称，如父亲、师傅、支书等"。

周健在《汉语称谓教学探讨》一文中将汉语称谓语分为亲属称谓语和社会交际称谓语两大子系统。汉语亲属称谓语由血亲直系称谓、血亲旁系称谓和姻亲称谓三大部分组成。汉语社会交际称谓语可分为拟亲属称谓（亲属泛化称谓）、职业身份称谓、姓名称谓、通称、亲昵称谓、谦敬称谓和戏谑称谓七种。将现代汉语亲属称谓词和社交称谓词统一起来分类，又可分成人称代词、姓名称谓词、亲属称谓词、职业称谓词、职务称谓词以及一般性称谓词。

（一）称谓词分类

称谓语既是语言现象，也是社会、文化现象。在任何语言中，称谓语都担当着重要的社交礼仪作用。

1. 亲属称谓

亲属称谓指的是以本人为中心确定亲族成员和本人关系的名称，是基于血亲、姻亲的亲属之间的称呼、叫法。它是以本人为轴心的确定亲属与本人关系的标志。在现代汉语中，亲属称谓大都能表明身份，如辈分（父辈：伯、舅；同辈：哥、妹、堂弟）；父系或母系（姑、姨）；直系或旁系（孙、侄孙）；年龄的大小（叔、伯、哥、弟）及血亲或姻亲（哥、嫂子、姐、姐夫）。

2. 社交称谓

社交称谓是指除去亲属称谓以外的，反映人们在社会生活中的相互关系的称谓。社交称谓又分为非亲属称谓和语境称谓。非亲属称谓是社会生活中在"人"这个本位上除去表示亲属关系的称谓以外的那些表示人际关系的称呼。汉语中的职衔基本上都可用作称谓，如石班长、张助理、吴科长、陈会计等。所有的职务（如部长、省长、司长、厅长、校长、院长、厂长、经理等）、军衔（如上将、中将、中校、少尉等）、职称（如工程师、教授、讲师、编审等）、学位（如博士）、职业（如医生、护士、老师、会计、律师、教练等）都可以加上姓称呼别人。

（1）代词称谓。包括我、你、您、他、她、我们、你们、他们、她们、咱们、人家、咱、大家、各位、诸位等。

（2）社交称谓。包括先生、小姐、女士、夫人、殿下等。

（3）职衔称谓。包括职务、职称、职业等。职务（如部长、省长、司长、厅长、校长、院长、厂长、经理等）、军衔（如上将、中将、中校、少尉等）、职称（如工程师、教授、讲师等）、职业（如医生、护士、老师、会计、律师、教练等）都可以加上姓称呼别人。

（4）关系称谓。包括同志、老师、师傅、老板、朋友等。

（5）名字称谓。用于平辈间，包括小名、大名、绰号等。

（6）亲昵称谓。包括对年龄小的孩子的称呼等。

3. 敬语和谦语

中华民族的文化传统要求人们在交往中对他人应使用敬称和谦称，应该尽量贬低自己、抬高他人以示谦虚、尊敬及客气等。因此，汉语里拥有大量的尊称、谦称。例如，称自己为"在下、鄙人、小弟、属下、老朽"等，称自家人为"家父、家慈、家兄、敝东、敝岳、贱内、小儿、犬子"等，对他人的尊称有"令尊大人、尊夫人、尊翁、尊府、令堂、令兄、令郎、令爱、令孙"等以及"君、公、老"等。这类尊称和谦称反映了中国人比较独特的人际态度。

为了表示谦逊，可以用某些词语称呼与自己有关的人物。从修饰的词性来看，有三种情况。①用形容词来修饰。常见的有：愚，如愚兄、愚弟、愚见、愚意；敝，如敝国、敝邑；贱，如贱躯、贱息（在国君皇帝面前称自己的儿子）、贱内（称自己的妻子）；小，如小女、小儿、小号；微，如微臣；卑，如卑职。②用动词来修饰。常见的有：窃，如窃思、窃念、窃闻；伏，如伏惟、伏闻。③用名词来修饰。在别人面前谦称自己的家人，比自己年长的用"家"，如家兄、家父、家严、家母、家慈；在别人面前称呼比自己年纪小或辈分低的亲属用"舍"，如舍弟、舍侄；称别人家中的人冠以"令"表示敬重，如令堂、令尊、令郎、令爱等。这类词可以被总结为"家大舍小令外人"。

对他人的尊称还有：尊，如尊府、尊兄、尊驾、尊夫人；贤，如贤弟、贤妻；仁，如仁兄、仁弟；贵，如贵体、贵姓、贵庚；高，如高朋、高亲、高邻、高见；大，如大礼、大作、大驾。亲友间礼貌称呼包括：父母同称"高堂、椿萱、双亲、膝下"；父去世称"先父、先严、先考"；母去世称"先母、先慈、先妣"；兄弟代称"昆仲、手足"；夫妻称"伉俪、配偶、伴侣"；同辈去世称"亡兄、亡弟、亡妹、亡妻"；男女统称，男称"须眉"，女称"巾帼"；老师称"恩师、夫子"；学生称"门生、受业"；学校称"寒窗、庠序"；同学称"同窗"。

（二）称谓词的语用修辞功能

在言语交际中，称谓词的选用常常受心理因素的支配，呈现为主观性的言语选择。修辞主体出于不同交际动机、主观态度，故意偏离常规的称谓词，使其呈现出跳跃性、流动性、不稳定性；或出于传情达意的需要，有意违反言语社团的行为规范，使其呈现出与话语角色不相称的非规约性。这种超常规的语言现象，可以说是受社会、文化、心理、语言等因素共同制约的动态言语体系，如其中的变异运用表现为称谓词的社会规约义从无标记变为有标记，通过强化称呼语的社会规约意义给予其某种言外之意，即个体角色的多重性及同一角色称呼的多样性使称谓词具备灵活变通的可能性。在人际交往中修辞主体有意变用称谓词，利用称谓词所承载的社会规约意义构成言语符号的深层语义，以制造审美距离，这样既降低了话语刺激强度，考虑了对方的接受程度，又为其留下了思索空间，达到含蓄委婉、意在言外的表达效果。称谓词的变换通常具有行事功能、人际关系指示功能和情感的指示功能三种。

1. 称谓词变换的行事功能

英国语言哲学家奥斯汀的言语行为理论认为，语言不仅可以传递信息、指称事物，还能够"以言行事"，即表达说话人的某种意图，如请求、承诺、规劝、威胁、批评、赞许等多种言语行为。称谓词作为语言单位，同样具有这些功能。在特定的语境中，称谓词的变换能表达多种隐含意义。

2. 称谓词变换的人际关系指示功能

称谓是人们确定彼此关系的用语，称谓词的变换体现了相互关系的变化。正如欧文·里普所言："对于具有特定地位的对象，如果有一个公认的称呼，则任何偏差都是一种信息。"这儿的"偏差"指的就是称谓词的变异形式，也就是这里所说的称谓的变换。人际交往关系是错综复杂的，与之相应的称谓也是多变的。在不同的语境中，即使是对同一个交际对象，所使用的称谓也是不同的。它反映了交际双方的角色身份、社会地位和亲疏程度的差异。

3. 称谓词变换的情感指示功能

称谓词是可以表达感情的，不同的称谓词显示出说话人不同的感情。因此，在日常交际中，称谓词已不再是简单的无生命的符号，而是社会文化主体的思想感情的载体，是充满感情色彩和激情的。它的变异运用将无标记的社会规约意义转化为有标记的语境意义，通过对常规的偏离及对规约的背离，寄托某种言外之意，传达修辞主体的情感态度、言语动机。变异称谓词不仅界定了角色关系，更是负载情感信息的符号，从中可以透视主体的内在心理动态。其在表情达意上既含蓄委婉，又不乏力度，往往会取得良好的修辞效果。

第五章　语用修辞与现代汉语语体

第一节　短语的语用修辞功能

一、短语组合的限制条件

短语是指两个或更多词语搭配在一起。词语搭配有一定的限制条件，不是随意组合的。短语组合的限制条件有两个：一是结构条件，二是语义条件。短语组合的结构条件是指语法规则对词语组合的限制，即短语组合要符合语法条件。每个词语都有一定的语法特征，这些特征决定了该词语与其他词语组合的条件。例如，"大海""商业""眼界""大自然""春色""杜甫"等词语是不可数名词，不能用"很""非常""十分"等副词修饰，"很大自然""非常眼界""十分大海""很杜甫"不符合语法规则。短语的语义条件是指词语在内容上的逻辑搭配关系，短语的逻辑搭配要合理。例如，"吃""喝"均为嘴部动词，其在与食物搭配时有固定的规则，要合理。一般来说，"吃"需与表示固体的词语搭配，如"吃苹果""吃月饼""吃饺子""吃粽子""吃饭""吃菜"等。而"喝"需与表示液体的词语搭配，如"喝牛奶""喝饮料""喝酒""喝水"等。一般来说，两者不能互相混淆。例如，"吃牛奶""吃水""吃饮料"或"喝饭""喝苹果""喝饺子""喝月饼"在逻辑上是行不通的。此外，短语受语言人文条件的影响，也会打破语义条件和语法条件的限制，从而产生一定数量的习惯搭配词语。例如，"打扫"可以与"房间""客厅"等具体事物搭配，不能与"漂亮""清洁"等形容词搭配，但可以与"卫生"搭配，组成"打扫卫生"。

二、短语类型

现代汉语主要有八个句法成分，即主语、谓语、宾语、述语、定语、状语、补语、中心语。两个或两个以上的词语按照一定的语法规则组合而成的短语，在内部关系和整体功能上呈现出不同的特点。根据词语在短语中所充当的句法成分，可将短语分为以下几种类型。

（一）并列短语

并列短语是指词和词之间没有轻重主次之分，彼此地位平等的短语。并列短语包括名词短语、动词短语、形容词短语等。并列短语有时前后可以互换位置，如工厂、农村，我、你、他。

但有些并列短语是不能前后颠倒位置的，因为它有一定次序。

（1）时间顺序：春、夏、秋、冬；

（2）大小顺序：省、市、县；

（3）年龄顺序：老、中、青；

（4）逻辑顺序：继承和发展、接近文学和爱好文学；

（5）语言习惯：男女老少、金银铜铁、油盐酱醋。

并列短语一般要求成分的词性相同，但个别也有不同，如姐姐和我（名词＋代词）。

（二）偏正短语

偏正短语是由修饰语和中心语组成，成分之间有修饰与被修饰关系的短语。名词前的修饰成分是定语；动词、形容词前的修饰成分是状语。定语（状语）和中心语的关系是偏和正的关系。偏正短语包括定中短语与状中短语，前偏后正，"偏"修饰、限制"正"。

（1）定＋中（名、代），如（祖国）大地、（一朵）茶花、（前进）的步伐；

（2）状＋中（动、形），如（很）好看、（独立）思考、（慢慢）走、（长途）跋涉。

（三）动宾短语

动宾短语中的动宾之间是支配与被支配、关涉与被关涉的关系。宾语是回答动词"谁""什么""哪儿"的。例如，消灭敌人、放下包袱、丢下它、发展生产、进行斗争、骗取信任、恢复平静、爱热闹、下决心、有幽默感、像珍珠等。

（四）动补短语

动补短语中的补语不能回答动词"谁""什么""哪儿"，如看清楚、去一趟、拿起来、印在脑子里、跑得快、走得急等。

（五）形补短语

形补短语以形容词为中心，它的后面只有补语，因为形容词不能带宾语。结构助词"得"是补语的标志，如机灵得很、密得不透气等。

（六）主谓短语

主谓短语的成分之间是陈述与被陈述的关系。主语可以回答谓语"谁""什么"；谓语可以回答主语"怎么样"，如觉悟提高、思想解放、阳光灿烂、心情舒畅。特殊主谓短语包括名词用作谓语，如今天星期三、明天国庆节、他中等身材等。

（七）复指短语

复指短语的两个组成部分语法地位一样，所指内容相同，意义上有复指关系，结构上是同位关系，在句中充当同一成分。例如，首都北京、厂长老王、华罗庚教授、他自己、咱们学生、母子二人、鲁迅先生、美丽这个词、春秋两季、我们每一个人等都是复指短语。复指短语的成分都是名词性的，中间一般不能加入虚词，否则意义会有变化，如"我们渔民""我们的渔民"不同。一些复指短语中间可以加入指量短语，如我们渔民，我们这些渔民。

（八）方位短语

方位短语由名词或动词加上方位词组成，表示处所、范围、时间。例如，井冈山上、月光下、他们之间（名词），吃饭以前、改革中（动词），树林东边、操场上（处所），六十分以下、三十岁以上（范围），一年以上（时间），等等。

（九）量词短语

量词短语由数词或指示代词加上量词组成。
（1）数量短语：一个、二斤、四里、三次、一回、三只、一碗、两包等。
（2）指量短语：这种、那种、这堆、这次、那回等。

（十）介宾短语

介宾短语由介词和后面的名词、代词或名词短语组成。介 + 名、介 + 代、介 + 名词短语，如为人民（服务）、对群众（说）、从现在（起）、关于课堂纪律问题、当黎明到来的时候、按规定（办理）、把大门（推开）等。

（十一）"的"字短语

定语用结构助词"的"的名词短语中，有很多可以省去后面的中心词，进而构成"的"字短语，它的性质和作用与其他名词短语相同。

（1）名词 + 的：这本书是哥哥的。

（2）代词 + 的：这本书是我的。

（3）动词 + 的：①现在生活水平提高了，人们吃的、穿的、用的好多了。②在冰场上滑冰的是一位姑娘。

（4）形容词 + 的：红的是花、绿的是草。

（十二）"所"字短语

"所"加在动词前，组成名词性短语，一般不独立使用，如所有、所想、所需要、所认识、所忆、所闻、所作、所图等。

三、歧义短语

多义短语中最主要的是歧义短语。根据歧义产生的原因，歧义分为词汇歧义和语法歧义两种类型。

（一）词汇歧义

词汇歧义是指由词汇上的原因造成的歧义，包括由同音和一词多义造成的歧义。

1. 同音歧义

同音歧义是指读音相同、意义不同的歧义现象。

例1：

没有水平

没有水瓶

例2：

下周举行期中考试

下周举行期终考试

例3：

我国自行设计制造的新型游船

我国自行设计制造的新型油船

我国自行设计制造的新型邮船

例4：

尊敬师长（老师）

尊敬师长（军队中的一师之长）

2. 一词多义造成的歧义

多义词使用不当，也会造成歧义。

例1：

借你十块钱

例2：

一辆黑出租车

例3：

商店关门了

例4：

我昨天没有上课

例1中的"借"既可以表示借出，又可以表示借入。

例2中的"黑"既可以表示黑色，又可以表示非法、不公开。

例3中的"关门"既可以表示停业，又可以表示下班时间已到。

例4中的"上课"既可以表示教师讲课，又可以表示学生听课。

（二）语法歧义

1. 由词类不同造成的歧义

例1：

自行车没有锁

例2：

爬过那座山

例3：

还没有工作

例4：

稀饭不热了

例1中的"锁"既可以是动词，表示"上锁"，又可以是名词，表示"配锁"。

例2中的"过"既可以是动态助词，表示动作曾经发生过（去年爬过那座山），也可以是趋向动词，表示动作完毕（已经爬到了山的另一侧）。

例3中的"工作"既可以是动词，意思是"干活"（还没开始工作），又可以是名词，意思是"职业"（还没有找到工作）。

例4中的"热"既可以是动词，意思是"加热"（稀饭得热一下），又可以是形容词，意思是"温度高"（稀饭凉了）。

2.语法组合歧义

（1）结构关系不同。

①代理厂长、保留意见、复印材料、修改方案、进口电脑（动宾关系／偏正关系）。

②学校医院、祖国人民、奶油面包、制度规范、物理化学（并列关系／偏正关系）。

③经济困难、思维科学、语音标准、食堂卫生、社会进步（主谓关系／偏正关系）。

④他们部队、你们学校、我们工厂（同位关系／偏正关系）。

（2）结构层次不同。

例1：（∨表示停顿）

许多∨朋友送来的礼物　分析过程　　许多朋友∨送来的礼物　分析过程
　形　　名　动动助　名　　　　　　　　形　　名　　动动助　名
　|__|　|_____|　偏正关系　　　　|_____|　|_____|　偏正关系
　|_____|　|__|　偏正关系　　　　　|_____|　　|__|　主谓关系
　|__|　|__|　　主谓关系　　　　　　　　|__|__|　　　　偏正关系
　　　　意思是礼物多　　　　　　　　　　　意思是朋友多

例2：

中国∨语言研究　　分析过程　　　　中国语言∨研究　　分析过程
　名　　名　动　　　　　　　　　　　名　名　　动
　|__|　|_____|　偏正关系　　　　　|_____|　|__|　偏正关系
　|__|　|__|　偏正关系　　　　　　　|__|__|　　偏正关系
　　意思是"中国"一词的研究　　　意思是"中国语言"的研究

例 3：

新修的体育馆 ∨ 和田径场　分析过程　　　　新修的 ∨ 体育馆和田径场　分析过程
形动助　名　　连　名　　　　　　　　　　形动助　　名　　连　名
|_____| |____| 联合关系　　　　|___| |_____| 偏正关系
|____| |____|　　偏正关系　　　　　　　|_____||____| 联合关系
　　　意思是体育馆是新修的　　　　　　意思是体育馆和田径场都是新修的

例 4：

对 ∨ 厂长的意见　　分析过程　　　　　对厂长 ∨ 的意见　　分析过程
介　名　助 名　　　　　　　　　　　　　介　名　　助 名
|_| |_____|　介宾关系　　　　　　|_____| |_|　偏正关系
　|____||__|　　偏正关系　　　　　　　|_||_|　　介宾关系
　　　意思是对厂长的意见有看法　　　　意思是对厂长本人有意见

3. 语义组合歧义

（1）语义关系不同。

例 1：

这个人没问过

例 2：

汽车运走了

例 1 中的"这个人"可能是施事（这个人没问过我），也可能是受事（这个人我没问过）。

例 2 中的"汽车"可能是受事（汽车已经运走了），也可能是工具（用汽车运走了）。

（2）语义指向不同。

例 1：

他在火车上写字。

例 2：

我们同学就去了二十几个人。

例 1 中的介词短语"在火车上"的语义既可以指向"他"（他在火车上，他写字），又可以指向"写字"（他写字，把字写在了火车上）。

例 2 中的副词"就"的语义既可以指向"我们同学"，意思是"我们同学"去的人多，又可以指向"二十几个人"，意思是"我们同学"去的人少。

（三）歧义的消除

1.利用语境消除歧义

汉语中的歧义主要存在于短语中，一般而言，有歧义的短语进入具体的语境后，通过上下文的制约，歧义就会自动消除。

例1：

物理化学→物理化学是物理学与化学相交叉的边缘性学科。

　　　　→物理化学这两门功课都不能偏废。

例2：

蓄电池运输车→这是新研制的蓄电池运输车，不再需要以汽油为燃料。

　　　　　　→电池厂的蓄电池运输车坏了。

例3：

她是去年生的孩子→她是去年生的孩子，今年不满两岁。

　　　　　　　　→她是去年生的孩子，可是身体还没有完全康复。

2.利用语音消除歧义

（1）停顿：由结构层次不同导致的歧义可以通过停顿来消除。

例如：

许多∨朋友送来的礼物	分析过程	许多朋友∨送来的礼物	分析过程
└─┘ └───────┘	偏正关系	└─────┘ └──────┘	偏正关系
└──────┘ └─┘	偏正关系	└──┘└──┘	偏正关系
└─┘ └─┘	主谓关系	└─┘ └─┘	偏正关系

（2）轻声：由一词多义造成的歧义可以通过轻声来消除。例如，"想起来了"中，"起来"不读轻声时是一般动词，与动词"想"构成动宾关系，意思是"想起床了"。"起来"读轻声时是趋向动词，做动词"想"的补语，意思是"刚才忘了，现在回忆起来了"。

（3）重音：重音也可以分化歧义，明确词语的语义指向。例如，"我特别喜欢吃川菜"，如果重音在主语"我"上，"特别"指向"我"，表示许多人之中"我"特别喜欢吃川菜。如果重音在宾语"吃川菜"上，"特别"指向"吃川菜"，表示不同菜系之中"我"最喜欢川菜。

3. 换用或添加适当的词语

例1：

三个学校的老师→三所学校的老师

　　　　　　　→三位学校的老师

例2：

那辆黑出租车→那辆黑色出租车

　　　　　　→那辆非法出租车

例3：

一本鲁迅的书→一本鲁迅写的书

　　　　　　→一本写鲁迅的书

　　　　　　→一本鲁迅收藏过的书

4. 调整词语之间的顺序

例1：

院墙外修着马路→马路修在院墙外

例2：

山上架着炮→炮架在山上

例3：

这个人谁也不认识→谁也不认识这个人

例4：

关心的是他父亲→父亲关心的是他

第二节　句类的语用修辞功能

句类即根据句子的语气划分的句子的类别，包括陈述句、疑问句、祈使句和感叹句。

一、陈述句

陈述句是指叙述或说明事实的有陈述语调的句子。陈述句可用肯定形式，也可用否定形式。陈述句句末可以带上"的""了""呢""罢了"等语气词。其中，"的"表示本来如此，"了"表示有了变化，"呢""罢了"表示肯定，但"呢"稍带夸张和强调，而"罢了"则把事情往小里说。

陈述句的特点有两个：第一个特点是有时可带语气词"了""的""呢""罢了""嘛""啊"等；第二个特点是常用的标点符号为"逗号"，句末用"句号"。

陈述句是思维最常见的表现形式，也是运用最广泛的一类句子。例如，①明天要下雨。②我紧张得心都要蹦出来了。③您今天精神挺好的呢。④他说了不回家的。⑤事情本不是这样嘛。

否定句常用"不""非""没有""无""莫""否""勿""未"等。

但双重否定句表示肯定，常用否定词"不……不……""没有……不……""非……不……"等。双重否定句跟相应的单纯的肯定句意思并不完全一样。口语中还有"非得去""非要做"等说法，这种说法就是从"非……不可……"变来的，此处的"非"不再是否定副词，而是语气副词。在书面语言中常见"无不、无非、不无、未必不"等说法。

二、疑问句

疑问句是指有疑问语调的句子。其中，有疑而问的叫询问句，无疑而问的叫反问句。提问手段有疑问语调、疑问词、语气副词、语气词、疑问格式等，疑问语调不可或缺。疑问句根据结构形式上的特点和语义情况分为是非问、特指问、选择问、正反问四种类型。

第一种类型：是非问，由陈述句加疑问语调或兼用语气词"吗""吧"等构成，一般是对整个命题的疑问，回答也是对整个命题的简单的肯定和否定。例如，这本书是你的吗？

第二种类型：特指问，用疑问代词（如"谁""什么""怎样"等）和由它组成的短语（"为什么""什么事""做什么""怎么做"等）来表明疑问点，说话者希望对方就疑问点做出答复，句子往往用升调。常用语气词"呢""啊"，不用"吗"。例如：①今天谁值日？②你怎么不去图书馆呢？③什么事不能好好商量啊？

第三种类型：选择问，用两个或两个以上分句提出不止一种看法供对方选择，用"是""还是"连接分句。常用语气词"呢""啊"，不用"吗"。例如：①是早上锻炼好，还是下午锻炼好？②喝水还是喝茶？

第四种类型：正反问，由谓语动词的肯定形式和否定形式并列构成。①……不……；②……不；③全句+……不……。常用语气词"呢""啊"。例如：①昨天玩得高兴不高兴？②你买的东西便宜不？③你根本就没看过书，是不是？

反诘问句即反问句，多用是非问和特指问，选择问和正反问用得少。例如，

①是非问：我不是已经跟你说过了吗？（不用说了）②特指问：十二点了，怎么还看电视？（不要看电视了）③选择问：你这是来帮我呢，还是来拆台呢？（来拆台）④正反问：他们太不讲理了，你说对不对？（对）

三、祈使句

要求对方做或不做某事的句子叫祈使句（降调）。祈使句可分为两种类型。

第一种类型：表示命令、禁止，带有强制性，常不用主语、语气词，结构简单、语调急降且很短促，否定句用"不准""不许""别"等。例如，①禁止吸烟。②不许乱说乱动。③快去做作业。

第二种类型：表示请求、劝阻，包括请求、敦促、商量、建议、劝阻等。例如：①大爷，您请进来坐吧。②快说呀，为什么不说呢？说吧。③快点！你可以再快一点吗？

请求或敦促人家做事，总有商量余地，因此适合使用重叠形式的动词，常用敬辞"请"。例如：①您说说。②您请坐。③您帮帮忙吧。④请喝茶。

四、感叹句

带有浓厚感情的句子叫感叹句。它表示快乐、惊讶、悲伤、愤怒、恐惧等浓厚的感情，一般用降调。感叹句可分为四种类型。

第一种类型：由叹词构成（从叹词辨别感情）。例如：①哇！这衣服真漂亮！（惊叹）②哎哟！你还真自以为是！（讥讽）③唉，真没办法呀！（叹息）④哼，等着瞧吧！（愤怒）

第二种类型："名词＋啊"表感叹。例如：①天啊！雨下这么大！②我的上帝啊！③我的妈啊！

第三种类型：口号、祝词。例如：①共产党万岁！②为幸福的明天干杯！③明天会更美！

第四种类型：更多的感叹句里有"多""多么""好""真"等副词，句尾有语气词。例如，①那该有多好哇！②好热的天气呀！③多么可爱的小孩呀！④多好的想法呀！

第三节　句式的语用修辞功能

句式通常指的是句子的结构形式。现代汉语的句式十分丰富，常见的句式有长句和短句、主动句和被动句、肯定句和否定句、陈述句和疑问句、单句和复句、口语句式和书面语句式、常式句和变式句、整句和散句。

（1）根据结构的繁简分：长句、短句。

（2）根据判断的性质分：肯定句、否定句。

（3）根据主语的性质分：主动句、被动句。

（4）根据句子成分或成分句的位置分：常式句、变式句、把字句。

（5）根据句式整齐分：整句、散句。

（6）根据句子数量分：单句、复句。

（7）根据表达语气分：陈述句、疑问句、祈使句、感叹句。

（8）根据句子的句义分：同义句式和多义句式。

一、同义句式及其转换

同义句式选择是消极修辞的重要内容。同义句式未必能随意替换。修辞学学习者应注意到，同义句式选择不仅应立足于语义，还应注意语用，这样才能取得好的表达效果。

同义句式指的是表示同一语义关系的一组句子。在言语交际的过程中，人们往往根据实际语境，通过语序的变化、虚词的增减、语气的变换等手段，选用不同的句式表达基本相同、语用含义却不太相同甚至很不相同的意思，从而生成多种多样的同义句式。同义句式使汉语灵活多变，表面语义丰富细腻。

按照移位、删除、添加、复写、替换等规则，把一种句式转换为另一种句式，叫转换。转换句按结构特点可分为主谓谓语句、把字句、被字句、存现句、双宾句、连动句、兼语句等句式。

（一）主谓谓语句

现代汉语中对主谓谓语句的范围和分类有多种看法，主要有以下几种观点。

第一种观点是将主谓谓语句分为三类。1961 年丁声树等编著的《现代汉语语法讲话》中正式提出了"主谓谓语句"这一术语。在这本书中，丁声树根据句子成分之间的意义关系把主谓谓语句分成三种类型，第一种类型是主谓谓语中的主语和全句的主语有关系；第二种类型是全句的主语在意义上是主谓谓语的受事；第三种类型是主谓谓语中常有"也"字、"都"字。

第二种观点是将主谓谓语句分成七类，以朱德熙为代表的学者持该观点。朱德熙在《语法讲义》中指出主谓谓语句的第一种类型是大主语与小主语之间有领属关系或整体与部分的关系；第二种类型是大主语或小主语是时间词或处所词；

第三种类型是大主语或小主语是后边动词的受事；第四种类型是大主语是与事或工具；第五种类型是大主语与小主语意义上的关系十分间接；第六种类型是大主语或小主语是谓词性成分；第七种类型是大主语为表示事物周遍性的词语。

第三种观点是将主谓谓语句分成三大类十四小类，以李临定为代表的学者持该观点。该分类较为复杂，且认同性较小，这里不再赘述。

第四种观点是将主谓谓语句分为七类。20 世纪 80 年代后，人们在《现代汉语语法讲话》的基础上，根据大主语与小主语、大主语与小谓语等成分之间的语义关系进行分类。根据这种分类方法，目前学界认为是主谓谓语句的主要有七种类型。

第一种类型：大主语与小主语有领属关系。例如：

A. 妈妈身体健康。

B. 同志们斗志昂扬。

C. 小林腿疼。

在这组例子中，大主语分别为"妈妈""同志们""小林"，小主语分别为"身体""斗志""腿"。A 句中"妈妈"和"身体"之间是领属关系，小谓语是形容词"健康"；B 句中"同志们"和"斗志"之间是领属关系，小谓语是"昂扬"；C 句中"小林"和"腿"之间是领属关系，小谓语是表示感觉状态的形容词"疼"。

第二种类型：大主语与小主语有陈述关系。例如：

A. 小明待人有礼貌。

B. 大康做事认真。

C. 你看问题太简单。

在这组例子中，大主语分别为"小明""大康""你"，小主语分别为"待人""做事""看问题"。A 句中大主语"小明"和小主语"待人"之间为陈述关系；B 句中大主语"大康"和小主语"做事"之间为陈述关系；C 句中大主语"你"和小主语"看问题"之间为陈述关系。

第三种类型：大主语为谓语的受事。例如：

A. 什么东西小明没吃过。

B. 这些书他都看过。

C. 这件事我们都赞成。

在这组例子中，大主语分别为"什么东西""这些书""这件事"，小主语分别为"小明""他""我们"。A 句中大主语"什么东西"和小主语"小明"之间为受事与施事关系，正常语序为"小明什么东西都吃过"；B 句中大主语"这些书"和小主语"他"之间为受事与施事关系，正常语序为"他看过这些书"；C 句中大主语"这件事"和小主语"我们"之间为受事与施事关系，正常语序为"我们都赞成这件事"。

第四种类型：大主语为谓语的施事。这一类型与第三种类型正好相反，例如：

A.他一口水都不喝。

B.小明一件事也没做错。

C.我一本书都没买。

在这组例子中，大主语分别为"他""小明""我"，小主语分别为"一口水""一件事""一本书"。A句中大主语"他"和小主语"一口水"之间为施事与受事关系；B句中大主语"小明"和小主语"一件事"之间为施事与受事关系；C句中大主语"我"和小主语"一本书"之间为施事与受事关系。

第五种类型：大主语隐含介词。例如：

A.高分子材料他内行。

B.这件事，姐姐有不同的看法。

C.田间管理，爸爸的经验很丰富。

在这组例子中，大主语分别为"高分子材料""这件事""田间管理"，小主语分别为"他""姐姐""爸爸"，其中大主语中分别隐含着"对于""关于""在"等介词。如果加上这些介词，这三个句子分别为"对于高分子材料，他是内行""关于这件事，姐姐有不同的看法""在田间管理方面，爸爸的经验很丰富"。

第六种类型：大主语与动词宾语复指。例如：

A.中国，这是多么伟大的名字啊。

B.这本书，我很喜欢它。

在这组例子中，大主语分别为"中国""这本书"，宾语分别为"伟大的名字""它"，宾语和大主语均指同一个事物。

第七种类型：大主语与小主语有领属关系，与动词宾语有施受关系。例如："这个妈妈一只手牵着一个孩子。"这句话中，大主语为"妈妈"，小主语为"一只手"，大主语和小主语之间是领属关系，同时，大主语"妈妈"和动词宾语"牵着一个孩子"之间是施受关系。

（二）把字句

"把字句"的基本格式是"谁把谁怎么样"。其中，第一个"谁"为主动者，第二个"谁"为被动者，"怎么样"是两者之间的施受动作。可用公式表示：把字句 = 主动者 + 把 + 被动者 + 动作成分。"把字句"在使用中有以下几个特点。

第一个特点："把字句"的谓语动词一般不能单独出现，动词后要有补语、宾语、动态助词或动词的重叠式。例如，"把书给我"这句话中的谓语动词是"给"，其后的"我"为宾语。再如，"把水喝了""把饭拿来""把衣服穿上"等。

第二个特点：表处置义的把字句中，"把"的宾语为动作的受事、工具或处所等，表"致使"义的"把字句"中的宾语是动作的施事。

第三个特点："把"的宾语一般是已定的，即已知的人和事物，因此宾语前常带有"这""那"一类修饰语。例如，"把那本书拿给我"这句话中宾语是"书"，前有"那本"作为修饰语，这一宾语是已知的事物。"把字句"的宾语如果是无定的、泛指的词语，常指通用的道理。例如，"不能把真理看成谬误"这句话中的宾语"真理"并不是某种特指的事物，而是含义广泛的道理，因此属于无定宾语。此外，用介词"把"介引的词语不是前置宾语或动词的宾语提前。

第四个特点："把字句"的谓语动词一般有处置性和动作性，判断动词、能愿动词、趋向动词、不及物动词、"有""没有"等不能做"把字句"的谓语动词。例如，"把这本书有我"这句话是错误的。

第五个特点：能愿动词、否定词只能置于"把"字前，不能放在"把"字短语后。例如，"他把书愿意送给我""小明把困难敢于踩在脚下"等句子的语法结构是错误的。

"把字句"的语用功能较强，"把字句"在话语交际中具有强调结果、强调动量、强调情态以及强调趋向四种重要功能。

第一种功能：强调结果。强调结果的"把字句"是话语交际中最常见的一种句式，该句式又可细分为五种类型。①"妈妈把衣服洗干净了"这句话中的主语是"妈妈"，主语是"把"字后动作的启动者和发出者，妈妈动作的结果是"干净了"。这属强调结果的把字句的第一种细分类型，该类型中"把字句"的主语都是"把"后动词所表动作过程的发出者或启动者，"把"字的宾语以受事或准受事身份参加该过程，从而处于某种结果。②"一根冰棍倒把我吃渴了"这句话中的宾语是"我"，是后面"吃渴了"动作的施事者。这属强调结果的"把字句"的第二种细分类型，该类型强调由于主语代表事件参与者，某事件参加者以主动者的身份参加某事件，从而处于某种结果。③"妈妈把炉子生上火"这一类"把字句"较简单，强调某场所在经历了某事件之后的变化结果，属强调结果的"把字句"的第三种细分类型。④"他把笤帚扫坏了"强调工具在经历事件过程之后的结果，属强调结果的把字句的第四种细分类型。⑤"偏又把凤丫头病了"强调不明原因造成"把"字的宾语处于结果状态，属强调结果的"把字句"的第五种细分类型。

第二种功能：强调动量。这类"把字句"表示一个或多个完整的过程，动词所表示过程的完成性是它们的突出特征。例如，"妈妈把小明批评了一顿"这句话中动词为"批评",强调了批评这个完整的过程。

第三种功能:强调情态。这类"把字句"又可分为尝试态和即时态。尝试态是强调动作或活动的尝试性的把字句。例如,"你应该把事情仔细地想一想"强调动作或活动的尝试性。即时态是强调动作或活动突然性和短暂性的把字句。例如,"老师把眼一瞪,小明立即住了口"这句话中"把"字后动作"瞪眼"表示动作的突然性和短暂性,其后常常有后续句,"小明立即住了口"即后续句,叙述接下来发生的事情。

第四种功能:强调趋向。这类"把字句"强调某种趋向,而这种趋势或方向很有可能引起某种变化。例如,"小明爱把别人往好处想"这句话中呈现出结果倾向,即"在小明眼里,别人的优点很多"。

综上所述,"把字句"在具体的话语交际中使用程度高,易出现错误,应在具体使用时加以分析,根据表达的目的合理使用把字句。

(三)被字句

"被字句"是指在核心动词前面,用"被(给、叫、让)"等介词引出施事或单用"被"表示被动的主谓句。"被字句"是受事主语的一种,可用公式表示:"被字句"=被动者+被+主动者+动作成分。

1.构成"被字句"的条件

第一个条件是动词是表示动作的及物动词。例如,"书被大雨淋湿了""你的报告被领导通过了"这两句话中的动词分别是"淋湿"和"通过",这两个动词均属于及物动词。而"是""有"等不表示动作的动词不能构成"被字句"。例如,"我们有书本"不能改成"书本被我们有"。又如,"他是一个专家"不能改成"专家被他是"。这种句型之所以不能成立,是因为不及物动词后没有宾语,而在"被字句"中,宾语是句子的受事者,缺乏受事者不能构成"被字句"。

第二个条件是"被字句"的动词后要加别的词语,不能为光杆动词,一般带结果补语。例如,"书被撕破了""黑板被擦干净了"这两句话中的动词分别为"撕"和"擦",这两个词后均跟有表示结果的补语"破"和"干净"。有的是与主语为总体和部分关系或同一关系的宾语,例如,"小明的书被借走了一本"这句话中主语是"小明的书",宾语是"一本",宾语"一本"和主语"小明的书"之间是部分和整体的关系。此外,"被字句"中如果动词后面没有带补语、宾语,就需要加上"了""着""过"等动态助词。例如,"小明被打了"这句话中"小明"是主语,"打"是动词,动词后没有宾语或补语,但是加了动态助词"了",这句话就是完整的。另外，在"为……所"格式中，动词后面不能带补语、宾语，一般也不带动态助词。例如，"小猫为好奇心所驱使，也爬上了树"这句话中动词为"驱使"，该词后没有加任何补语、宾语，也没有带动态助词。

2. "被字句"的应用条件

"被字句"如同把字句一样，有自己的构成和应用条件，其在应用时有三个主要特点。

第一个特点：动词一般是有处置性的，后面多有补语或其他成分。如果只用一个双音动词，前面就要有能愿动词、时间词语等状语。例如，"那本小说被我弟弟拿走了"这句话中主语为"那本小说"，动词为"拿"，其后有这一动作的处置结果"走了"。又如，"大地被太阳涂上了一层金色的光晕""小鸡被黄鼠狼叼走了一只""大家被演讲感动了"等。

第二个特点：主语所表示的受事必须是特定的。例如，可以说"这本书被他撕破了"，而不能说"一本书被他撕破了"，只有在特定的语境下，指特定的事物时才能用"被字句"。

第三个特点：表否定、时间等的副词和能愿动词只能置于"被"字前。例如，不能说"他被困难没有吓倒"，只能说"他没有被困难吓倒"；不能说"小明让朋友大概留下吃饭了"，只能说"小明大概让朋友留下吃饭了"。

3. "被字句"和把字句的变换

把字句和"被字句"均为特殊句式，在具体的语用环境中，常常涉及"被字句"和把字句的变换，具体的句式变换中应注意以下三点。

首先，了解把字句和"被字句"的组成部分。根据前面所述，把字句的基本公式为：把字句＝主动者＋把＋被动者＋动作成分。"被字句"的基本公式为"被字句"＝被动者＋被＋主动者＋动作成分。例如，"小明把水喝了"这句话中主动者是"小明"，被动者是"水"，动作是"喝了"。如果变为被动句，就要把这三者的位置重新排列为"水被小明喝了"。又如，"太阳被乌云遮住了"这句话中的主动者是"乌云"，被动者是"太阳"，动作是"遮住了"，变为把字句则为"乌云把太阳遮住了"。

其次，把字句和"被字句"互换中，句子中出现的成分不能随意丢掉。例如，"一大团乌云把太阳遮住了"这个把字句变换后应为"太阳被一大团乌云遮住了"，如果改为"太阳被乌云遮住了"，则丢掉了"一大团"，所以是错误的。

最后，在把字句和"被字句"的互换中，注意句中的词语搭配不能改变。例如，"八路军把全部敌人消灭了"这个把字句如果改成"被字句"，应为"全部敌人被八路军消灭了"，而不能改成"敌人被八路军全部消灭了"。

（四）存现句

存现句是指说明某处或某时有某人物存在、出现、消失的句子。例如，"湖上漂着两艘船"这句话是指湖上存在着两艘船；"家里来了两个客人"这句话是指家里出现了两个客人；"前天，两个陌生人走了"这句话是指两个陌生人从此消失了。

存现句在结构上可以分为三段：首段是表示时间或者处所意义的名词性成分，如上例中的"湖上""家里""前天"；中段是表示"出现""存在"或"消失"意义的词语，称为"隐现动词"，如上例中的"漂着""来了""走了"；末段通常是一个表示"存在""消失"或"出现"意义的实体名词，如上例中的"船""客人""陌生人"。

现代汉语存现句根据句中动词的种类可以分为两大不同类型。第一种类型是表示"存在"意义的"存在句"。这种类型的存现句是说明某处存某人、某物的句子，基本结构：某处 + 存在动词（V）+ 某人 / 某物。例如，"墙上挂着一个时钟""桌子上放着几本小说""路边有一个花坛"等。

这种类型的存现句的特征主要有以下几点。第一，"V存在"：通常是表示"安置"意义的动词，如"挂""摆""放""刻""插""堆""穿""写""画"等。"V存在"之后通常附带"着"，表示存在，如"墙上挂着一个时钟"；有时附带"满"，表示"尽是、全是"等意义，如"桌上放满了零食"。"V存在"后边加"了"，用法和加"着"一样，"着"和"了"可以互换，如"墙上挂了一个时钟"；偶尔也有V后不加助词的，如"桌子前有一张椅子"，一般出现这种情况时，其前后均有其他句子。第二，这种类型的存现句的宾语通常是无定的，而且通常不是单个的名词：它一般由"一个"或"几个"意义的数量词语来修饰。例如，"家里来了两个客人"中用"两个"修饰客人。第三，有时，宾语是一个专有名词，前边也可以出现"（一）个"，但有时这个修饰语也可以不用。例如"广场上矗立着人民英雄纪念碑"。

第二种类型是句中动词表示"出现""消失"意义而整句表示"隐现"意义的"隐现句"。这种"隐现句"指的是说明某时、某处出现或者消失了某人、某物的句子。例如，"家里来了两个客人"指的是该地点出现了客人；"旅店里走了一批客人"指的是该地点消失了一批客人。

其特征主要有以下几点。第一，"V隐现"通常含有"出现""消失"两种不同的意义，通常又可以分为"位移性的V隐现动词"以及"原点性的V隐现动词"

两种类型。位移性的 V 隐现动词是指动词或动词所附带的趋向补语具有位移性意义。例如，"对面来了一个小伙子"指对面位移性地出现了一个小伙子；"树上飞走了一只麻雀"指树上位移性地消失了一只麻雀。原点性的 V 隐现动词指的是动词及其所带趋向补语都不涉及空间变化。例如，"我的脑海里闪现出一幅画面"指在"我"的脑海里原点性地出现了一幅画面；"庄子里死了一只鸡"指庄子里原点性地消失了一只鸡。第二，"V 隐现"后通常带趋向补语或者助词"了"。例如，"河里游出来几条鱼"中动词"游"后带有趋向补语"出来"；"小明家来了几个老乡"中动词"来"后带有助词"了"。第三，宾语常常为"一个""几个"等数量词语修饰的不定指的名词。当宾语不含数量短语时，其末尾往往加语气词"了"。例如，"小明丢书了"。

存现句在现代汉语句式中属于较复杂的句式，在使用时应详细分析。

（五）双宾句

所谓双宾句是指动词之后先后出现近宾语、远宾语两层宾语的句子。其中，近宾语一般指人，回答谓语"谁"的问题；远宾语一般指物，回答谓语"什么"的问题。双宾句是现代汉语中一种较为常见的句式，也是现代汉语中学者争论较多的一种句式。

人们对双宾语的分类多从词义特征入手，通过限定双宾动词的范围，给双宾语分类。双宾动词的范围十分广泛，一般来说，从意义上对双宾语句的谓语动词进行分类，可将其分为给予类、取得类、叙说类、称呼类四种类型。

第一种类型：给予类双宾语。这种双宾语类型被许多现代汉语学者当作双宾句的原型进行研究。现代汉语中最早提出给予类双宾句内涵的是朱德熙，他认为："存在着'与者'（A）和'受者'（B）双方，存在着与者所与亦即受者所受的事物（C）；A 主动使 C 从 A 转移至 B。"现代汉语中给予类双宾语中的动词有"送""奖""派""还""赔""输""分配""给""赠""教""卖""付"等。这些动词属于外向动词，由其构成的句子表示施事把某物给予了与事，都有"给予"的意义。例如，"小明送给我两本书""姐姐寄给我一张贺卡"等。有些动词，如"带""传""指""丢""派""抄""写""踢""转""抛"等，本没有给予意义，理论上不能构成双宾句。然而，这些词语后加上"给"这一词以后，就组成了"带给""传给""指给""丢给""派给""抄给""写给""踢给""转给""抛给"等词，就可以带双宾语。例如，"我写给妈妈一封信""小强传给我一张图片"等。

第二种类型：取得类双宾语。取得类双宾句的两个宾语之间往往可以加上"的"字，变成有领属结构的单宾句式。现代汉语中取得类双宾语的动词主要有

"拿""收""偷""赢""买""罚""骗""抢""接""托"等。这类双宾语的动词具有"取得"的意义，由它们构成的双宾语都是内向的，即施事从与事那里获取某物，又称为"接"类双宾语。例如，"小明买了这个书店一本书""他骗了老人一笔钱""数学老师没收了他一本小说"等。

第三种类型：叙说类双宾语。叙说类双宾语的动词主要有"教""嘱咐""报告""请教""问""告诉""回答""打听""通知"等。例如，"妈妈嘱咐小明买醋""她向老师请教问题"等。在这类句型中，施事往往把某种抽象的事物给予与事，所以又称为"教"类双宾语。

第四种类型：称呼类双宾语。这类双宾语的动词主要有"称""叫""喊""称呼"等。例如，"妈妈喊小明小皮猴""老师叫他小天才"等。称呼类动词所带的两个宾语含有判断意思，但是中间不能使用判断动词。例如，"妈妈喊小明小皮猴"是双宾句，如果使用判断动词说成"妈妈称小明是小皮猴"，则成了兼语句。因此，在使用双宾语时应格外注意。

（六）连动句

连动句是指由两个或两个以上的表示行为动作的动词构成的连动短语充当谓语的句子，其动作是由一个主语发出的，内部没有明显停顿。例如，"小明吃完饭去看书""学生们屏住呼吸望着老师"这两个句子中主语分别为"小明"和"学生们"。其中，"小明"发出了两个动作"吃""看"，而"学生们"也发出了两个动作"屏住""望着"，这些动作的中间没有明显停顿。

根据语义关系，连动句可以划分为七种类型。第一种类型表示先后关系，即后一个动作或行为与前一个动作、行为一脉相承。例如，"妈妈去菜市场买了好多菜""爸爸吃了晚餐就去看书"这两句话中的两个动作存在着一种先后的逻辑关系。第二种类型表示目的关系，即后一个动作或行为是前一个动作、行为的目的。例如，"领导召开会议讨论本季度的营销目标""妈妈出去买菜"这两个句子中前一个动作分别是"召开""出去"，其目的是"讨论本季度的营销目标""买菜"。第三种类型是表明情态，即前一个动作是为了说明后一个动作的情态。这种类型常在第一个动词后加"着"。例如，"农民顶着烈日在田间劳动""她穿着高跟鞋走路"。第四种类型是互为因果，即前一个动作表示原因，后一个动作表示结果。例如，"老师熬夜熬红了眼""爷爷病了躺在床上"。这组句子中的主语分别为"老师"和"爷爷"，第一个动作分别为"熬""病"，后一个动作"熬""躺"为前一个动作的结果。第五种类型为"有"字型连动句。这种类型的连动句主要表示能力、条件和动作的关系。例如，"我有能力读完这本英文书""小明有资格申请这个职位"。第六种类型为互补关系，即前后两个动作是一种互相补充、说明的关系。例如，"老张闭着眼睛什么也不看""妈妈板起脸一丝笑容也没有"。第七种类型为同一对象，即两个动词的宾语一致。例如，"小明在路边买苹果吃""老师订份报纸看"。

（七）兼语句

1. 兼语句的观点

"兼语句"是现代汉语中的一个特殊句式。兼语句出现以来，我国许多语言学者对其进行了深入的研究与划分。关于兼语句的定义有以下几种代表性的说法。

第一种说法是将兼语句称为"致使句"，该观点的代表性学者为吕叔湘。他认为："（使、令）这些动词都有使止词有所动作或变化的意思，所以后面不仅跟一个止词，还要在止词后面加一个动词。"

第二种说法主要为王力的观点。王力认为："（递系式中）一次的连系还未能把意思充分地表达，于是在后面再加另一次的连系，以补充未完的意思。"

第三种观点是高明凯的观点。他认为："使动式兼语动句的第一个具有动词功能的词和第二个具有动词功能的词之间有因果关系。"

第四种观点是黎锦熙的观点。他在《新著国语文法》中将兼语句称为"兼格"，并给出了兼语句的定义："这种宾语，一方面对于前边的述语，是在宾语的位置；一方面对于后面的补足语，又是在主语的位置了；所以这类句子的宾语，可以说兼宾主两种资格，故名'兼格'。"

第五种观点为丁声树等在《现代汉语语法讲话》中提出的观点。丁声树将兼语句称为兼语式，并将其定义为两个主谓结构套在一起，宾语兼主语叫兼语，含有兼语的句式叫兼语式。

第六种观点以黄伯荣、廖序东主编的《现代汉语》中提出的观点为主，他们将兼语句正式命名为兼语句。

第七种观点以张斌主编的《现代汉语句子》中提出的观点为主，其将兼语句定义为兼语短语做谓语的句子以及由兼语短语构成的非主谓句。

2. 兼语句的类型

在现代汉语发展史上，不同的学者对兼语句的划分类型也不相同。根据兼语句中第一个动词的语义特征可以将兼语句分为四种类型。

第一种类型是使令类兼语句。使令类兼语句中包含有"让""请""逼""号召""使""叫""派""命令""要求"等含有使令意义的动词，这类动词所表示的行为动作即为兼语所发出的行为动作或所处状态的原因。例如，"妈妈派小明去买菜""这个结果使领导很满意"这两句中的"派"和"使"均属含有使令意义的动词，其后一个动作"买菜"和"满意"都是前一个动作"派""使"的结果。在这类兼语句中除了以上含有使令意义的动词外，"吩咐""打发""促使"等也可以作为表示使令意义的动词使用。此外，"容许""禁止""准许""允许"等表示允许或禁止意义的动词也可用于使令类兼语句中。需要注意的是，并非所有谓语中出现以上几种使令动词的句子都是兼语句，例如下面两个例子。

（1）小一班组织了冬令营。

（2）班主任组织小一班参加冬令营。

在这组例子中，第一句的主语是"小一班"，谓语是"组织"，宾语为"冬令营"，不具有使令意义，因此其属于一般的主谓句。第二句中的主语为"班主任"，谓语是"组织"，宾语为"小一班"，而"参加冬令营"是用来陈述"小一班"的，因此这个句子中的"组织"一词含有使令意义，该句为兼语句，其中兼语为"小一班"。此外，"帮助""鼓励""领导"等含有使令、促成意义的动词可以充当兼语句中的第一个动词，也可以是一般述宾谓语中的动词。例如，"林老师帮助了我学习""这种坚定的信心帮助我战胜了生活上的困难"。

第二种类型是情感类兼语句。这种类型的兼语句中的动词均为表示喜欢、感激、爱恨等心理活动的动词，如"喜欢""爱""讨厌""恨""赞扬""欣赏""怨恨""指责""批评""羡慕"等没有使令义的动词。这种类型的兼语句中的后谓语说明前一个谓语的宾语，表示持有某种态度的理由或者产生爱憎感情以及心理活动的原因等。例如，"老师喜欢他的上进""我爱妈妈的淳朴、善良"这两个例句中的动词为"喜欢"和"爱"，这两个动词均是表示爱憎感情的词语，而兼语"他的上进""妈妈的淳朴、善良"则表明了"喜欢"和"爱"的原因。

第三种类型是称谓类兼语句。这种类型的兼语句中的第一个动词为"叫""选""称""骂""认为"等表示称谓或认定意义的动词，而后一个兼语中的动词则为具有判断性质的动词，如"当""为""是""做"等。这类兼语中的动词大多用来说明主语，并且表示前一个谓语动词的结果或宾语的名称。例如，"小明认大林做老师""我称他为先生"。

第四种类型是"有无"类兼语句。这种类型的兼语句十分特殊，是一种无主句兼语句，以"有""没有"等词语开头。这种类型的兼语句的兼语表示的对象是存在的人或事物，而兼语中的谓语动词则用来描写、说明兼语主语。例如，"有只鸟在树上""没有事情来烦你"这两个例子中都没有主语，兼语主语为"鸟"和"事情"，而"在树上"和"来烦你"分别说明了兼语主语的情况。

二、歧义句式及其分化

（一）歧义句类型

歧义句是病句的一种，常见的几种歧义句包括以下几种类型。

第一种类型是切分不一导致的歧义句。这种类型的歧义句若断句不一致极易产生歧义。

例如，"咬死猎人的狗"这句话如果不放在具体语境中有两种意思，第一种是"这只狗咬死了猎人"，第二种意思是"把猎人的狗咬死"。又如，"这份报告，我写不好"如果不放在具体语境中有两种意思，第一种是"我写不好这份报告"，第二种意思是"这份报告，如果由我来写不太好"。

第二种类型是主语省略导致的歧义句。这种类型的歧义句因为省略了主语，所以出现指代不清的情况。例如，"他有一个女儿，在医院工作"这句话中的后一句话省略了主语，因此主语可以指"他"，也可以指"他的女儿"。这就出现了两种意思，第一种意思是"他有一个女儿，他在医院工作"，第二种意思是"他有一个女儿，他的女儿在医院工作"。

第三种类型是词性不同导致的歧义句。这种类型的歧义句多因词语性质不同而导致语句的含义不一致。例如，"当年在鲁迅艺术学院，只有我跟他学过油画"这句话中的"跟"有两种不同的词性。如果做连词，那么该句话的意思是"当年在鲁迅艺术学院，只有我和他两个人学过油画"；如果做介词，那么该句话的意思是"当年在鲁迅艺术学院，只有我向他学习过油画"。又如，"他背着老师和班长去了网吧"这句话中的"和"既可以做连词又可以做介词。如果是连词，那么这句话的意思是"在老师和班长不知道的情况下，他一个人去了网吧"；如果是介词，那么这句话的意思是"在老师不知道的情况下，他和班长去了网吧"。

第四种类型是多义词导致的歧义句。这种类型的歧义句是因为句子中有多义词而导致语句意思多样化。例如，"小明看不上大林的演出"这个句子中"看不上"有两种意思，一种是来不及、赶不上了，另一种是瞧不起。因此，这个句子的意思就可以解读为两种截然相反的意义，一种是"小明有事看不了大林的演出了"，另一种是"小明瞧不上大林的演出，认为他演得不好"。又如，"妈妈走了一个钟头了"这句话中的"走"在缺乏语境的前提下有两种意思，一种是"走路"，另一种是"离开"。因此，这个句子的意思就可以解读为两种意思，第一种意思是"妈妈一直在走，一共走了一个钟头了"，另一种是"妈妈离开一个钟头了"。

第五种类型是多音字导致的歧义句。这种类型的歧义句是因为句子中有多音字而导致语句歧义。例如，"她真好说话"这句话中的"好"有两种读音，一种是上声，意为性格好，愿意帮助别人；一种为去声，意为她喜欢讲话。因此，这个句子的意思就可以解读为两种意思，一种意思是"她这个人愿意帮助别人"，另一种意思是"她特别喜欢讲话"。

第六种类型是数量词限定范围不同导致的歧义句。这种类型的歧义句是因为数量词指代的意思不清而导致歧义。例如，"十个电视台的记者来到了会议现场"这句话中的"十个"可以修饰记者，也可以修饰电视台。因此，这个句子就可以解读为两种意思，一种意思是"一个电视台的十个记者来到了会议现场"，另一种意思是"来自十个电视台的记者都来到了会议现场"。又如，"数百位死难者的亲属出席了隆重的葬礼"这句话中"数百位"可以修饰家属，也可以修饰死难者，因此该句话的意思有两种，一种是"数百位亲属出席了隆重的葬礼"，另一种是"数百位死难者中的亲属（不确定数量）出席了隆重的葬礼"。

第七种类型是代词指代不同导致的歧义句。这种类型的歧义句是因为指代不清而导致歧义。例如，"写作难，背诵更难，小明在这方面做了很多努力。"这句话中"这方面"指代不清，可以指"写作"，也可以指"背诵"。因此，该句话的意思有两种，一种是"写作难，背诵更难，小明在写作方面做了很多努力"，另一种是"写作难，背诵更难，小明在背诵方面做了很多努力"。

第八种类型是语法结构不同导致的歧义句。这种类型的歧义句是由于语句中的词语或语法构成有歧义而造成的意义多样化。例如，"我要煮牛奶"这句话中的"要"字可以表示动作，也可以做谓语动词。因此，该句话的意思有两种，一种是"我要喝煮好的牛奶"，另一种是"我要去煮牛奶"。

（二）歧义句分化方法

歧义句分化方法是通过对歧义句的分化来分析语句中含义的方法。通过语法因素所产生的歧义的分化方法主要有以下五种类型。

1. 层次分析法

层次分析法是在对短语或句子等语言单位进行逐层顺次分析的基础上，对直接成分之间的句法关系进行说明的一种方法。这种方法能够清晰地展示句子的歧义，因此较为常用。其所针对的对象是结构层次和结构关系造成的歧义现象。

例如，"撞倒了小明的书桌"，这一歧义句的内部就有两种层次构造：第一种构造为"撞倒了"是动词，"小明的书桌"是名词，做宾语，因此这句话的意思是"把小明的书桌撞倒了"；第二种构造为"撞倒了小明"是动宾短语，"书桌"是名词，是施事方，因此这句话的意思是"书桌把小明撞倒了"。

2. 变化分析法

不同的句法格式可以表达相同的意义，同一句法格式可以表示不同的意义。所谓"变换"是指同一平面上不同句法格式之间的变换，是通过句式的变换来揭示句中实词和实词间不同的语义关系，从而达到分化歧义的目的。

例如，"帮忙的是小明"，这一歧义句中若"小明"为施事方时，"帮忙的是小明"的句式可以这样分析：

"动词 + 的 + 是 + 名词语"，我们把这种形式称为 A 式；A 式可以变换为 C 式，即"动词 + 名词语 + 的 + 是 + 名词语"。例如，"帮忙的是小明"可以变为"帮忙扶起椅子的是小明"。而当"小明"为受事方时，"帮忙的是小明"的句式也可以分析为"动词 + 的 + 是 + 名词语"，我们把这种形式称为 B 式；B 式可以变换为 D 式"动词 + 名词语"。例如，"帮忙的是小明"可以变为"帮忙是小明"。这种句式变换的方式能够清楚地将句子的歧义分化开来。

3. 语义特征分析法

语义特征分析法是对句中的某个词语进行语义特征分析，解释一些歧义现象的方法，例如以下示例。

A 式　　　　　→　　　　C 式
桌子上摆着水果→水果摆在桌子上
脖子上戴着丝巾→丝巾戴在脖子上
窗户上贴着窗花→窗花贴在窗户上
房顶上钉着广告牌→广告牌钉在房顶上
笔袋上绣着花→花绣在笔袋上
B 式　　　　　→　　　　D 式
桌子上摆着水果→桌子正在摆着水果
脖子上戴着丝巾→脖子上正在戴着丝巾
窗户上贴着窗花→窗户上正在贴着窗花
房顶上钉着广告牌→房顶上正在钉着广告牌
笔袋上绣着花→笔袋上正在绣着花

通过对以上"名词（处所）+ 动词 + 着 + 名词语"的例子的观察可以发现，"戴""贴""钉""绣"等词语均有附着的意思，因此按不同的语义解释会产生歧义。

4. 配价分析法

配价分析法是针对动词、形容词以及名词在句子中搭配的其他成分或者意义的多少来定义词价的多少的。具体来看，名词能搭配几个成分或有几个依存关系的其他名词就是几价名词，动词能支配几个行动元就是几价动词，形容词能搭配几个成分或有几个意义就是几价形容词。例如，"哥哥"为名词，"弟弟"是与之相依存的词，因此其是一价名词；"生气"既可指人生气，又可指什么人因为什么而生气，因此有两个搭配成分，可以搭配人或事，是二价形容词。因此，在这一词语出现时先想到这个句子可能会有两种含义。

5. 语义指向分析法

语义指向分析法就是通过分析句法结构中某一成分的语义指向来揭示并说明、解释某一或某些语法现象的句法分析方法。句法成分的语义指向不明确而产生的歧义在生活交际中十分常见。例如，"两个人就花了三百块"中"三百块"是多是少，表达的语义不清楚。这时就需要分析"就"字的语义，"就"可以指"只"，也可以指"已经"，如果"就"语义指向主语"两个人"，那么表示人少花的钱多；如果"就"语义指向"三百块"，则表示人多花的钱少。

（三）歧义消除

汉语歧义现象非常复杂，在具体的语用中可以通过多种方法消除歧义，以避免不必要的误会，减少社交障碍。

1. 增减或变换词语来清除歧义

这种方法适用于词语歧义导致的句子歧义。例如，"两个人就花了三百块"这句话若想表示人少花的钱多，可以改为"才两个人就花了三百块"；若想表示人多花的钱少，可以改为"两个人才花了三百块"。又如，"省长给乡村中小学教师写了一封鼓励信"，第一种意思是"省长给乡村中的小学教师写了一封鼓励信"，第二种意思是"省长给乡村中的中小学教师写了一封鼓励信"。因此，只需加入一个"的"字即可区分歧义。

2. 重新安排语序来消除歧义

这种方法适用于语法歧义导致的句子歧义。

例如，"他有一个女儿，在医院工作"这句话可以指"他"或"他女儿"在医院工作，通过变换语序可以消除歧义。如果表示他在医院工作，可以调整为"他有一个女儿，他在医院工作"；如果表示他女儿在医院工作，可以调整为"他有一个在医院工作的女儿"。

3. 通过句式的变换消除歧义

例如，"土著游击队对城市的进攻是早有准备的"这句话可有两种理解，一种是土著进攻城市，另一种是城市进攻土著。想避免语义分歧，可以改为"对于城市的进攻，土著游击队是早有准备的"。

4. 指明语境消除歧义

语境是区别意义的重要语言环境，许多歧义句在指明上下文语言环境时自然就只有一种意思了。例如，"这份演讲稿我写不好"这句话可以变成"这份演讲稿我写不好，你还是自己写吧"，或者"这份演讲稿我写不好，请你帮忙改一下"。

第六章　语用修辞与风格学

第一节　语言风格学

一、语言风格的定义和内涵

语言风格学是语言学和文学相结合的一种新兴学科。从广义上看，语言风格主要包括口头语言、书面语言、文学语言、非文学语言等在内的一切语言形式的风格。其中，语言风格是语言风格学中的核心术语，而关于语言风格的定义，不同的学者又有着不同的看法。

综观数十年来，我国学者对风格学的定义可分为九种观点。

第一种观点是言语气氛格调说。持这一种观点的学者为高名凯和胡裕树等人。高名凯认为，语言中的风格就是在不同的交际场合中，人们为了达到某一交际目的而使用的适应特定交际场合的语言所产生的言语格调或言语气氛。

胡裕树认为，语言风格是为了适应不同的交际目的、交际环境，选用语言手段以适应该情境和目的时所形成的某种气氛和格调。这种观点对我国的传统文体论关于体势的说法进行了继承和发展。

第二种观点是言语特点总和说。持这一观点的学者有张静、王德春等。这种观点的影响较大，学术界比较认可与熟悉。

张静指出："语言风格是指运用语言所表现出来的各种特点的总和。"

王德春指出："言语风格是使用语言特点的综合。"

第三种观点是言语特点综合表现说。持这一观点的学者主要为郑远汉。

郑远汉指出："言语风格是语言由于使用中受不同交际环境的影响或制约而形成的一系列言语特点的综合表现。"

第四种观点是表达手段体系说。持这种观点的学者主要为方光熹。这种观点在俄罗斯学者中较为流行。

方光熹指出："风格应该是狭义的，是一定的世界观表达手段的体系。"

第五种观点是变异说。持这种观点的学者主要为叶蜚声。这种观点在欧美国家的学者中较为流行。

叶蜚声指出："语言还可以因使用场合的不同而表现出不同的变异。同一个人在不同的场合对不同的对象讲话往往有不同的特点……这类变异叫作语言的风格变异。"

第六种观点是语言和言语特点综合说。持这种观点的学者主要为张德明。

张德明指出："语言风格是指语言体系本身的特点和语言运用中各种特点的综合表现。"

第七种观点是系统性特征说。持这种观点的学者主要为胡范铸。

胡范铸指出："语言风格是在语言使用者的主观心理、语言所反映的内容等各种因素的综合制约下，运用某一语言表现出来的具有系统性的特征。"

第八种观点是综合言语个性或区别性特征总和说。持这种观点的学者主要为王焕运和王希杰。

王焕运指出："在一种或一篇语言式样中，在语音、词汇、语法以及修辞等方面表现出来的具有个性区分作用的综合言语个性叫语言风格。"

王希杰指出："言语风格就是语言运用中所表现出来的区别性特征的总和。"

第九种观点是美学风貌说。持这种观点的学者主要为宗世海。

宗世海指出："言语风格是制导于言语表达者个人审美趣味，由具有不同审美功能的语言要素和语言表达手段所传达出的言语作品的整体美学风貌。"

综上所述，以上九种不同的观点都体现了不同的语言风格定义，其观察视角不同，侧重面不同，然而却都是从语言运用的角度审视语言风格现象，对语言风格的某些本质特征和形成因素进行揭示的。这些概念的差异主要体现在以下几个方面。

第一个方面是观察角度不同。这些定义中有的立足于语言学对风格现象的认识，因此对外现形态的言语因素较为重视。这种看法认为风格是使用语言所产生的结果。有的立足于社会语言学，观察到语言运用受语言外部因素的制约作用，认为风格是运用语言时受特定的语言外部因素制约而产生的结果。有的立足于民族语言本身的特点，对语言运用中各种特点进行综合观察。有的立足于从语言学和美学角度观察风格现象，认为风格是语言运用受个人审美趣味影响所产生的结果。

第二个方面是所指对象的内涵差异明显。许多学者强调外部语言因素对语言风格的制约，但不同的学者认为的"外部因素"不同。其中，高名凯认为"交际场合"是制约因素，"文艺作品的言语风格""一般的交际功能的言语风格""个人的言语风格"共同构成气氛格调；胡裕树认为"交际目的""交际环境"是制约因素，"语言的时代风格""语言的民族风格""语言的个人风格"共同构成气氛格调；胡范铸认为"语言所反映的内容""语言使用者的主观心理"是制约因素，"表现风格""语体风格""社区风格""个人风格""流派风格"共同构成气氛格调；宗世海认为"言语表达者个人审美情趣"是制约因素，"表现风格"构成气氛格调。

此外，还有许多学者强调语言风格的外现形态因素，但对语言风格的特点认知不同。例如，张静认为"表现风格""时代风格""民族风格""个人风格""语体风格"可以涵盖语言风格；张德明认为"民族风格""时代风格"可以涵盖语言风格等。

综合以上观点，中国语言学家黎运汉结合其数十年对现代汉语的研究，指出"语言风格是人们言语交际的产物，是交际参与者在主客观因素制导下运用语言表达手段的诸特点综合表现出来的气氛和格调"。其认为，语言风格涵盖民族风格、流派风格、语体风格、表现风格、时代风格、地域风格、个人风格等内容。此外，黎运汉参照这一定义指出了语言风格的五个内涵。

第一个内涵为风格是语言运用的结果。语言风格不是凭空产生的，而是在语言运用中产生的，并存在于言语成品中。离开语言运用，语言风格也就不存在了；没有言语成品，语言风格也就无法依存。语言风格不是语言材料或言语特点的总和，不是语言体系自身的状态，也不是语言手段的体系，而是在主客观因素为前提的制约下，人们运用语言风格手段形成的各种特点综合表现出来的格调气氛。语言材料是风格手段的基础，是生成风格的基本物质单位。风格特点是由风格手段构成的，个别的、零碎的风格手段不能构成风格特点，简单地将各种风格手段相加也不能构成风格特点，而是一系列功能相近或相同的风格手段融合而成的结晶才能称为风格特点。格调气氛是由风格特点形成的，一种格调气氛不是由一种或几种风格特点简单加合形成的，而是由多种风格特点相互融合而呈现出的统一的格调气氛。运用风格手段生成风格特点，进而呈现格调气氛的结果即为风格，因此风格不是静止的语言现象，而是一种动态的言语现象。语言学界常说的语言风格，实为言语风格。

第二个内涵为风格是表达主体与接受主体共同创造的成果。语言风格是言语交际的一种特殊产物，言语交际涉及两个方面，一个方面是表达，另一个方面是接受，两个方面互动才能创造风格。而在风格创造中，双方都是创造主体。这就意味着，如果只有表达者，没有接受者，就无法创造某种语言风格，更无法取得理想的交际效果，必须经过接受主体对表达主体的言语作品的风格现象进行创造性的理解、解读、体验、确认、揭示，才能完成风格创造。因此，风格需要由表达主体追求、创造出来，并通过言语运用在言语作品中呈现出来，被接受主体发现、解读、认可、揭示出来，才能变成一种真正的语言风格。如果没有表达主体，风格就缺乏创造者，而没有接受主体，表达主体创造的语言风格仅为言语运用及其言语作品中的潜藏现象。

第三个内涵为风格是制导因素与物质因素相互作用的产物。风格包括制导因素、物质因素、制导因素与物质因素相互作用的产物——气氛和格调三个因素。其中，制导因素包括交际特点、交际参与者的条件、交际方式、交际环境、交际对象等外部因素，通常表现为非语言因素。这一因素对风格的形成起制约或导向作用。物质因素包括语言三个要素中的风格手段和非语言要素中的风格手段等内部因素，通常表现为语言因素，没有语言因素，语言风格就不复存在。外部因素与内部因素相互作用，相辅相成，辩证统一，互为因果，才能呈现为一种语言风格和气氛格调，两者缺一不可。

第四个内涵为风格概括体现为表现风格。表现风格是综合运用音调、遣词、择句、设格、谋篇等风格手段产生的修辞效果的概括体现。表现风格具体反映为一种语体、一个作家的作品、一篇文章、一个话篇、一个地域的作家的作品、一个民族的作家的作品、一个时代的作家的作品中的修辞效果以及各式各样的气氛和格调。从不同的角度对不同言语作品的气氛、格调进行抽象概括，便可得出不同类型的表现风格。豪放和柔婉着眼于话语气势的刚柔；繁丰和简约、文雅和通俗着眼于话语语词的雅俗，着眼于话语表达的内容所用语言数量多少；藻丽和朴实着眼于话语辞彩浓淡；蕴藉和明快着眼于话语传递信息所用的语言曲直；幽默和庄重着眼于话语趣味强弱；疏放和缜密着眼于话语结构的松紧；等等。不同的表现风格之间，既有区别，又有联系，共同构成了表现风格系统。表现风格是语言风格的概括体现，依存于民族风格、地域风格、个人风格、语体风格、时代风格、流派风格中。

第五个内涵为风格是语言学形态的升华。语言风格具有两种功能，一种是实用功能，一种是审美功能。语言风格的审美功能是由具有审美功能的表达手段和原本不具备审美功能但与具有审美功能的成分配合在特定语境中组合成体现审美功能的表达手段共同组成。表达主体选择不同风格手段构成话语、追求话语格调和气氛、选择不同组合方式构成话语均受到不同的审美情趣制约。同样，接受主体对表达主体的作品解读认知、揭示语言风格特征也受其审美情趣的制约。风格即言语审美的价值取向。

五个方面的内涵互相联系、制约，共同构成了语言风格定义的整体，体现了语言风格的成因、本质，也覆盖了其外延范围。

二、语言风格

从不同的角度对语言风格进行分类，可以分为四种类型，分别为时代风格、民族风格、个人风格和表现风格。

（一）时代风格

语言的时代风格是特定民族的人们在特定的历史时代中运用各种语言的特点表现出来的语言风格。同一时代的人们在语言运用上受到的社会环境的制约相同或相似，因此这一时代的语言往往有许多相同或相近的特点。不同时代的人们受到的思想文化、社会政治经济生活等制约条件有所差异，反映到语言运用上，便会呈现出不同的时代风格。

如果站在历史的角度观察语言的运用就会发现，不同的历史阶段，语言运用风格呈现出显性或隐性的不同风貌，这些风貌在时间长河中呈现出千姿百态、波澜起伏的状态，即不同时代的语言风格。

1.语言时代风格受社会发展制约

"语言是随着社会的产生而产生，随着社会的发展而发展的"，在语言的发展中不断淘汰旧词汇，产生新词汇，不同的词汇受到社会发展的影响具有不同的特点。社会的发展往往取决于政治、经济和文化发展，政治制度的改革、经济生活的变化、科学文化的进步都对语言的发展起着促进和制约的作用。随着社会的发展，语言也在不断发展，因此呈现出某种时代特色。当时代处于急速变化并发生新旧制度的交替时，语言内部要素也随之扩大或改进，使语言具有了鲜明的时代烙印。

例如，秦朝是我国历史上第一个中央集权的封建国家，秦始皇登基称帝后推行了一系列统一政令，废分封，设郡县，统一文字、度量衡，修建道路，开凿灵渠，产生一大批新的事物、官职名称，如将古代中国称为"中华"，将国君称号称为"皇帝"，并设置了"左右丞相""太尉""监察御史""奉常""郎中令""卫尉""太仆""宗正""典客""少府""治粟内史""廷尉"等三公九卿的新词语。这些当时的新词语具有特定的时代色彩，因此运用这些新词语创作的作品就呈现出特定的时代性。又如，五四时期是我国历史上独特的新文化运动高峰时期，出现了一大批新词语，如"探险""主席""脱粒""定点""改进""证实""回收""轮休""代议制""社会事业""历史唯物主义""意识形态""机械修理""思想改造""动员""倡议""揭破""脱产""中转""策动""音韵学""前进""社会教育""经济史观"等。

改革开放后，中国政治、经济、文化各项事业获得全面发展，"日新月异""安居乐业""法治社会""开放进取""军事变革""勇立潮头""出行方便""政治清明""人民富足""经济腾飞""科技强国""交通发达""锐意改革""绿水青山""新能源""人民获得感""小康社会"等具有时代特色的新词语随之出现。

这些鲜明的时代风格反映在言语中便成为各种类型的语言风格。时代风格是不断变化的，具有开放性。一个时代产生什么语言风格，取决于当时社会的政治、经济和文化发展的要求。原始社会没有文字，言语简单，当时渔猎时代的口头歌谣大多风格简约朴实。例如，现今仅存的一首原始时代歌谣："断竹，续竹，飞土，逐宍。"其风格十分简单直白。文字出现后，在口头语体基础上产生了书面语体。随着时代发展，书面语体风格越来越丰富。到了封建社会，各种类型的语体风格和表现风格已基本形成。例如，典雅、远奥、精约、显附、繁缛、壮丽、新奇、轻靡即为先秦两汉时期的八种语体风格。到了现代，现代汉语的语体风格较之古代又新增加了报告文学语体风格、微型小说语体风格、通讯报道语体风格、文摘语体风格、广播语体风格、广告语体风格、科学文艺语体风格等。此外，同一个语体风格在不同时代的影响下，具体表现出来的个人风格也不尽相同。

2. 语言时代风格是时代精神的外在表现

"不同时代有不同的精神面貌、时习风尚，在语言上也就会有不同的时代风格。语言的时代风格往往就是时代精神的语言体现。"人们生活在一定的时代环境中，时代的精神面貌必然影响人们的思维和语言。语言作为人类最重要的交际工具，反映着人们对现实社会的认识，体现着时代的精神面貌。正如马雅可夫斯基所说："再过几百年，如果在纸堆中挑出一行诗就可以使这个时代再现！"

语言的时代风格体现时代的政治面貌。政治的变化最容易影响到文学作品的语言风格。

例如，唐朝是我国封建社会政治、经济、文化发展的高峰时期，尤其是诗歌的发展达到了高峰。这与唐朝政治统治者重视诗歌，以诗取士有关。《旧唐书·宋之问传》记录了唐代武则天在龙门举行诗歌大会的盛典。公元690年，武则天率领群臣到香山寺游览。当时春和景明，武则天心情大好，遂令群臣比赛作诗，胜出者，赐以锦袍。圣旨一下，百官响应。须臾之间，左史东方虬诗成："春雪满空来，独处如花开。不知园里树，若个是真梅。"武则天听了，连称好诗，即令上官婉儿赐予锦袍。东方虬双手捧袍，受宠若惊。不久，宋之问呈上他的长诗《龙门应制》，其中"先王定鼎山河固，宝命乘周万物新。吾皇不事瑶池乐，时雨来观农扈春。"几句诗歌更佳，武则天便把锦袍转赠宋之问，成就了"香山赋诗得锦袍"的佳话，也说明这一时期的诗歌多展现华丽锦绣的盛唐气象。

五四运动对中国近现代影响深远，其不仅仅是一场运动，更是一个时代，是一种精神。这一时期涌现出了一大批有着鲜明五四精神的文学作品，其中以郭沫若的作品最具代表性。例如，郭沫若的《女神》中有"我要去创造些新的温热，好同你新造的光明相结。""我要去创造些新的光明，不能再在这壁龛之中做神。"

3. 语言时代风格具有特定的物质标志

不同时代中的汉语的语法、词汇、修辞手段特点也不相同。"词汇是一个窗户，透过这个窗户，我们可以了解一个民族的过去。"

例如，"牛棚""红旗渠""钢铁元帅""最后通牒""原子弹""大寨""氢弹""放卫星""大字报""语录歌""五七干校"等，看到这组词语就知道其代表的年代。

有的词汇在不同时代中的意义相同，但表现形式不同。例如，"自我批评""吾日三省吾身""爱人""拙荆"属于不同时代的同义表达。

有的词汇形式相同，但在不同时代中的含义有所区别。

例如，《扁鹊见蔡桓公》中的"望桓侯而还走"一句，其中的"走"在古代的意思为跑，现代的意思为行走。

《两小儿辩日》中的"及其日中如探汤"一句，其中的"汤"在古代指热水，今天指菜或面做的稀状食物。

《口技》中的"两股战战"一句，其中的"股"在古代指大腿，现在指屁股。

《送杜少府之任蜀州》中的"儿女共沾巾"一句，其中的"儿女"在古代指小孩和女子，今天指子女。

《龟虽寿》中的"烈士暮年，壮心不已"一句，其中的"烈士"在古代指有雄心壮志的人，现在指为正义事业献出生命的人。

《晏子故事两篇》中的"其实味不同"一句，其中的"其实"在古代为两个词："其"是代词，意思是"它的"；"实"意思为"果实"。现代的"其实"是一个词，是用来说明某一事实的连词。

《小石潭记》中的"隶而从者，崔氏二小生"一句，其中的"小生"在古代指小青年、后生，现在指戏曲艺术中的一种角色。

《塞翁失马》中"死者十九"一句，其中的"十九"在古代指十分之九，现在指一个数目，即 19。

《公输》中的"请献十金"一句，其中的"金"在古代为计算金属货币单位，一两为一金，现在的意思则是金银的金。

除了词语外，句式的文白、句式的长短和虚词的运用也能体现时代风格。

古代文言文中多"之""乎""者""也"等词，而现代文则通俗易懂。

不同时代的语言修辞方式也不尽相同。修辞方式不同多体现在有些修辞方式只盛行于古代，而近代和现代却很少用或者不用。例如，互文是古代诗歌中常用一修辞方式。《孔雀东南飞》中的"东西植松柏，左右种梧桐。"这句话的意思不是在东西种松柏，在左右种梧桐，而是东西南北都种松柏和梧桐。

《木兰诗》中"将军百战死，壮士十年归"不能翻译成"将军经过百战之后都战死了，回来的都是久经战场的壮士"；"东市买骏马，西市买鞍鞯，南市买辔头，北市买长鞭"并不是到东南西北四个市场分别买四种东西，而是互相补充。

"秦时明月汉时关"一句中"秦"和"汉"就是一种互相补充的互文关系，不能翻译成"秦朝的明月，汉朝的边关"，而是"秦汉时期的明月和边关"。

《滕王阁序》中"十旬休假，胜友如云；千里逢迎，高朋满座。"这句话中有一对互文，"胜友如云"和"高朋满座"是互文关系，应该翻译成"胜友如云，胜友满座；高朋满座，高朋如云"。有些修辞方式虽贯穿了各个时代，但古今的表现方式已经大不相同了。有些修辞方式是古代没有，到现代才有的。

此外，古今语言风格在篇章结构的组织上往往有不同的特点。例如，章回小说是明清时代的小说的特点，现代的小说方式手法十分多样。

（二）民族风格

语言的民族风格与民族语言特点相关。同一个民族常体现出共同的民族历史、共同的地域、共同的文化、共同的经济生活、共同的心理状态和风俗习惯等，这决定了语言具有民族风格。不同民族语言，语言内部的发展规律不同、表现形式不同，特点也不相同。民族风格通常表现为某一民族语言运用上特有的作风和气派，且具有一定的稳定性。现代汉语语言具有元音占优势、没有辅音、声调有意义、双音节词占优势、长短变化不大、词的音节整齐、语序和虚词组合句子、量词和语气词特别丰富等特点。因此，现代汉语具有形象显明、表达明快、语言优美、句式简单等风格特点。

（三）个人风格

个人风格是指受到不同生活经历、不同思想作风、不同语言修养等因素的影响，个人语言上所形成的特有的气派和作风。个人风格的形成是个人使用语言成熟的标志。个人风格是作家在长期的实践过程中形成的，具有稳定性的特点。例如，李白的诗歌豪迈飘逸，杜甫的诗歌沉郁顿挫，曹操的诗歌沉雄浑厚，这些风格都与诗人的成长经历有关。

李白出身豪门世家，《新唐书》记载李白为兴圣皇帝（西凉武昭王李暠）九世孙，与李唐诸王同宗。其人爽朗大方，爱饮酒作诗，喜交友。少有才名，李白十五岁，已有诗赋多首。爱好广泛，接受道家思想的影响，好剑术，喜任侠。李白年轻时就离开故乡，踏上远游的征途，怀揣抱负游历名山大川，交友广泛。其生活的时代主要为盛唐时期，因此他的诗歌风格浪漫、飘逸。

杜甫年少勤奋好学，"读书破万卷"，二十岁起，开始了漫游生活，先游吴越，结交了许多师友，二十四岁返回东都洛阳参加进士科举考试不中，但并没有影响他的雄心。这一时期创作的《望岳》中"会当凌绝顶，一览众山小"一句体现了诗人的抱负。后来屡次被排挤和打压，理想一再碰壁，生活也越来越拮据。他常过着"卖药都市，寄食友朋"的生活。这使他关注底层人民的生活。当时，杜甫处在政治中心长安，耳闻目睹统治者的荒淫腐朽，对潜藏的社会危机也有所预感。这段时间，杜甫写下一百多首诗，其中《兵车行》《丽人行》《前出塞》《后出塞》等名篇从多方面反映了安史之乱前夕唐代社会的各种矛盾。后来经历了安史之乱，杜甫也携带一家老小加入了流亡的难民队伍。杜甫饱尝国破家亡的忧患痛苦，做官、陷贼、流亡、遭贬，生活体验异常丰富，因此写下了《新安吏》《潼关吏》《石壕吏》《新婚别》《垂老别》《无家别》等一大批风格沉郁的作品。

曹操出生于一个显赫的官宦家庭，二十岁时被举为孝廉，入洛阳为郎。董卓进入洛阳，废少帝，立献帝刘协，后又杀太后及少帝，自称相国，专擅朝政。曹操见董卓倒行逆施，不愿与其合作，遂改易姓名逃出京师洛阳（今河南洛阳东北）。曹操到陈留后，"散家财，合义兵"，组织起一支五千人的军队，讨伐董卓。之后，在诛杀董卓的战争中壮大，"挟天子以令诸侯"，最终成长为一代军事家和政治家，因此其诗作沉雄浑厚。《短歌行》中的"山不厌高，海不厌深。周公吐哺，天下归心"，这表达的是其作为一代英豪的胸怀："我愿如周公一般礼贤下士，愿天下的英杰真心归顺于我。"

作家的个人风格还与思想性格有关。李清照出生于一个爱好文学艺术的士大夫的家庭，自幼生活在文学氛围十分浓厚的家庭里，耳濡目染，家学熏陶，加之聪慧颖悟，才华过人，所以"自少年便有诗名，才力华赡，逼近前辈"，曾受到当时的文坛名家的大力称赞。李清照的少年时代随父亲生活于汴京，优雅的生活环境，特别是京都的繁华景象，激发了李清照的创作热情，除了作诗之外，她开始在词坛上崭露头角，写出了为后世广为传诵的著名词作《如梦令》。这一时期其生活无忧，只吟风弄月，悲春伤秋。因此，其前期词作以伤春怨别和闺阁生活的题材为主。例如，《如梦令·昨夜雨疏风骤》抒发惜春怜花的感情："昨夜雨疏风骤，浓睡不消残酒。试问卷帘人，却道海棠依旧。知否，知否？应是绿肥红瘦。"又如，《如梦令·常记溪亭日暮》："常记溪亭日暮，沉醉不知归路。兴尽晚回舟，误入藕花深处。争渡，争渡，惊起一滩鸥鹭。"李清照中年时期，金人大举南侵，俘获宋徽宗、宋钦宗父子，史称"靖康之变"，北宋朝廷崩溃，南宋建立。其丈夫不久即去世。国势日急又逢家变，李清照后来又经历了一场再嫁匪人、离异系狱的灾难，其思想发生了巨大变化，词作充满了"物是人非事事休"的浓重伤情调，从而表达了她对故国、旧事的深情眷恋。例如，《声声慢·寻寻觅觅》："寻寻觅觅，冷冷清清，凄凄惨惨戚戚。乍暖还寒时候，最难将息。三杯两盏淡酒，怎敌他，晚来风急！雁过也，正伤心，却是旧时相识。"《永遇乐·落日熔金》下阕中写道："中州盛日，闺门多暇，记得偏重三五。铺翠冠儿，捻金雪柳，簇带争济楚。如今憔悴，风鬟霜鬓，怕见夜间出去。不如向，帘儿底下，听人笑语。"意为记得汴京繁盛的岁月，闺中有许多闲暇，特别看重这正月十五。帽子镶嵌着翡翠宝珠，身上带着金捻成的雪柳，个个打扮得俊丽翘楚。如今容颜憔悴，头发蓬松也无心梳理，更怕在夜间出去。不如从帘儿的底下，听一听别人的欢声笑语。

　　语言的个人风格与知识和文化修养有关。《红楼梦》的作者曹雪芹拥有丰富的文学、艺术、历史、考古、生理等方面的知识，是一位知识渊博的才子，其作品展现了百科全书式的文化知识，里面涉及丰富的饮食、茶、中医、民俗、园林、戏曲、服饰、建筑、古董字画、儒道佛等各方面的文化。而《红楼梦》的语言简洁而纯净，准确而传神，朴素而多彩，达到了炉火纯青的境界。小说中那些写景状物的语言，绘色绘声，使读者仿佛身临其境。比如，柳湘莲对贾宝玉说："你们东府里，除了那两个石头狮子干净，只怕连猫儿狗儿都不干净。"此句运用了隐喻、明喻等多种修辞手法，语言富有哲理。此外，《红楼梦》中有许多民俗谚语的运用。例如，"拔一根寒毛比咱们的腰还粗""既有今日，何必当初"等。另外，小说中还有许多富于情趣的文字，如"林黛玉听见宝玉奚落宝钗，心中着实得意，才要搭言也趁势儿取个笑，不想靓儿因找扇子，宝钗又发了两句话，他便改口笑道：'宝姐姐，你听了两出什么戏？'宝钗因见林黛玉面上有得意之态，一定是听了宝玉方才奚落之言，遂了他的心愿，忽又见问他这话，便笑道：'我看的是李逵骂了宋江，后来又赔不是。'宝玉便笑道：'姐姐通今博古，色色都知道，怎么连这一出戏的名字也不知道，就说了这么一串子。这叫《负荆请罪》。'宝钗笑道：'原来这叫作《负荆请罪》！你们通今博古，才知道"负荆请罪"，我不知道什么是"负荆请罪"！'一句话还未说完，宝玉林黛玉二人心里有病，听了这话早把脸羞红了。"

（四）表现风格

语言的表现风格是指在长期的语言实践中，人们运用语言的方式和表现的方法不同以及表达的效果不同而形成的一种语言风貌和格调。语言的表现风格体现在不同的言语作品中，是根据作者的语言风格概括出来的，如有的平实、有的庄重、有的幽默、有的含蓄、有的简洁、有的繁丰、有的明快、有的豪放、有的藻丽、有的柔婉等。语言的表现风格常形成对应的关系。

1.藻丽和平实

藻丽和平实是两种对立的语言表现风格。藻丽是指语言华美、富丽、绚烂。藻丽表现风格常使用比喻、夸张和比拟等形象的修辞方式，语言华丽多彩、挥洒自如、生动细致。例如，王勃的《滕王阁序》中运用了大量的修辞手法。"落霞与孤鹜齐飞，秋水共长天一色。""老当益壮，宁移白首之心？穷且益坚，不坠青云之志。""潦水尽而寒潭清，烟光凝而暮山紫。""冯唐易老，李广难封，屈贾谊于长沙，非无圣主；窜梁鸿于海曲，岂乏明时？""酌贪泉而觉爽，处涸辙以犹欢。""孟尝高洁，空余报国之情；阮籍猖狂，岂效穷途之哭！"等句子均文采飞扬。平实又称为平易、质朴，很少用夸张、比拟等修辞方式，铺陈景物，解剖事物，显得厚实大方，如赵树理的小说。

2.含蓄和明快

含蓄和明快是两种对立的语言表现风格。含蓄即言有尽而意无穷，不直接把话说出来，或不全说出来，显得深沉、厚重，含不尽之意，令人回味无穷。常用比拟、双关、比喻、婉曲、反语等修辞方式创造意境。明快的特点为直言其事，一针见血，直接议论，直抒胸臆。一般来说，公文体、政论体、科技体比较明快，文艺体比较含蓄。

3.庄重和幽默

庄重和幽默是两种对立的语言表现风格。庄重的特点是表达清楚，句式严整，选用庄严词语、各种述语和敬语，不使用双关、反语等修辞方式。常用于歌颂伟大、崇高的人物，表达重大事件和问题，论证科学道理，等等。幽默的特点是常用讽喻、反语、双关、夸张等修辞方式，用词轻松愉快，常用来对丑恶现象或事物进行嘲讽。赵树理的小说就属于幽默风格。

4.繁丰和简洁

繁丰和简洁是两种对立的语言表现风格。繁丰的特点是淋漓尽致、尽情发挥，不节省词句，使人感到详细明了。简洁的特点是多用单音词、成语、短句，言简义丰，文辞简洁，没有多余的话，力戒冗词赘句，描写方法上多用白描，修辞方式多用跳脱、比拟、转品等。

5.豪放和柔婉

豪放和柔婉是两种对立的语言表现风格。豪放的特点是词语气势磅礴、雄伟健壮、境界开阔、刚劲有力，多用排比、对偶、夸张、博喻等修辞方式，多用短句。柔婉的特点是情景微妙、感情细腻、抒情优美，常选用深沉细致的抒情句式及声调纤细的韵律。

四、言语风格

言语风格和语言风格一样，属于语言风格学的核心术语。我国对言语风格的探讨由来已久。目前，学术界对言语风格的定义各有不同的看法，至今没有一个比较一致的认识，大致有以下几种观点。

（一）言语风格定义和内涵

学术界对"语言风格""言语风格"区分不清。一些学者认为两者属于同义术语，另外一些学者认为两者并不是一回事。持这种观点的学者的具体看法也不相同，一些学者认为语种、方言的特点就是言语风格，还有一些学者认为民族风格、时代风格（历史方言）、地域风格（地理方言）就是言语风格。此外，学者对"语言风格"和"言语风格"的具体内涵的看法也不一致。关于言语风格的定义，学术界的主要观点有四种。

第一种观点：格调气氛论。持这种观点的学者以高名凯和胡裕树为代表。这种观点认为，语言风格（应为"言语风格"）是语言运用中表现出的一种言语气氛和格调。

第二种观点：综合特点论。这种观点是目前学术界比较认可和熟悉的观点，持这种观点的学者以潘允中、宋振华、王今铮和张静为代表。这种观点认为，语言风格（应为"言语风格"）是语言运用中或言语实践中各种特点的综合表现。

第三种观点：表达手段体系论。持这种观点的学者以方光涛为代表。这种观点认为，语言风格（应为"言语风格"）是语言表达手段的体系。

第四种观点：常规变异论。持这种观点的学者以叶蜚声、徐通锵为代表。这种观点认为，语言风格（应为"言语风格"）是人们在语言运用中有意识地违反标准语常规的一种变异。这个观点在欧美学者中影响较大。

从以上四种言语风格的定义中可以总结出言语风格的以下几方面的内涵：

第一，言语风格不是言语作品的一般（修辞）特点，而是言语作品整体的美学风貌。

第二，言语表达者（说写者）的个人审美趣味是言语风格的制导因素，言语风格不是全民的、规范的，而是个体的、自由表现的。

第三，言语风格在本质上属于言语现象，而不是语言现象；言语风格是由语言体系中不同风格色彩的语言要素和语言表达手段构成和传递出来的；言语风格只存在于言语运用中，只存在于具体的言语作品（话语、文章著述）中。

第四，言语风格在具体作品中的表现是丰富多样的，经总结概括后可以形成不同的言语风格类型。

（二）影响言语风格的因素

言语风格是存在于具体的语言行为中，通过表达方式、语言结构、个性风格、修辞技巧等表现出来的。俗话说，文如其人，言为心声。个人的言语风格受到一系列主观因素或客观因素的影响。

影响个人言语风格的主观因素有民族文化传统、社会地位与职业、文化修养、年龄与性别、交际的主观动机与意图等。其中，有文化修养的人的语言能力相对较强，一般来说，文化修养高的人发掘语言表达方式的能力较强，文化修养低的人运用语言的能力较弱。文化修养不同的人观察事物的深度、广度及审美观不同，逻辑思维和形象思维也不同。人的社会地位与职业不同，直接影响其言语风格。社会分工和职业领域的不同使言语人在其言语活动中表现出不同的职业特点和规律。交际的主观动机与意图也是影响个人言语风格的重要因素。例如，当说话人想谋求听话人的赞同或欢心时，会有意识地使言语风格向对方的言语风格"靠拢"。相反，当说话人想疏远听话人时，会有意识地使自己的言语风格与对方的言语风格"背离"。年龄和性别也是影响个人言语风格的重要因素。儿童、青年、老年人的言语风格有明显区别，同一个人在与不同年龄的人交际时，言语风格也会受到影响。儿童言语特点为音调偏高、语速缓慢、常用升调、句子结构简单，成年人在与小孩交谈时，也自然向儿语风格靠拢。性别也是影响言语风格的因素之一。男性言语风格的特点是多关注结果、逻辑思维能力强、长于说理，女性语言风格的特点是多注重细节情感外露，情绪变化丰富，长于形象思维。

影响言语风格的客观因素主要包括言语活动的地点、时间、对象、内容、交际双方的关系等言语行为发生的"背景"，以及交际双方所处的社会文化情景。我国著名修辞学家陈望道先生曾明确提出了言语修辞的"六何"理论，即"何故""何事""何人""何地""何时""何如"。此外，时代风格也是影响言语风格的客观因素，如网络时代出现了"蒜你狠""豆你玩""糖高宗""姜你军"等时代词语，这些词语在作家的语言中体现出了时代的风格。

（三）语言风格和言语风格的语用修辞功能

语言风格和言语风格直接影响文学创作风格，而文学风格又直接呈现为文学语言风格。文学语言风格包括两个层次，一个是创作主体的言语风格，一个是创作客体的语言风格。

创作主体的言语风格是指作家在运用文学语言表现思想情感、塑造艺术形象时，在语言体运用和表达方式方面体现出来的独特审美风范；创作客体的语言风格是作家言语风格的具体体现，指具体的文学作品中语言表现特点的综合体。从语用学的角度来看，作家言语风格主要取决于其独特的言语方式，具体表现在三个方面。

1. 选择和运用语气、语调

文学作品中叙述人或抒情主人公的言语口气、声调称为"语气"；文学作品的全部语言材料和整个语气系统中表现出来的作家独特的言语格调，称为"语调"。语气、语调是语言风格的重要因素，也是文学作品风格的重要因素，很早就受到了作家的高度重视。语气、语调包含作家对其所反映的社会生活、所塑造的艺术形象、营构的艺术意境的情感态度和评价，在本质上是一种情调。作家对语气、语调的独特选择和确定，是其言语风格具有独特性的首要标志。

苏轼是我国古代的大文学家，其开创的豪放词派胸怀开朗。风格与晚唐五代流行的婉约派风格不同。豪放词派词作的语气豁达、开朗、大气、豪放，如《念奴娇·赤壁怀古》第一句："大江东去，浪淘尽，千古风流人物。"波涛滚滚的长江日夜不停地向东流去，自古以来那些才华出众的人物都已随时间流逝而消失，犹如被源源而来的浪涛从历史上冲洗掉了一样。苏轼用"浪淘尽"三个字把眼前的长江和历史上的人物巧妙地联系起来，在这种自然而又形象的联想中，表现其对历史人物的怀念。作为开篇首句，气势十足。《水调歌头·明月几时有》中"人有悲欢离合，月有阴晴圆缺，此事古难全。但愿人长久，千里共婵娟"。人有痛心、欢快、相聚、离别，月有阴暗、晴朗、圆满、残缺，自古以来难以周全。人世间的悲欢离合和这明月一样时有圆缺，只愿那相互思念的人啊天长地久，纵使相隔千里，也能共享这美好的月光。

《定风波·莫听穿林打叶声》中上阕"莫听穿林打叶声，何妨吟啸且徐行。竹杖芒鞋轻胜马，谁怕？一蓑烟雨任平生。"不用注意那穿林打叶的雨声，何妨放开喉咙吟唱从容而行。竹杖和草鞋轻捷得胜过骑马，有什么可怕的？一身蓑衣任凭风吹雨打，照样过我的一生。用豁达的语气和语调表现了虽处逆境、屡遭挫折但不畏惧、不颓丧的倔强性格和旷达胸怀。

作家的艺术个性不同，其在具体作品中表现出来的一贯的语气和语调也迥然不同。

汪曾祺十分注意创作中的语言，他曾说："我觉得研究语言首先应从字句入手，遣词造句，更重要的是研究字与字之间的关系，句与句之间的关系，段与段之间的关系。"汪曾祺的散文语言特点为朴素、平淡、韵味无穷。

例如，《吃食和文学》："有人不吃羊肉。我们到内蒙去体验生活。有一位女同志不吃羊肉，闻到羊肉味都恶心，这可苦了。她只好顿顿吃开水泡饭，吃咸菜。看见我吃手抓羊贝子（全羊）吃得那样香，直生气！"平实的语言体现了汪曾祺散文中包含着独特的口语化语言的特点。

又如，《苦瓜是瓜吗》："有一个西南联大的同学，是个诗人，他整了我一下子。我曾经吹牛，说没有我不吃的东西。他请我到一个小饭馆吃饭，要了三个菜，分别是凉拌苦瓜、炒苦瓜、苦瓜汤！我咬咬牙，全吃了。从此，我就吃苦瓜了。"用平实的语言将简单的事情讲得韵味无穷。

从以上例子中可以看出，作家言语方式中对语气、语调的独特选择和运用，是其言语风格具有独特性的重要标志之一。

2. 选择个性化词汇

作家独特的言语风格需要通过对词汇的个性化使用体现出来。词域的选择、词与词的超常组合与搭配、词类与词性的变异使用、词义的陌生化与新奇化、作家使用词汇的个性化自造新词等就表现了作家的独特言语风格。

例如，余光中的《乡愁》把乡愁比作"一枚小小的邮票""一张窄窄的船票""一方矮矮的坟墓""一湾浅浅的海峡"，又用"小小""窄窄""矮矮""浅浅"等叠音的形容词修饰中心意象。虽然诗只有几句，但是语言纯净、清淡，浅白率真而又意味隽永，十分生动。

余光中被称为"最后的诗人"，他的散文中的语言像诗一样优美。例如，《听听那冷雨》中，"听听，那冷雨。看看，那冷雨。嗅嗅闻闻，那冷雨，舔舔吧，那冷雨""雨气空蒙而迷幻，细细嗅嗅，清清爽爽新新，有一点薄荷的香味，浓的时候，竟发出草和树林沐浴之后特有的腥气，也许那尽是蚯蚓和蜗牛的腥气吧，毕竟是惊蛰了啊。也许地上的地下的生命也许古中国层层叠叠的记忆皆蠢蠢而蠕，也许是植物的潜意识和梦紧；那腥气"。最具特色的是大量使用叠字叠词，如"听听""看看""闻闻""嗅嗅""层层叠叠""清清爽爽"等，使情感细密如织，既造成视觉上的美感，又形成音韵的复沓、回环，使整篇文章笼罩在一种细致、柔和、灵动的气韵中，读起来节奏鲜明、生动。

3. 语音的风格化运用

索绪尔在《普通语言学教程》中正确地指出，语言是音与义的结合体，它"好比一张纸，思想是其正面，声音是其反面，我们切割一面的时候，不可能不同时切割另外一面""我们既不能使声音脱离思想，也不能使思想脱离声音。"语音也是作家言语风格的体现，"在汉语里，声、韵、调的排列，双声叠韵的技巧、平仄对仗的格律、音节的重叠、合辙押韵的节奏……都会造成不同的风格效果，显现出不同的风格色彩"。

诗歌中多用双声叠韵词可以塑造语言的音韵美，如杜甫《登高》："无边落木萧萧下，不尽长江滚滚来。"《愁》："江草日日唤愁生，巫峡泠泠非世情。"《曲江二首》（之二）："穿花蛱蝶深深见，点水蜻蜓款款飞。"还有《燕子来舟中作》："可怜处处巢居室，何异飘飘托此身。""江天漠漠鸟飞去，风雨时时龙一吟。"在声调上起伏跌宕、抑扬顿挫，具有和谐悦耳的声律美。《天净沙·秋思》："枯藤老树昏鸦，小桥流水人家，古道西风瘦马。夕阳西下，断肠人在天涯。"诗词读起来抑扬顿挫，朗朗上口，听起来铿锵悦耳，音调优美，抒发了一个漂泊天涯的游子在秋天思念故乡、倦于漂泊的凄苦愁楚之情。这首小令寄情于物，把凄苦愁楚之情通过众多自然景物的鲜明形象、浓重的深秋色彩刻画得淋漓尽致。

语音的风格功能不但在诗、词、曲、赋等韵文语体中有重要作用，而且在小说、散文、戏剧等散文语体中也是必不可少的。例如，朱自清的《匆匆》中"燕子去了，有再来的时候；杨柳枯了，有再青的时候；桃花谢了，有再开的时候。但是，聪明的，你告诉我，我们的日子为什么一去不复返呢？"充满了音乐的节奏美。

又如，《春》中"雨是最寻常的，一下就是三两天。可别恼。看，像牛毛、像花针、像细丝、密密地斜织着，人家屋顶上笼着一层薄烟……在乡下，小路上，石桥边，有撑着伞慢慢走着的人，地里还有工作的农民，披着蓑戴着笠。他们的房屋稀稀疏疏的，在雨里静默着"。这段话中，将雨比作"牛毛""花针""细丝"，具有极强的音律美。

（四）句式的选择和句法的变异

现代汉语中"短句主劲拔""长句以气胜"，作家的文学语言实践活动表明，不同句式具有不同的风格功能。

一般情况下，短句宜于表现轻松活泼、明快粗率、简洁朴素、冷峻峭拔、慷慨激昂的语言风格，长句则宜于表现沉郁凝重、委曲细腻、繁丰华丽、气势雄浑的语言风格。长短不等、结构自由的散句则有助于表现音节参差、委婉迂徐、铺张扬厉、酣畅淋漓的语言风格。长短划一、结构整齐的整句有助于表现音节匀称、明畅流丽、以少胜多的语言风格。

长句的修辞效果是表意严密、精确、细致，语意贯通，气势磅礴。政论文、科技文、文学评论及文学作品中描写自然景物或人物的心理状态多选用长句。例如，科技文《天坛之美》中的结语："如果比较一下就会发现，故宫拥有庞大的建筑群，以气势取胜，天坛的建筑少而精，以宁静深远而著称；故宫以封闭式的一道道门、一道道墙为特点，而天坛以天高地阔的开放式为特点；故宫的空间图形是方的，而天坛则是柔和的圆；故宫的颜色以红为重，而天坛则是幽静的青绿色。天坛之美，耐人深思。"该句用排比句将故宫与天坛做比较，突出两个建筑物的不同，表意严密，气势磅礴。

短句短小精悍、生动明快、活泼有力、节奏性强，能简明扼要地叙述事实，简洁生动地表现人物、事物的迅速变化，表达作者（人物）紧张、激越的情绪或果断、肯定的语气。例如，《安塞腰鼓》中"多水的江南是易碎的玻璃，在那儿，打不得这样的腰鼓。除了黄土高原，哪里再有这么厚这么厚的土层啊！好一个黄土高原！好一个安塞腰鼓！""好一个痛快了山河，蓬勃了想象力的安塞腰鼓！愈捶愈烈！形体成了沉重而又纷飞的思绪！愈捶愈烈！思绪中不存任何隐秘！"文章中大量用短句形成了回环往复的气势，也表现了作者对安塞腰鼓无法抑制的热爱之情。

作家对不同句式的选择、组合与习用会使他们的作品呈现出独具特色的语言风格。高明的作家都是长短句结合，错落有致，各尽其妙。

（五）修辞手段的习惯化运用

修辞即文辞或修饰文辞，是使用语言的过程中，利用多种语言手段以收到尽可能好的表达效果的一种语言活动。现代汉语的修辞手法可分为63大类,78小类。不同的修辞手法适合表现的言语风格不同。简练、平实的语言风格适合运用借代、节缩、反缀、参互、合说等修辞手段;明快、豪放的语言风格适合运用排比、复迭、夸张、博喻、明喻、较物等修辞手段;繁丰、藻丽的语言风格适宜运用博喻、排比、比拟、摹状、错综、复迭、回环、同语等修辞手段;诙谐的语言风格适合运用倒辞、反语、易色、别解、仿拟、降用、升用、飞白、巧缀、断取、移时等修辞手段;含蓄、柔婉的语言风格适合运用借代、双关、谐音、曲喻、借喻、隐喻、婉曲、反衬、移就等修辞手段;新奇、工巧的语言风格适合运用拈连、移就、移情、移觉、反缀等修辞手段。

因此,作家对某些修辞手段的习惯性运用也是形成其独特言语风格的重要因素。李白经常大量地运用夸张、比喻、比拟、较物、复迭、对比、反衬、设问、反诘等修辞手段,因此其诗歌具有豪放飘逸的语言风格。例如,"桃花潭水深千尺""白发三千丈,缘愁似个长""危楼高百尺,手可摘星辰""燕山雪花大如席""黄河之水天上来""飞流直下三千尺,疑是银河落九天""金樽清酒斗十千,玉盘珍馐值万钱""两岸猿声啼不住,轻舟已过万重山""百年三万六千日,一日须倾三百杯"等均为夸张的修辞手法。这些夸张手法逐渐外化为李白诗歌中的标签式的修辞手法,成为升华诗歌意境的一种重要因素。李白诗歌中最有特点、最具影响力的修辞手法就是夸张。

综上所述,作家言语风格的独特性主要通过其对语气语调、语音、词汇、句式句法以及修辞手段的独特选择和习惯性运用体现出来。

第二节　语体风格

一、语体风格的概念

语体是语用学中的一个重要概念,20世纪50年代中期,苏俄语言学界展开的文体大讨论直接促成了语体概念的形成,受其影响以及西方理论的引入,语体从汉语传统的文体与风格两个概念中衍生出来。语体吸收了传统"文体"论中的功能原则,又从风格内涵里提炼出标示语用态势的言语体系,收进"文体"所弃的口语语类。

1932年,陈望道在《修辞学发凡》中首次提出"语文的体类"说:语文的体类本来可以简称为"文体"或"语体",但"语体"现在已经用作白话的别名,而

"文体"又被一班"辨体"者辨得琐琐碎碎，没有意思。为避免混同起见，我们不如直接称它为语文的体类或简称为辞体或辞类。这本书中并没有采用"语体""文体"来指称语言风格，而是使用了"语文的体类""辞体""辞类"等名称。但通过内容可知其大致相当于现在所说的"语体"或"语体风格"。

20世纪50年代中期，高名凯在语言理论课中加进了语言风格的内容，从功能的角度讲授语言运用中因交际场合、目的、内容和任务的制约而形成的表达手段系统和表达效果。其在引进国外理念的同时总结传统的风格论，建立了中国的语体学。为汉语语体的研究及语体学的建立做了奠基性的工作。

关于语体的定义，半个多世纪以来，学者从不同的角度给出了不同的定义，可谓林林总总，不一而足。主要观点如下。

第一种观点："语言特点体系（综合）"说。持这种观点的学者以唐松波、张弓、吴士文、宋振华、黎运汉、谭永祥、倪宝元、李文明等为主。这种观点主要为，语体是由于交际方式和活动领域的不同而形成的言语特点的综合，是一种以语言特点的体系（或综合）为定义项的主要组成部分，从而形成了"语言特点体系（综合）说"的语体定义。

第二种观点："语言风格类型"说。持这种观点的学者以宋振华、王今铮、周迟明、王希杰等为主。这种观点主要为，由于交际的目的、内容、范围不同，在运用民族语言时也会产生一些特点，这种特点的综合而形成的风格类型，叫作"语体"。语体不是文章体裁，也不能把语体看作特殊的独立的语言。

第三种观点："功能变体"说。持这种观点的学者以袁晖、郑远汉为主。这种观点主要为，语体是全民语言在不同交际领域和交际范围内进行功能分化的言语变体，也叫作言语的功能变体。

第四种观点："词语类别"说。这种观点主要为，运用上受各种范围所限制的词语类别。人们根据文章的性质、内容以及接受的对象选择所需要的词语，从而形成了各种不同的语体。

第五种观点："语文体式"说。这种观点主要为，运用语言时组织言语所形成的模式性、整体性的一定的言语结构形式、格局或类型，这便是语文体式说。

第六种观点："言语行为类型"说。这种观点主要为，语体是一种在语言使用过程（也就是言语行为过程）中发生的现象。

二、语体风格的分类

自20世纪50年代我国学者引进语体的概念以来，经国内诸多学者的艰苦探索，语体学的研究取得了较多的学术成果。但是，由于语体学涉及诸多的因素，语体的分类呈现出不同的结果。

（一）语体分类的研究现状

语体的分类在不同的时代呈现出不同的特点，有代表性的主要有以下三类。

1. 按交际功能划分

语体的分类方法是由苏联传入的，按照不同的交际场合所发挥的不同交际功能，形成了先两分后四分的方法，即先分为口语语体和书面语体，然后把书面语体分为四个下位体：文艺语体、政论语体、科技语体和公文语体。在以黄伯荣、廖序东、邢向东、兰宾汉为代表的学者面向全国普通高校学生编写的《现代汉语》中也是沿着这一思路把语体分为文艺语体、政论语体、科技语体和公文语体四类。

2. 按适用领域划分

20世纪80年代以后，人们又提出了一些其他语体分类方法和语体类别。王德春、陈瑞端在其合著的《语体学》中，先按照语体适用领域的不同，把语体分为谈话语体和书卷语体，然后根据社会领域的多样化把书卷语体分为艺术语体和实用语体，再把实用语体分为政论语体、科学语体、事务语体、报道语体，这就是一种新的语体分类。袁晖则把语体分为谈话语体、公文语体、科技语体、新闻语体、文艺语体、融合语体六大类。袁晖的分类和王德春、陈瑞端的分类有异曲同工之妙。

3. 按综合角度划分

陈汝东在其《当代汉语修辞学》中这样写道："我们认为，语体可以从不同的角度区分。比如，从交际方式可以分为口语语体、书面语体、声像语体；按照传播信息的性质可以分为实用语体、艺术语体；按照交际领域可以分为文艺语体、科技语体、公文语体、政论语体、新闻语体、广告语体等。上述语体的划分也不是绝对的。有些具有相对独立的区别性特征，如口语语体和书面语体、实用语体和艺术语体；有些则具有交叉性特征，如政论语体、新闻语体、广告语体等。"陈汝东对语体的分类做出了总结性的概括。

以上三种分类是我国语体学界沿着语体具有交际功能这一思路进行的。在不同时期，学者对语体进行了由浅到深、由片面到全面的研究，反映了在不同的时期诸多学者对语体的认识。在语体学研究中，影响语体分类的因素包括内部因素和外部因素。不同学者根据独特的个人视角，利用语体内外部的不同功能因素对语体进行了分类，分类结果不同也是显而易见的。

现代汉语的语体是由不同语体类型组成的多层次、多序列的系统。

（二）语体的特点

从使用的角度看，汉语语体可分成口语语体、书面语体。其中，书面语体中又包括公文语体、科技语体、政论语体、文艺语体等类型。

1. 公文（事务）语体

公文（事务）语体是适应事务交际需要而形成的具有一定语言特点的表达体式。其基本功能是在国家机关、社会团体之间的行政事务中起联系、传达的作用，同时担负着与社会成员以及成员之间事务上的联系交流的职能。从语言体式上说，公文（事务）语体一般总称为"应用文"，包括公文文件、规章制度和日常应用文三类。

2. 科技语体

科技语体是适应科学技术领域交际需要而形成的具有全民族语言特点的表达体式。它的功能是对自然、社会及人类思维现象进行记述、解说和论证，有着促进社会进步的作用。

3. 政论语体

政论语体是适应社会政治生活交际需要而形成的具有全民族语言特点的表达体式。它的功能是对现实生活中的政治问题明确表明立场、阐述见解、宣扬真理，动员和鼓舞人奋发向上。政论语体包括领导人报告、社论、时评、宣言、声明等。

4. 文艺语体

文艺语体是适应艺术领域交际需要而形成的具有全民族语言特点的表达体式。其基本功能是通过艺术形象反映社会生活，有着美感教育作用，包括小说、戏剧、诗歌等。

三、语体的互动

一般来说，不同的语体手段具有不同的语体特点，各种类型的语体都有自己相对封闭的语体手段和相对稳定的特点系列。各类语体既具有封闭性和排斥性，彼此间又存在着交叉和渗透的可能。由于交际内容的广博性、复杂性，事物之间的联系性、相关性，信息结构间的交叉和渗透是必然的，语体间的交叉和"交流"也就势在必然，公文语体的政论化、政论语体的科学化都是最好的说明。正如王德春指出的，语体间存在着"稳固性和变动性的统一""排斥性和渗透性的统一"。

随着现代社会政治、经济、文化和科学技术的全面发展，社会交际日益频繁和复杂，人们认识世界的眼界拓展了，思维发展了，认识深入了，审美情趣、审美要求也相应提高了。在商品经济利益原则的驱动下和现代社会效率观念的推动下，人们越来越重视言语交际的效果，追求理想的表达方式和个性化的语言趋向。当人们在感到恪守语体常规不足以表达自己的思想感情时，往往突破传统言语体式的束缚，越出语体风格规范的框架，有意识地吸收其他语体手段来满足自己的交际需要和审美追求，从而产生一些新的表现形式，这种现象就是语体的交叉渗透。语体的交叉渗透是语体体系在不断发展完善过程中出现的一种对立统一现象。语体的交叉渗透创造了新的语言表现形式，丰富了语体的表达系统。例如，院学生会在校园里贴出了一则举办"皓星歌友会"的通知，他们没有用惯常的公文格式，而是采用了"皓星歌友会，相约旧阶教"这样整齐、醒目又韵味十足的语言形式。这就是将文学语体的语言表达手段运用到公文事务语体中，以增强感染力和号召力。

黎运汉在他的《现代汉语语体修辞学》一书中指出："从语体交叉的程度来考察，语体交叉的方式主要有三种，即渗透式、移植式、融合式。"

这种分类方法着眼于语体交叉的程度，从语体要素点、线、片的交叉，到语言结构与信息结构的面的交叉，再到双体融合式的交叉；从交叉的"量"的变化，到交融的"质"的变化来辨析，分类标准明确，区别明显，不失为一种简明易行的分类方法。

（一）渗透式

1. 渗透式的内涵

由于表情达意的需要，在甲语体中有意渗透乙语体或丙语体的个别组成要素或部分组成要素，而不改变甲语体的风格特征的语体交叉方式，叫作渗透式。渗透式是表达主体有意利用乙语体或丙语体的个别要素来为甲语体增色加彩，如衣着的点缀，点缀的地方正是两种不同语体的交叉点，它能显示出熠熠的光彩，使语言产生不同寻常的表达效果。

例如：

关于商请提供经济形势调研有关材料的函

县直有关单位：

为准确把握当前经济形势，了解经济运行中存在的热点问题，特别是苗头性问题，研判下一步经济走势，省发改委拟于 3 月中旬来我县开展经济形势调研。现将有关事项通知如下。

请按照《关于开展全省经济形势调研的预通知》（见附件）中十个方面的调研内容，结合本部门、本区域实际情况，整理提供文字材料。内容包括今年以来的经济运行情况、存在的主要问题、下一步走势预测、年内重点工作以及政策建议，要求观点明确、有数据和典型案例支撑、措施具体有针对性。材料电子版请于 3 月 10 日下班前报送。

2015 年 3 月 6 日

这一形式是书信语体进入公文语体的一种方式。其与下面的文本相分离。从根本上来说，这种形式仍然是一种公文形式，这封信的文本作为公文文本的一部分，还是要服从和服务于公文语体的总体功能。这种方式属于文本渗透。

又如，在全国生态环境保护大会上，习近平指出："我国生态环境质量持续好转，出现了稳中向好趋势，但成效并不稳固。生态文明建设正处于压力叠加、负重前行的关键期，已进入提供更多优质生态产品以满足人民日益增长的优美生态环境需要的攻坚期，也到了有条件有能力解决生态环境突出问题的窗口期。"习近平这一重大科学判断，指明了生态文明建设面临的新形势，对我们加强生态环境保护，打好污染防治攻坚战具有重要意义。

该例在公文语体中加入了习近平的口语语体。这种方式属于语段渗透。

语段渗透的交叉点不是一点，而是一个局部的交叉面，因此它比词句渗透更富有表现力。例如，报告文学《哥德巴赫猜想》中作者有一部分专门引述科学语体中的超语言要素——数学符号和公式，这是为了渲染气氛，通过这些符号和公式让读者对哥德巴赫猜想有一种直观的认识，从而引起联想，体会主人公陈景润摘取数学皇冠上的明珠是多么的艰辛，达到深化文章主题的目的。

2. 渗透式的语用价值

词句渗透和语段渗透都是表达主体故意超越语体对词语、句子乃至句群言语风格规范的框架，故意造成语体色彩的不协调，在传递基本信息的同时，依赖一定的语境，获取多种美感。

（1）运用语体渗透式，能以少概多，寓繁于简。例如，"进一步做好粮食等农产品市场调控。要细化要求、实化措施、强化监督，全面落实'米袋子'省长负责制和'菜篮子'市长负责制。"这句公文语体中用口语化的"米袋子""菜篮子"生动形象地说明了粮食问题与蔬菜问题，通俗易懂。

又如，高士其的《笑》中有这样一段话："笑，是一种复杂的神经反射作用，当外界的一种笑料变成信号，通过感官传入大脑皮层，大脑皮层接到信号，就会立刻指挥肌肉或一部分肌肉动作起来。"在文艺语体中加入科技语体可以使读者更容易理解笑的科学原理。

（2）运用语体渗透式，可以寓庄于谐，达到诙谐幽默的表达效果。例如，高士其的《笑》中还有这样一段话："笑有笑的医学。笑能治病，神经衰弱的人要多笑。笑可以消除肌肉过分紧张的状况，防止疼痛。笑也有一个限度，适可而止，有高血压和患有心肌梗死毛病的病人，不宜大笑。"在文艺语体中加入了诊断报告形式的医学术语，在说明"笑能治病"的同时达到诙谐幽默的表达效果。

（3）运用语体渗透式，还可以寓直于曲，达到隐晦、含蓄的表达效果。例如，"二十上下的年纪，青春的热血像暴涨的小河，成熟的细胞内，二十二对染色体排列得井然有序，健壮的躯体中，具有正常人应有的一切欲念、需求。"这句话在不便明说的情况下借用科学术语"二十二对染色体"来表达正常人的正常欲念。

（4）运用语体渗透式，还可以寓抽象于具体，使语言形象可感。例如，楚良撰写的《玛丽娜一世》小说中有这样一句话："腊腊略停了一下，'我可不是爸爸那种旧式农民。老兄，莫看错黄历咧，你的'小九九'，怎赶得上我的'微积分'？'"兄嫂想在妹妹身上打主意，拨个人的小算盘，而作为妹妹的腊腊又不甘心忍受兄嫂的算计。这里，作者为了表现两种看不见、摸不着的思想的冲突，巧妙用"小九九"和"微积分"两个数学术语来喻代，这就使抽象的思想冲突具体化，形象可感。

（二）移植式

1. 移植式的内涵

在言语活动中，甲语体不用自己的体式来表达，而移植在乙语体中，用乙语体的体式来替代，这种语体交叉方式叫作移植式，又可叫作借用式。移植式不是表达主体信手拈来、随便替用，而是对语体的精心择用。从表面看，两种语体交叉的关系不明显，实际也有交叉点，但不是一点一线或一个局部的小交叉面，而是乙语体的语言结构和甲语体所要表达的信息结构形成的交叉面。表达主体正是利用乙语体的语言结构和甲语体所要表达的信息结构在体式上的脱节、对立，来获取奇特的表达效果。

例如，中国古代张说所作的奇文《钱本草》："钱，味甘，大热，有毒。偏能驻颜，采泽流润，善疗饥，解困厄之患立验。能利邦国，亏贤达，畏清廉。贪者服之，以均平为良；如不均平，则冷热相激，令人霍乱。其药采无时，采之非礼则伤神。此既流行，能召神灵，通鬼气。如积而不散，则有水火盗贼之灾生；如散而不积，则有饥寒困厄之患至。一积一散谓之道，不以为珍谓之德，取与合宜谓之义，无求非分谓之礼，博施济众谓之仁，出不失期谓之信，人不妨己谓之智。以此七术精炼，方可久而服之，令人长寿。若服之非理，则弱志伤神，切须忌之。"

全文不足 200 字，却把钱写活了，说透了。"味甘、大热、有毒"寥寥几字，就给"钱"这味特殊草药的药性定了位，真可谓言简意赅，字字千钧，准确生动，入木三分。它是盘中餐、身上衣，是遮风挡雨的房子、随心所欲的日子，所以"味甘"，人人都喜欢它、亲近它、追求它。但是，它的性子"太热"，容易让人上瘾、痴迷，一心只钻钱眼，更无世间其他。热的结果就是"中毒"，严重者还会被它带进坟墓。它的药效很神奇，只要"吃"了，就会立竿见影，使人双目炯炯、脸上有光、昂首挺胸、声若洪钟。解人于倒悬，出人于水火，一如雨中伞、雪中炭。国家有了它，能利民、能强国，让外邦敬服。但是，它也能使聪明、干练的"贤达"受到玷污、拖累，甚至万劫不复。不过，它也有克星，那就是"清廉"之人。

语体移植式无固定的格式，其形式自由灵活，既可用乙语体完整的体式替代甲语体，又可只用乙语体的部分组成要素乃至个别要素替代甲语体。只要合乎情理、适切自然，就能获得非同凡响的表达效果。

2. 移植式的语用价值

语体移植式展现了主体趋新求异的审美心理，可以使语言新颖奇特、引人入胜。因此，这种对语体的择用方式早为语言大师们所熟悉和运用，如广告的移植，古今中外都有，而且不乏名著。唐朝李白的《客中行》及宋朝苏轼的广告诗至今仍脍炙人口；苏联著名诗人马雅可夫斯基将广告移植在韵文体中，写了三百余首广告诗，因好读好记，为群众所喜闻乐见，并收到了良好的宣传效果。又如，在小说方面，我国不少作家力求奇特，也将其移植在日记体中，如丁玲的《莎菲女士日记》、蔡智恒的《第一次亲密接触》等，用日记语体负载小说的信息，形式别开生面，内容真实可信。语体移植还有其他形式，如当代著名作家韩少功将小说移植在词典语体中，写成了 23 万字的长篇小说《马桥词典》，用每个词条剖析马桥人的语言和行为，从而折射出马桥人的变化，使人读来颇感新颖奇特、别具一格，引人入胜、印象深刻。

（三）融合式

1. 融合式的内涵

甲乙两种语体水乳交融地结合在一起，这种语体交叉方式，叫融合式。融合式既是甲乙两种语体交叉融合，因而也有交叉点，但又不是一点一线或一个交叉面，而是甲乙两种语体组成要素纵横交错，像织布机上的经纬线似的交织在一起，形成一种新的语体结构，即交融语体。交融语体是在各类单一语体的基础上发展起来的，它是两种单一语体相互渗透、相互作用形成的语体。典型的交融语体有文艺政论语体和文艺科学语体。文艺政论语体是文艺语体和政论语体的交叉融合，如杂文等；文艺科学语体是文艺语体和科学语体交融后的结晶，如科幻小说等。

2. 融合式的语用价值

融合式的语用价值是能生成新型语体——交融语体。交融语体与各类单一语体一样，也是人们在长期的言语交际中逐步形成的，它同样具有独立性、系统性和稳固性的特点，与口语语体和书面语体齐肩并存，自立于汉语语体之林。交融语体既然是两种或两种以上语体的交汇融合，那么它们就有两种或两种以上语体的基因，而这些基因是通过融合式交叉的特殊手段建构而成的。

（1）优势互补。所谓优势互补，是指甲乙两种语体在相互交叉融合时，根据特定的题旨情境，取长补短，扬长避短，明显地表现出互为补充、互为完善、互相促进，共同发展成新语体的特点。因此，由语体融合式产生的交融语体，既有甲语体的特点，又有乙语体的特点；既不同于甲语体，又不同于乙语体。它们是两种语体的优质基因交融后形成的新的语体特点系列。例如，2016年一位法官在判决一起离婚案件时，给出了如下一份"诗意判决书"。这份判决书在政论语体中加入了大量的诗词，使整份判决书十分生动、感人。

"原、被告从同学至夫妻，是一段美的历程：众里寻他千百度，蓦然回首，那人却在灯火阑珊处。令人欣赏和感动。若没有各自性格的差异，怎能擦出如此美妙的火花？然而生活平淡，相辅相成，享受婚姻的快乐与承受生活的苦痛是人人必修的功课。人生如梦！当婚姻出现裂痕，陷于危机的时刻，男女双方均应该努力挽救，而不是轻言放弃，本院极不情愿目睹劳燕分飞之哀景，遂给出一段时间，以冀望恶化的夫妻关系随时间流逝得以缓和，双方静下心来，考虑对方的付出与艰辛，互相理解与支持，用积极的态度交流和沟通，用智慧和真爱去化解矛盾，用理智和情感去解决问题，不能以自我为中心，更不能轻言放弃婚姻和家庭，珍惜身边人，彼此尊重与信任，重归于好。"

（2）整体重组。所谓整体重组，是指甲乙两种语体的组成要素在交叉融合时，不是单纯地块块拼凑或堆砌，而是经过重组、建构，在一种新的基础上重新组合起来的语体体系。例如，文艺政论语体是文艺语体与政论语体交叉融合的产物。因此，它在语言运用上既有文艺学语体的特征，也有政论语体的特征。它不是两种语体的特征简单的块块加和，也不是一种语体为另一种语体某些不足的补充，而是两种语体特征作为新语体的血液基因，经过重新排列组合，建构而成的既有文学性，又有政论性特征的新型语体——文艺政论语体。下面以鲁迅的作品为例进行解释。

鲁迅的《夏三虫》中描写："跳蚤的来吮血，虽然可恶，而一声不响地就是一口，何等直截爽快。蚊子便不然了，一针叮进皮肤，自然还可以算得有点彻底的，但当未叮之前，要哼哼地发一篇大议论，却使人觉得讨厌。如果所哼的是在说明人血应该给它充饥的理由，那可更其讨厌了，幸而我不懂。"鲁迅的《记念刘和珍君》中描写："惨象，已使我目不忍视了；流言，尤使我耳不忍闻。我还有什么话可说呢？我懂得衰亡民族之所以默无声息的缘由了。沉默呵，沉默呵！不在沉默中爆发，就在沉默中灭亡。"上例在描写中议论，在议论中描写；下例在议论中抒情，在抒情中议论。显然，它们属于熔文学政论于一炉的文学政论语体。文章既吸收了政论语体中以理服人的政论性特点，又吸收了文艺语体中以情感人的形象性特点，而这两种特点表现在思维方式上是逻辑思维与形象思维的有机结合，这种结合不是块块并列或重叠，而是"以逻辑论证为经，以形象（画面）描绘为纬"的纵横交织。可见，优势互补、整体重组是融合式语体交叉形成交融语体的特有手段，也是交融语体得以生成的基本条件。

由上观之，语体交叉的三种方式是表达主体对语体的精心择用和巧用。这种对语体的择用和巧用，对丰富文学语言和交际用语、拓展语体学研究的空间、建构汉语语体新体系，有着不可低估的语用价值。

第七章　语用修辞与小学语文教学

第一节　语用教学

一、语用教学的概念与基本观点

语用教学一词中的"语用"，并不是真正语言学意义上的"语用"，而是学生学习语文后的"语用"，即能在一定的语境中正确、合理、妥帖地进行表达，并将已学过的字、词、句、篇等内容，根据语境的需要加以规范，恰当、个性化地运用。语用教学主要包括词汇、书面语、口语、篇章结构、文章体裁等方面的内容，这是基于小学阶段学生语文学习特点决定的。

语用教学的基本观点主要有以下几个。

（1）语用教学的价值指向在于培养学生的母语情感，促进基本言语能力的形成与发展。语文即言语，语文课就是言语课。因此，着眼于言语活动的"语用型"教学，实际是对传统的语言分析、语言赏读甚至语言研究的方法的改变与重建，它以语言运用为学习语言的起点与终点，让学生在学习语言的过程中运用语言，从而形成言语能力。

（2）语用教学讲求"以语言带动内容"。语言学习过程是一个理解语言文字和理解内容相统一的过程，这个过程是由两个相互联系的阶段构成的。第一阶段是借助语言理解课文的思想内容；第二阶段是在理解内容的基础上，体会课文内容的语言表达特点和规律。上述过程的出发点是语言，落脚点仍是语言。也就是说，课堂教学以语言运用为主线，带动对课文内容、情节和思想的理解，即教师强化学生对语言的表达特点及语言对思想内容的表现力的认识，引导他们学习语言表达的方式。这种"以语言带动内容"的总体策略是"语用型"教学区别于以内容学习为主的教学的显著特点。

（3）语用教学通过言语实践让学生"亲历"和"历练"。主要突出两个环节，一是感受的实践，即借助文本，通过感悟、欣赏言语现象，感受语言使用的精妙和特点；二是旨在将所感受的言语现象转化为语用的实践，即教师创设具体的语用情境，迁移从文本感受到的言语现象，提高言语表达能力。这一过程必须强调"亲历"和"历练"，因此"语用型"教学的每堂课都力求将说、写（特别是动笔写）贯穿于教学的全过程。

（4）"语用型"教学融工具性与人文性于一体。"语用型"远远不是以往的为语言而语言的纯技术性的语言训练，而是融工具性与人文性于一体的"言""意"互转、"言""意"融合的过程。这是因为思想不是在词语中表达出来的，而是在词中实现的。言语形式和言语内容是同时成就的，每个人总是会选择合适的言语形式来表达自己的思想和情感，也就是说，人文精神不仅表现在内容中，而且主要表现在形式中。所以，"语用型"教学虽然以训练学生言语能力为重点，但是学习文本语言的过程也是人文熏陶的过程，学生会在说、写过程中自然而然地将思想认识、情感态度融入言语表达过程中，从而达到工具性与人文性的统一。

二、语用思想在语文教学中的价值

（一）语文教学与"语用功能使用者"

语用学研究的范围广泛，它的研究内容主要包括言语行为、会话含义、预设语境、语旨、会话结构等诸多方面。对语言使用者的研究也是语用学的研究领域之一。语用学认为语言使用者与其所使用的语言之间有着密切的联系，即什么样的人说什么样的话，或者说他（她）所说的话要符合自己的身份，符合自己的风格。不同的语用功能使用者说相同的话语所表达的语意是截然不同的，如小朋友指着同学对老师说："他打我，他是大坏蛋"，这和影视剧中真的"坏蛋"肯定是有区分的。

语用功能中的这一知识范畴在阅读、写作、口语交际等语文教学中也同样适用。在阅读教学中，尤其是在小说和戏剧教学中，教师如果能巧妙地从语用功能的角度解析小说或戏剧中的人物对话，想必会使学生站在不一样的高度解读课文。比如，小朋友都喜欢看的《西游记》中的几句经典台词"悟空，休得无礼！""俺老孙去也！""呆子！""师傅都让妖怪给吃了，这还取什么经啊？（对悟空）还是你回你的花果山，（对沙僧）你回你的流沙河，我回我的高老庄得了""大师兄，师父让妖怪抓走了！"将几个主要人物的形象刻画得淋漓尽致。

（二）"语用预设"功能与语文教学

预设是语言学范畴中的一个重要概念，预设可以分为语义学预设和语用学预设。语用预设是语用学研究的一个重要知识范畴，它指交际过程中说话者与听话者之间早已具备的共识，或者至少在特定情境中听到对方的话语之后总能猜测出来的信息。比如，甲说："她是公司的'白骨精'。"乙说："啊？看不出来她这么坏啊。"甲预设乙明白在现代社会中"白骨精"是"白领、骨干、精英"的代名词，专指那些拥有高学历、高收入、高层次，可以称得上职场半边天的女性。但是，在乙看来"白骨精"是《西游记》中那个阴险歹毒、心狠手辣的妖怪，所以乙才会误以为甲口中的"她"也应该像白骨精那样，这是由于甲对乙能够理解现代社会中"白骨精"新含义预设错误，因而造成了语义上的误解，使意思表达受到了阻碍。因此，教师在口语教学中同样可以渗透语用学中的预设这一概念，让学生与人交流时要首先预设对方是否明白你口中的常识，否则轻则会使对方不知所云，重则会引起不必要的误会，尤其在网络语言盛行、生造词横飞的当下，这点显得尤为重要。

（三）语境功能与语文教学

语境是使用语言的现实环境，其对话语意义的理解具有很强的导向性。语用学中的预设、会话含义等知识也都必须结合特定的语境才能分析出其中蕴含的潜在信息。所以，要做到真正理解话语的深层含义必须结合语言使用者所处的语言环境即语境做具体的分析。同样的一句话"你真坏！"，由于语境的不同，它所表达的内容也就不尽相同了。例如，用于群众和纵火杀人的罪犯之间，它表示的是一种憎恨、仇视的情感；用于做菜的妈妈和淘气的小孩之间，它又表示妈妈对孩子的包容和宠爱的情感；用于情人之间则又变成了撒娇、暧昧的情感。语文教学不应该只停留在话语的表层含义上，而应该深挖潜藏在字里行间的深层含义，否则就会使语文教学仅仅停留在表面形式上。

"在阅读教学中，很多时候学生理解了文章的字义、句义、段义，甚至篇章表层意义，但是未必明白语境的深层含义，语文教学就是要走进这种意义森林的深处。"所以语境作为一条重要原则在语文教学尤其是阅读教学中发挥着重要的指导作用。比如，在《现代汉语词典》中"狡猾"是"诡计多端，不可信任"的意思，显然是个贬义词，而在《我的老师》一文中有这样一段话："仅仅有一次，她的教鞭好像要落下来，我用石板一迎，教鞭轻轻地敲在石板边上，大伙笑了，她也笑了。我用儿童狡猾的眼光察觉，她爱我们，并没有存心要打的意思。"这里的"狡猾"由于受到上下文语境的限制，已经不再是《现代汉语词典》中所解释的意思了，也不具有贬义色彩，而是用来表示儿童"调皮、机灵"之义，这是一种贬义褒用的语言动态使用现象，随着特定语言环境被解悟，其变异义也随之确定进而被理解了。

第二节　小学语文语用教学

小学生由于年龄尚小，缺乏足够的交际经验，对词语和句子的理解相对较狭窄，在交际中常常会出现错用词语、成语或语法的现象。另外，语用学立足于实际生活，如果从这一角度理解，将语用学的思想和观念用于小学语文教学即可起到事半功倍的效果。

一、小学语文课堂中"语用"缺失现象分析

（一）存在"泛语文"化的倾向

在固有的教学思维下，部分教师将整个教育目的泛化为小学语文课堂教学目标，并认为只要理解了文本内容即实现了对语文知识的建构，使小学语文教学内容和目标存在"泛语文化"的现象和问题。例如，在苏教版小学语文《陈毅探母》一课中，教师没有将教学重点放在学习作者沉郁顿挫的艺术表达和语言体悟上，而是在课堂教学中将学生的注意力集中在陈毅的身世和率领军队英勇抗敌的内容中，这就使小学语文教学变成了一堂生动的历史课，缺乏了小学语文课堂教学应有的教学情感和内容。又如，在苏教版小学语文《黄山奇石》一课中，教师没有将重点放在引领学生感悟和体会文章中优美的语言方面，而是让学生预先收集我国名山大川的相关资料，进行课堂讨论和交流，使小学语文课堂俨然成为地理课。

（二）显现出"伪语文"的倾向

在小学语文课堂教学中，部分教师并没有紧紧围绕语文相关的内容和活动开展教学，而是在语文课堂中引入一些与语文知识关联度较小的内容和活动环节，使语文课堂教学内容被异化，显现出"伪语文"的不良倾向和状态。例如，在苏教版小学语文《虎门销烟》一课中，教师采用长篇累牍式的介绍，向学生讲解和分析虎门销烟的历史背景及相关鸦片战争的内容，显现出"伪语文"的倾向和问

题，并没有面向学生的语言综合运用能力发展进行教学，也没有使学生感受到人文的滋养，反而降低了学生的阅读期待，令学生兴味索然。

（三）存在"反文本"的现象

小学语文课堂上存在一定程度的"反文本"现象和问题。由于一些教师刻意追求课堂教学的"新""奇"和"怪"，致使在没有认真研读教材的前提下，实现对小学语文文本的片面解释，显现出"反文本"的现象和问题。

（四）存在明显的"应试化"倾向

长期以来形成的小学语文教学模式存在"应试化"的倾向和问题。一些教师将有限的课堂时间放在讲解应试教育内容上，如课文中描述了什么，运用了什么表达手法。这些教学内容通常局限于对语文知识概念的获取，显现出一种僵化、固定不变的语文教育模式，并以传输静态化的语文知识为主，对语文概念背后隐含的情感、意象、韵味却较少关注，这是一种典型的语法逻辑、结构特征方面的教学。

二、小学语文中落实语用教学途径

落实语文课程的核心目标，突出"语用"教学，扎扎实实落实"语用点"，培养学生的语言文字的运用能力，可以从以下四个环节实施。

（一）文本解读，发现语用点

阅读教学的本质在于发现。解读文本的过程就是发现文本言语表达特色的过程。那么，如何发现文本表达形式的秘密，即语用点呢？文本解读是关键。

从大的方面看，我们要具体解读整个文本的内容、内涵、表达形式；从小的方面看，一个题目、一个句子、一个词语、一个生字、一个标点，尤其是文本中陌生化的语言表达都需要解读，甚至要解读单元导语、略读提示、课后思考题和编者制定的"小泡泡"。有时还要解读与之相关的其他文本，这是纵向解读文本的方式。从横向看，我们可以从作者、编者、读者、教者和学习者的视角对文本进行细细解读。

例如，人教版小学语文二年级上册中的《黄山奇石》是一篇写景的短文。课文图文并茂，生动地介绍了闻名中外的黄山风景区有趣的奇石、怪石，其语言生动、描写形象、富有情趣。细细地解读课文，我们可以发现以下表达形式上的特点，即语用点。

1. 不同的介绍方法

作者在介绍"仙桃石"时，先介绍名字，再介绍形状；在介绍"猴子观海"时，先介绍形状，再概括名字。这样的写法不仅避免了表达上的重复、呆板，而且体现了表达形式的多样性。

2. 不同的结构方式

作者在介绍奇石时，采用了并列段式的结构方式，这是此文布局谋篇上的特点。

3. 详略的处理

黄山的奇石还有很多，像天狗望月、狮子抢球、仙女弹琴等，这些奇石作者并没有一一介绍，而是一笔带过，将语言材料进行有详有略地处理。我们在解读文本时，发现隐藏在文字中的语言表达特色，然后结合具体教学内容进行言语运用的实践。

虽然说教材无非是个例子，但学生语文能力的形成、语文素养的提升都是通过这样的一个个例子承载的，我们不能忽视文本本身存在的价值。文本解读发现言语形式；教学过程运用言语形式。言语形式是小学语文阅读教学的核心内容，是阅读教学的本质，也是我们小学语文教师必须研读与探究的方向。

（二）目标确定，聚焦语用点

小学语文阅读教学的宏观目标是提高学生的语文核心素养，而阶段目标是提升学生的语用能力。语文教学目标往往指引、蕴含着课程内容与教学内容。所以，我们在文本解读的基础上，应关注小学语文阅读教学的总目标、学段目标、学期目标，并结合文本的特点以及学生的认知基础等方面确定一个教学文本、一个课时的具体教学目标。

例如，人教版小学语文四年级下册《桂林山水》是陈淼写的一篇散文，我们小时候就学习过这篇课文，而到现在孩子们仍在学它，这就是经典的魅力。

课文语言优美简洁、形象生动，"桂林山水甲天下"既概括说明了桂林山水在祖国名胜中的地位，又交代了作者观赏桂林山水的缘由。然后，用对比的方法描述了漓江水、桂林山的突出特点。最后，把桂林的山和水联系起来，将其作为一个完美的整体，展现在读者面前。

细读文本，笔者认为对于四年级的学生来说，有两个陌生化的言语表达形式（语用点）。

1. 对比的写法

例如，"我看见过波澜壮阔的大海，玩赏过水平如镜的西湖，却从没看见过漓江这样的水。"又如，"我攀登过峰峦雄伟的泰山，游览过红叶似火的香山，却从没看见过桂林这一带的山。"漓江和大海、西湖的对比，桂林一带的山与泰山、香山的对比，均为下文突出漓江水、桂林山的特点做铺垫。

2. 排比的句式

文本的第二、三段采用排比的句式，分别介绍了漓江水的静、清、绿和桂林山的奇、秀、险的特点。

对两个语用点进行比较、选择，笔者发现对比写法这个语用点对于四年级的学生来说比较难，不适合确定为这个文本最主要的语用点；而排比句式在教材中第一次出现，再加上排比句式直观形象，学生一读，就能发现排比句的特点，教师一点拨，学生就能明白。所以，从语用的视角分析，《桂林山水》的教学目标就应设置为落实排比句式。

从语用的视角确定教学目标，我们既要关注文本的特色，又要关注学段目标，还要关注学生的学习起点，通过比较、提炼、筛选，再制定符合该文本最具特色的教学目标。

（三）内容选择，把握语用点

教学内容的选择关系到"教什么"的问题。"教什么"是方向问题，"怎么教"是方法、途径问题。方向不对，就永远达不到诗意的语文教学的远方，也无法提升学生语言文字运用的能力。我们知道，每一个文本都有其自身两个方面的价值：其一是文本本身的阅读价值，其二是文本蕴含的教学价值。当一个文本被选入语文教材时，就自然生发了语文教学价值。这种教学价值就是事关学生听说读写的语文能力发展的语文知识，越是重要的教学价值，越隐藏在课文文本的深处，也就越难以被发现。

例如，人教版小学语文二年级下册中的《我为你骄傲》讲述了"我"一不小心，砸破了老奶奶家的玻璃，但当时没敢承认，所以内疚的心理和责任感伴随了"我"一个星期。当"我"用自己攒了三个星期的送报纸的钱赔给老奶奶并附上道歉信时，在慈爱又善于教育后辈的老奶奶眼中，那不是7美元的钱，而是孩子纯真的情、悔过的心，是值得为孩子骄傲的美好品德——诚信。文中塑造了两个人物形象：知错就改、诚实的小男孩；宽容、博大、给予别人信任的老奶奶。但是，不管从文本的题目上看，还是从文本的内容上看，这都是一篇人文性很强的课文。人文性强势的课文该选择怎样的教学内容、如何突出文本本身的语用价值呢？透过文本去捕捉最具语用价值的教学内容，是我们在教学设计中要重点突破的问题。从语用的视角看，老师们重点关注了文本中的比喻句，将品味、揣摩、拓展比喻句作为重点教学内容，如"我们看着石头像子弹一样射出，又像流星一样从天而降，觉得很开心，很有趣"，但是对二年级的学生来说，找出比喻句、读好比喻句不难，仿说比喻句也不难。比喻句是本课的教学内容，但不是该文本最具教学价值、最有语用意义的教学内容，也不是这个文本在表达形式上最有特色的教学内容。通过反复朗读课文，终于在文本表达的细节中找到了文本最值得学生学习的教学内容，那就是"我把钱和一张便条装进信封，在便条上向老奶奶说明了事情的经过，并真诚地向她道歉"。基于这句话，笔者引导学生把文章的内容用自己的语言进行转述，这既符合记叙文体的特点，又符合二年级学生的学习基础。学生如果能把事情的经过和真诚的道歉这两个方面的内容转述清楚，就说明学生已经理解了文本的内容和内涵。

教学内容的选择源于对文本的解读和整体把握，其与目标的制定紧密相连，关乎教学策略的设计和实施。如果具体的教学内容没有选择和把握好，即使有再好的教学策略，也很难提高学生的语言文字运用能力。所以说，教学内容的选择是学生学习语言文字运用的基础。

（四）设计策略，落实语用点

1. 比较法

比较法是日常语文教学中被广泛运用的一种方法，它表现在语文教学过程中，就是把两个或两个以上的相应文本结合在一起进行教学，找出其相同点和不同点，通过比较鉴别，培养学生分析事物、判断思考、求同辨异的创造能力，从而提高课堂教学效率，提升学生的语用能力。

例如，人教版小学语文三年级下册中的《翠鸟》一文，融语言美、意境美和情感美于一体。从文本内容上看，这篇课文的语用点很多。我们在引领学生感悟作者的观察和描述顺序的同时，可让学生抓住事物的特点以体会用词的准确性，这是状物文章的主要特点之一。为此，我们在设计教学策略时可选择比较的方法，在比较中引领学生去发现、感悟。比如，比较下面两个句子："翠鸟叫声清脆，爱在水面上飞。""翠鸟鸣声清脆，爱贴着水面疾飞。"步骤一，读一读，请学生把句子读正确。步骤二，比一比，这两个句子有什么不同。步骤三，说一说，这两个句子哪个写得更好，好在哪里，说说你的想法。

2. 迁移法

迁移指的是先前的学习会对当前的学习产生影响的现象，我们平时常说的"举一反三"就是学习中的迁移现象。我们知道小学生的模仿迁移能力很强，许多学习活动都是从模仿和迁移开始的。基于这样的认知，我们在教学中可以采用迁移的方法进行语言文字的训练，并具体落实语用点。

例如，人教版小学语文三年级下册中的《荷花》第三小节，叶圣陶采用了联想的修辞方式，融己融情于景，使荷花富有生命的张力。联想是这篇文章的一个重要语用点，笔者在学生熟读、理解了文本内容的基础上，引领他们体会作者的言语表达特色，并以"我忽然觉得自己仿佛就是……"为开头，迁移这种写法并仿写一段话。通过这样细细地品味，层层地推进，学生逐渐体会了作者的言语表达特色，进一步提高了自身的语文学习能力。

3. 改写法

改写也是提升学生语用能力的策略之一。它既可以口头述说，也可以付诸笔端，操作容易且富有实效。

例如，人教版小学语文二年级下册中的《宿新市徐公店》，该诗描写儿童在春意盎然的季节里追逐黄蝶的场景，富有童趣。笔者从儿童的视角出发，引导学生结合文中的插图，将这首古诗改写成一篇文章，同时告诉学生，改写古诗，并不是逐字逐句翻译，而是要跳出诗意，围绕主题，借助插图展开想象，写出自己的所见所闻。值得注意的是，不是所有的古诗都可以进行改写，像《黄鹤楼送孟浩然之广陵》就比较难改了，不适合让学生改写。其实，改写的方式和角度很多，可以是人称的改写，可以是叙述方式的改写，也可以是文体的改写。只要我们想方设法为学生学习语言文字的运用设计策略，学生言语实践的机会才会更多，语用能力的提升才会更快。

第八章　语用修辞与对外汉语教学

第一节　对外汉语语用教学的目的与意义

对外汉语教学是一个传统教学科目，主要针对学习汉语的跨文化人群。对外汉语语用教学却是一个新事物，也是数十年来随着语用学的兴起而兴起的一个新兴教学方法。近年来，随着汉语在国际上的影响力越来越大，跨文化的汉语学习者也越来越多。在对外汉语教学中使用语用思维可以让学习者更好地掌握汉语，熟练、得体地运用汉语，还可以引导汉语学习者了解中国传统文化，对现代汉语和中国传统文化的传播均有巨大的作用。

一、什么是语用能力

语用能力这一概念最初由美国语言学家海姆斯于 1972 年提出，海姆斯认为交际能力由"形式上的合法性""实施手段上的可接受性""语境的适应性""现实使用的可能性"四个部分构成。其中，第一部分属于语法能力，后三个部分则属于语用能力。卡奈尔和斯万继承并完善了海姆斯的思想，他们认为交际能力由"语法能力""社会语言能力""话语能力""策略能力"四部分组成，其中社会语言能力"强调语境中言语交际的恰当性，体现了语用能力"。此后，巴赫曼又对交际能力进行了新的解读。他认为"语言能力""策略能力""心理—生理机制"三部分构成了交际能力。我国语用学者范开泰则在西方学者的基础上进一步提出了汉语交际能力的概念。他认为："汉语语言系统能力，即使用汉语要有合法性和可接受性；汉语得体表达能力，即使用汉语时要具有得体性，能根据说话人和听话人的具体条件和说话时的具体语境选择最恰当的表达方式，以取得最理想的表达效果；汉语文化适应能力，即使用汉语进行交际时能适应中国人的社会文化心理习惯。"在范开泰对汉语交际能力的解读中，可接受性、得体性和文化适应性共同构成了汉语的语用能力。

尽管学者们至今仍对交际能力持有不同的看法，但有一点是一致的，即语用能力是交际能力的一部分。1989 年，西方学者威多森曾指出："语言能力由知识和技能两个部分组成，前者相当于语法能力，后者相当于语用能力。"

那么语用能力的定义是什么呢？各国学者仁者见仁，智者见智，给出了不同的定义。其中，最主要的观点有如下几种。

科德（Corder）认为，在特定的社会情景下选择特定的（呼应的）语法和（合适的）词汇进行表达的能力，即选择恰如其分的语序的语用能力。

托马斯（Thomas）把语用能力定义为，有效地使用语言以取得某种目的的能力和理解在具体情景中如何使用语言的能力。

罗斯（Rose）认为，"语用能力是指包括语用系统知识、提供不同言语行为中选择语言的范围、恰当使用语用系统的知识在内的，使人们能够在某个具体的情景中作出恰当选择的能力即为语用能力。"

巴伦（Barron）把语用能力定义为，某一语言所提供的实现某一言外之意的语言资源，构成言语行为系列层面的知识，恰当地使上述语言资源语境化的知识（的能力）。

刘绍忠认为，语用能力指听话人对语境的认识能力和在对语境认识的基础上理解别人的意思和意图，能够准确表达自己的意思和意图的能力。

何自然、张巨文没有直接给出语用能力的定义，却指出了语用能力的四个特征：第一，在语用语言层面上遵守语言规则；第二，在社交语用层面上注重文化差异；第三，在心理认知层面上了解态度和行为的制约；第四，在时空情境层面上讲究语境的限制。

综上所述，目前学术界并没有一个统一的语用能力概念，然而从各个学者对语用能力定义的描述中可以看出，语用能力包括以下关键要素：第一是语境或情景。语言交流、交际、表达均离不开语境，这里的语境包括具体的交际情景、社会文化语境、上下文语境三个方面。第二是理解。在语境的基础上，对交际对象所传达的意思和意图给予正确理解。第三是选择。在了解语境和对方意图的基础上，选择适当的语言。第四是表达。在前三个要素的基础上准确、得体地表达自己的意思和意图。

二、语用能力的分类

近年来，学者们在关注语用能力的同时对语用能力的分类进行了具体研究。

在这方面，许多学者以利奇语用学分类为标准，认为社交语用能力和语用语言能力共同构成了语用能力。其中，社交语用能力"主要指根据一定的社会文化规则进行得体交际的能力"；语用语言能力是"以语法能力为基础，涉及语言的使用规则，不仅指正确地利用语法规则遣词造句的能力，而且包括在一定语境条件下正确地使用语言形式实施某一交际功能的能力"。

此外，学术界还有一种观点，即将语用学划分为结构语用学和交际语用学，相应地，语用能力也被划分为结构语用能力和交际语用能力。其中，结构语用能力是指在语境（多指上下文语境）中，恰当选择词语或语句结构模式精准表达意思，并准确理解某种语句结构特定含义的能力。例如，"一辆自行车三个人挤。"这句话中暗含的语用信息是车太小了；"三个人挤一辆自行车。"这句话中暗含的语用信息是人太多了。这两个句子都没有违反语法规则，却容易因为不理解语用意义而导致理解偏差。同样，许多句子或词语虽然符合语法规则，但是可能会因为表达方式和习惯不合理、不得体而导致语用失误。

所谓语用失误，包括以下几种情形：使用了句法规则正确的句子，却不自觉地违反了人际交往规范或社会习惯；使用了句法规则正确的句子，却违背了目的语特有的文化价值观念；使用了句法规则正确的句子，但是话语不合时空背景；使用了句法规则正确的句子，没有恰当考虑交际双方的身份等造成失误。相比语法失误，语用失误是更深层次的问题，其造成的交际影响或破坏力更大。语用失误又可以细化为语用语言失误和社交语用失误。其中，语用语言失误主要是说话人误用了其他表达方式、使用的语言不符合本族语者的语言习惯、不知道目的语的正确表达方式，而是按照本国母语的语言习惯生成了话语。社交语用失误是指在不同的文化背景下，因为社会文化背景差异导致没有使用恰当的言语表达方式。这一分类方式具有一定的缺陷，语用语言失误和社交语用失误之间有一个灰色地带，有的语用失误从不同的角度看既可属于语用语言失误也可属于社交语用失误。例如，中国人在提问时常说："我有一个问题想问老师。"而如果使用英语表达，这种直接的方式是不受欢迎的，应该使用"Could I ask a question？"或"I'd like to ask you a question."这一问题看似是语用语言失误，实则是一种社交语用失误。因为中国人在向老师提问时，可以说"我有一个问题请教您"，这种直白的提问方式不但不会招致老师反感，相反还相当受老师欢迎。但是，在英美等西方国家，这种直白的提问方式被认为是不礼貌的，向老师提问时应该使用疑问句，委婉地向老师表明自己的态度。显然，如果直接以中国思维向英美等国家的老师提问就会导致言语不得体。

因此，这里对语用失误的分类采用结构语用失误和交际语用失误的分类方法。

结构语用失误是指句子结构不符合上下语境或不符合中国人的表达习惯，也不能准确反映和理解主题、焦点、说话者的主观情态等。

例如，甲乙两人对话。甲："我的铅笔不见了。"乙："小明拿了你的铅笔。"在这个对话中，甲表达的重点是"我的铅笔"，按照中国人的表达习惯，乙在回答这一疑问时也应该针对这个主题，然而乙的回答却把主题换成了"小明"。这个回答不能说不正确，但是不符合汉语信息结构的习惯，显得缺乏连贯性。甲说话的焦点在句尾，乙说话的焦点则在句头，因此这句话虽然符合汉语语法，却造成了结构语用失误。

交际语用失误是指因为不了解所学语言国家的交际原则和规律、社会文化习惯，从而引发或导致的表意不准确、说话方式和内容不得体、不能正确理解话语含义、不符合目的语社会的习惯等失误。例如，学生对老师说："你什么时候有时间？我想找你谈话。"在中国，只有上对下时，才用"找××谈话"这个句式，因此这位学生所表达的意思并没有错，但是用错了句式，违反了交际中的礼貌原则，属于交际语用失误。

三、我国语用对外汉语教学理论探索

语用学作为一门新兴学科，从正式成立至今只有短短数十年的时间，虽然数十年来这一学科发展势头迅猛，但是在对外汉语教学中还没有将其作为一种成熟的方法来使用。然而，许多汉语语言学者已经注意到了语用学在语言教学中的重要性，针对这一点，学术界还展开了深入探索和分析，其主要观点如下。

吕必松曾一针见血地指出，在语言教学中也要进行语用规则的教学。

常敬宇发现许多留学生使用汉语表达时，均会在语气表达方面出现失误，因此指出，在教材和教学中加强对汉语语气情态语用功能的研究。

吕文华、鲁健骥指出，加强汉语语用研究并把研究成果运用到对外汉语教学中，以防止语用失误。

刘正文指出，汉语教学应借鉴现代语言学理论，剖析学生的语用失误，并从语用学角度开发适应时代的汉语教材。

除了指出应将语用学理论应用于对外汉语教学中，许多学者还进一步探索语用学方法在对外汉语教学中的应用。

崔希亮指出语用学的方法和话语分析的手段在语言教学中的特殊地位——应该为汉语教学服务。

张黎指出，言语策略是制约言语行为的深层次因素。汉语教学中要传授语言项目和言语策略的对应关系以及篇章组织方式。语言教学引入言语策略的概念

有助于对语言教学进行全面把握，并把教学落实在语用上，全面提高学生的语言能力。

白娟、贾放在研究留学生使用汉语话语标记语的情况后认为，理解和使用话语标记语是衡量交际能力的一项重要指标，指出要在对外汉语教学中系统地进行话语标记语的教学。

吕俞辉指出，对外汉语教学是培养语用能力的过程。他在分析语用能力内涵的基础上，论述了教学中如何利用语境的功能找出合适的话语义以及如何利用合作原则推导语用含义。

陈作宏指出，应在对外汉语教学中从语用分析入手避免使用错误，培养学生辨别语境的能力，以及在对外汉语教学中如何合理利用语境、焦点、话题、语序、会话含义等语用知识。

张鲁昌指出，可从时间、性质、场合、地点、交际双方的语用距离等多个方面对语用条件进行研究，并把研究成果教给学生，帮助他们提高汉语的理解和表达能力。

王凤兰指出，语用能力是成功的汉语交际必须具备的。此外，语境是对外汉语语用能力教学中的重要因素，语用能力的培养就是要利用语境找出话语的真实含义，培养学生的语用推理能力和语用得体能力。

周虹指出，在对外汉语教学中引入语用分析是可行和有效的，主要方法是利用语境找出最恰当的意思，通过合理的语用推理寻找言外之意。

吴伟平对香港中文大学的对外汉语教学进行了深入、细致的研究，并以口语教学为例对语用学在对外汉语教学大纲和教学指标中的应用进行了探索。吴伟平在研究中强调语境因素是整个学习过程中不可分割的一部分，语用框架与语言形式相结合是大纲的基础；强调在语言实际运用过程中掌握语言基本知识；强调语用为纲，语言结构为语言运用服务的原则；强调在真实的语境中得体地运用语言是学习的最终目标。

除了对外汉语语用教学的研究外，有的学者还对语用能力在对外汉语教学中如何应用进行了研究。

刘颂浩、田俊杰以北京大学部分留学生为对象，调查了他们在实际生活中的语用情况，并总结出四个现象：第一是留学生采用不同的策略使用语用信息；第二是留学生碰到不熟悉的表达方式时，首先想到的是母语的有关现象；第三是学生容易对语用规则的使用场合产生混淆；第四是有些学生知道语用规律，但不会具体应用。因此，他们认为对外汉语教学的教学目标要切合实际。

蔡晓丽对东南亚和日本、韩国不同汉语水平的留学生进行了调查，发现留学生使用语言时不善于变通，且存在许多语用错误。她认为在对外汉语教材和教学中应始终贯穿对学生语用能力的培养。

孙晓曦、张东波对美国大学生的请求言语行为能力进行了调查，发现学习者存在弱化请求行为的面子效应，过度使用常规性间接请求策略。学习者在外部修正策略的使用量、根据请求情景的差异调整策略等几个方面与中国有着不小的差距。

王茜以英语国家的留学生为调研对象，对其口语交际中话语标记语的使用情况进行了调查，发现三个特点：双语性、有限性和偏误性。她认为，应加强汉语话语标记语的本体研究和对比研究，汉语教材编写应注意话语标记语的编排和解释，教学中要注意培养学生使用汉语话语标记语的元认知监控意识。

王美玲通过对外汉语高级学习者的汉语文化语用、汉语文化词语方面的语用能力考察，发现汉语学习水平越高，汉语文化语用项目上的能力越强。她认为应开展专门的文化语用教学，在教学中要有准确、实用、与时俱进的教学内容，安排循序渐进的教学过程，实行合理有效的分班策略。

综上所述，语言学者在对外汉语教学上的研究取得了一定的成果，尤其是近年来，语言学者在语用研究和语用教学方面的探索越来越多，在语用能力考察方面进行了初步的尝试，在语用教学和教材编写方面开展了有益的思考。研究者一致认为，在对外汉语教学实践中应从多个角度引入语用思维，开展以汉语为目的语的语用习得与教学研究，形成自己的特色。

四、从语用视角关注对外汉语教学方法

从语用学的角度探索对外汉语教学的新路径，在对外汉语教学的理论和实践方面有四个重要意义。

第一，在对外汉语研究中引入西方语用研究，可以呈现语用教学内容的全貌。自 20 世纪 90 年代开始，汉语学界就充分认识到语用优先于语法，语用在汉语中的作用更重要。因此，众多学者对汉语的结构语用进行了广泛而深入的研究，并因此取得了较多成果。然而我国只专注于汉语的语用研究，对西方交际语用学的关注较少。在语用研究中，学者们或偏重结构语用学，或偏重交际语用学，很少将两者结合起来。然而，语用研究包括结构语用学和交际语用学两部分，只有将两者结合才能发现语用研究的全貌。因此，在对外汉语教学中，这两者均不可偏废，需保持语用大格局的观念对汉语语用习得与教学进行研究，否则语用教学研究就有所偏颇，难以达到语言教学的最终目的。因此，在对外汉语教学中要坚持两条腿走路，一方面立足汉语本体结构语用的研究，构建汉语语用理论体系；另

一方面吸纳西方交际语用的研究，提高学习者汉语语用能力，并通过整合多方资源，描绘出语用教学内容的整体面貌。

第二，全面开展汉语学习者语用能力调查，对确定语用课堂教学内容至关重要。对外汉语教学所面临的一个重要问题是"教什么"。对外汉语教学者在课堂教学中应对重要的知识进行挑选，根据学习者的需求选择教学内容。对外汉语学习者与其他的知识学习者不同，他们并不是没有语言学习的经验，而是已经熟练掌握了至少一种语言。语言学习之间有一定的共性，因此在对外汉语教学中，学习者可以利用母语或其他语言的学习共性获得一些语用知识。因此，需对汉语学习者全面开展语用能力调查，只有了解他们掌握了什么，还没有掌握什么，需要进一步学习什么，分析学习者和汉语本族语者在语言使用方面的差异，才能确定语用课堂教学的内容。

第三，在汉语课堂教学中充分考察语用教学对汉语学习者语用能力发展的影响。语言交际能力中的语用能力至关重要，语言教学研究者不能回避的问题是如何使外语学习者的语用能力得到更快、更好的发展。西方研究者在大量语用教学实验中发现，专门的语用教学能够有效提高第二语言学习者的语用能力，而在对外汉语教学中还没有发现类似的规律，需要通过实践去证明。因此，在对外汉语教学中有一定的理论可以借鉴。另外，是否可将语用教学融入常规的听、说、读、写的教学与训练中，以达到促进语用能力发展的效果也需要在实践中进行检验。因此，需要一线对外汉语教学者对对外汉语教学的总体设计、课程等进行整体设置，以促进学习者的语言能力和语用能力共同得到提高。

第四，在对外汉语教学中，通过在教材编写中融合汉语语用教学内容，贯彻对外汉语教学语用思维。语言学习离不开教材，对外汉语教学教材是学生学习汉语、教师授课的重要依据，是直接反映教学内容和教学目标的教学整体的有机组成部分，有效回答了对外汉语教学中"教什么"和"怎样教"的根本问题。当前，在对外汉语教学中，大部分汉语教师语用学理论匮乏，语用规则掌握不足，受结构主义语言学影响较深，因此语用教学观还远远没有深入每一位对外汉语教师的内心。有的对外汉语教学老师有意识地想要在教学中贯彻语用教学思想，但是面临着种种困难。在这种情况下，语用教材的编写就显得尤为重要。好的对外汉语语用教学教材可以将语音、词汇、语法、语用知识等科学地编排在教材中，能促使教与学都达到更好的效果。这样的教材既能帮助学生全面掌握语言知识，又能保证教师将语用教学贯穿教学过程的始终，从而有效提升学生对汉语语用知识的掌握。

第二节　对外汉语语用教学的特点

对外汉语语用教学与传统的对外汉语教学相比，更侧重汉语在交际中的使用。这是在对外汉语教学的基础上，通过调查、分析、总结留学生或跨文化语言学习者在汉语具体使用中出现的偏误而摸索出的一条对外汉语语用教学之路。

一、对外汉语语用教学中常见的偏误

在对外汉语语用教学中，学生常由于没有掌握好目的语而出现一些规律性的错误，这些错误被称为语用失误。对于对外汉语教师来说，学生在交际中或课堂上出现的语用失误是一种宝贵的经验，教师可以对学习者的汉语语用失误进行分析、总结，从而确定或调整语用教学的主要内容。此外，教材编写过程中也可将语用失误分析成果作为依据，从而在以后的教学中掌握主动。对外汉语学生的语用失误主要包括结构语用失误和交际语用失误两个方面。

（一）结构语用失误

结构语用失误主要指句子结构与上下文语境脱离，不符合中国人的习惯，不能准确反映和理解主题、焦点、说话者的主观情态等。在现代汉语中，句子的结构非常灵活，无论是主语、宾语，还是定语、状语，均可在句子中变换位置，当它们处于不同的位置时，就会产生不同的语用意义。因此，许多句子结构失误即为结构语用失误。结构语用失误包括特殊句式使用失误、信息结构编排失误、话题结构表述失误、口气表达失误、话语标记语使用失误五种类型。

1. 特殊句式使用失误

例如：

A. 我把那个长头发的人不认识。

B. 我把她的笑容永远忘不了。

这两句话从意思上大致可以理解，但是读起来十分别扭，其原因在于"把"字句使用错误。这些句子从句法的角度看并没有明显错误，从语义上来看，这两个句子中的施事者都是"我"，受施者分别是"长头发的人""她的笑容"，动作加结果分别是"不认识""忘不了"，这些都是符合语法规则的，因此问题出在语用上。从语用角度看，"把"字句是为了表达某种目的或强调一种因果关系时所用的句式，然而这两个句子都不是因果关系，因此不能使用"把"字句，应改为"我不认识那个长头发的人""她的笑容我永远忘不了"。又如：

C.终于，我的书被出版了。

D.我们每天吃的蔬菜是被农民伯伯辛苦耕种的。

这两句话都是"被"字句，从句法规则和意义上看也都没有问题，然而其语用信息有着重大失误。原因是"被"字句是在遭受不满情绪的情况下或被动状态下使用的。C句的目的是讲书怎么了，没有任何不满情绪，也没有遭受不公，而且从"终于"看，书出版了是期盼之中的事情，不应该使用"被"字句。D句中，"蔬菜"同样没有被动意义，因此完全没有必要用"被"字句。这两句应改为"终于，我的书出版了""我们每天吃的蔬菜是农民伯伯辛苦耕种的"。

2. 信息结构编排失误

汉语的信息结构是"已知的旧信息＋未知的新信息"的模式，为了强调，新信息往往落在句尾。此外，句子的主语、宾语、定语等可进行移动，这种灵活的句子结构带来了丰富的语用意义。学习者在使用汉语时出现的句法成分偏离常规位置的问题，从语用的角度来解释更有效、更合理。例如：

A.他遇到了自己的爱人，在路上。

B.我觉得没有安全感，跟他在一起。

C.他已经七个月了，在北京学习。

A句中，"在路上"是一个状语，但并不是句子的重点，因此放在句子的末尾有点别扭。从语用的角度看，这句话如果想在独特的语境中突出显示事情发生的地点，那么"在路上"即为句子的新信息，放在句子末尾是没有错误的。然而在不强调地点"在路上"时，这句话就存在语用失误。

B句中，"跟他在一起"从语用角度看，作为强调的新信息，突出没有安全感的原因，是正确的。如果突出的重点是"没有安全感"，那么这句话的结构就是有问题的，属于信息结构编排失误。

C句中，"在北京学习"作为一个强调的新信息放在末尾是完全可以的，然而如果句子的重点在于"七个月了"这一时间概念，那么把地点概念"在北京学习"放在句尾重点位置，就发生了语用失误。

以上这些失误是由于学习者对汉语中句法成分移位造成的语用功能变化不了解或对汉语句子的信息结构编排方式不了解造成的。

3. 话题结构表述失误

在现代汉语话题结构中，谈话的出发点以及句子表述的中心是话题。话题确立后，句子的表述框架也就确立了，所有的词语都围绕话题展开。然而在对外汉语教学实践中发现，学习者在使用汉语时常出现偏离"话题—说明"结构框架的情况，造成语用失误。例如：

A. 纸是用树皮做的，把纸放到桌上才方便写字。

B. 这件家具使用了 20 年了，经受风吹雨打，我的身体也不再结实了，经常发生病痛。

C. 现在老年人的生活应该十分幸福，随着物质的极大丰富，人们想买什么就买什么，然而老年人的生活一定十分幸福，目前已经出现了多起老年人抑郁自杀的事件。

A 句中，主题是"纸"，后面的说明部分应该围绕"纸"展开。"把纸放到桌上才方便写字"说明的是写字时的要素，与纸的材料没有直接的关系。这句话虽然从语法规则上没有问题，但是从语用信息上看，这句话脱离了以"纸"为话题的结构框架，因此出现了语用失误。应该改为"纸是用树皮做的，在写字时需把纸铺在桌上才方便"。

B 句中，主题是"家具"，然而后半句将中心转移到"我的身体"上来了，违背了汉语作为注重话题类型的语言的特点，而且句与句之间的信息并不是环环相扣的，也不具有接续性。这是由于说话人叙述的角度不断地变换，包括"家具""我的身体""病痛"，整个语段没有明确的主题，显得杂乱无章，导致句子缺少立足点。

C 句中，主题是"老年人生活幸福"，但是却出现了"多起老年人抑郁自杀的事件"。这句话表达的意思不连贯，没有解释清楚自己的意思。

4. 口气表达失误

口气能表现说话人的主观情感和态度。在对外汉语教学实践中可以发现学生在使用汉语时常常出现口气表达的失误。例如：

A. 她刚来北京的时候，没有学过汉语，连一句中国话也说不出来，现在她会跟中国朋友们用中文谈谈了。

B. 她的手脚很快，只用了半天时间，就会画好一幅画。

C. 开学了，你们就会去上课了。

D. 济南的冬天不冷，出去穿薄棉衣也不可以生病。

A 句中，"谈谈"一词常用于句末，表示较为严肃的谈话，用在这里口气表达不对，应改为"她刚来北京的时候，没有学过汉语，连一句中国话也说不出来，现在她会跟中国朋友们用中文交谈了。"

B 句中，"会"字可以表示说话者对施事者能力的主观判断，而这句是第三人称口气，因此该词语用在这里不合适，应该改成"她的手脚很快，只用半天时间，就能画好一幅画。"

C 句中，"会"字同样不能作为表示受施者能力的词语，应该改为"开学了，你们就要去上课了。"

D 句中，"不可以"这是一个主观能动性较强的词语，用在客观叙述的句子中语气表达失误，应改为"济南的冬天不冷，出去穿薄棉衣也不会生病。"

5. 话语标记语使用失误

汉语中存在大量的话语标记语。话语标记语虽然不构成话语的语义内容，没有真实意义，但它具有丰富的语用功能，因此对话语的理解和生成起着重要作用。汉语学习者使用话语标记语的失误主要体现在两个方面：第一个方面是使用数量相当少，往往是能不用就不用。例如，只有一个米饭团子，吃完没有了，省着吃吧。第二个方面是不了解某些话语标记语的语用功能，导致使用错误。例如，昨天晚上我感冒了，九点才睡觉了。这句话应该改为"昨天晚上我感冒了，九点就睡觉了。"

（二）交际语用失误

交际语用失误主要是由不了解汉语的交际原则和规律及社会文化习惯导致说话内容不得体、方式不恰当、表意不准确、不符合语用习惯、不能正确理解话语含义等引发的错误。无论是日、韩国家的学习者还是英、美国家的学习者，在汉语交际中都会出现交际语用失误。交际语用失误常表现为社会语用失误。语言使用的失误主要是因为双方文化背景的不协调。在语言学习中，常出现一方将自己的文化模式套入对方的语言文化模式中去的现象，因此导致了社会文化语用失误。具体来说，社会文化语用失误主要有问候语社会语用失误、恭维语和自谦语社会语用失误、禁忌语和委婉语社会语用失误、邀请语和致歉语社会用语失误。

1. 问候语社会语用失误

问候语在日常生活中常作为人们增进了解、联络感情不可缺少的纽带，所起的作用非同一般。可以想象一下，两个熟人相见，相互之间的态度却十分冷漠，这无疑会将一层阴影罩在人际关系上。问候语一般只有寒暄功能，不传递什么实质性的内容。不同文化背景的人使用问候语时，经常出现失误，产生误解。在语言学习中流传着一个反面案例。

一位从西方国家来到上海教授英语的年轻女教师听说附近的公园中有一个"英语角"，便特地前往一观，可是很快她就面带不悦地回来了。有人问她对"英语角"的评价如何，她不悦地回答道："我好像去了一趟警察局或海关，因为每个人都问我叫什么名字，多大年龄，结婚了没有，有几个孩子，为什么来中国，从事什么职业，丈夫是做什么的，孩子在哪里上学，在中国挣多少钱……"这就是由于文化的不同而产生的交际失误。中国是一个熟人社会，每个人和每个人之间的隐私界限并不明显，人们以互相询问这些问题作为交际和了解的开端。然而西方国家注重隐私，年龄（尤其是女性的年龄）、职业、收入、家庭成员这些话题陌生人之间不能随意询问，如果涉及就会触犯隐私，惹人不快，并被视为不礼貌的行为。

然而以上问题恰恰是中国人习以为常的客套话，中国人认为这是一种随和、友好、亲昵的问候方式。因为这些问题中包含着中国礼俗语言的特殊含义：一见如故，待朋友如亲人。因此，汉语中的问候语与客气话虽然大量涉及个人隐私，但是问话人并不是真想像查户口一样查清每个陌生人的身份，而只是把这些当成一种习惯性的问候。这种特有的中国文化是外国人学习汉语时最容易出现失误的地方。例如，"吃了吗？""你早！"是中国人问候的习惯用语，然而外国人会真以为你要请他们吃饭。此外，中国还有两种问候方式让外国人难以理解。一是明知故问。看到熟人蹲在那里修自行车，中国人会凑上去搭话："修自行车啊？"二是见什么问什么。看到熟人拿着菜篮子，中国人会问："上街买菜啦？"见对方夹着皮包，中国人会问："上班去啦？"在外国人听来，这些问候全是废话，没有丝毫意义。

2. 恭维语和自谦语社会语用失误

合作原则和礼貌原则是话语交际的两大基本原则，前者指出交际中要讲真话、实话，后者包括谦虚准则和赞誉准则。俗话说："良言一句三冬暖，恶语伤人六月寒。"恭维和自谦是交际中常用的方式，然而恭维的话不能说过，否则会有虚伪、吹拍之嫌。利奇曾说："语用规则基本上是共有的，但它们的相对重要性却由于文化的不同而异。"自古以来，中国词语中形成了一套包括足下、令尊、令郎、贵府、府上、大作、高见等在内的完备的敬辞体系。英语国家中没有专用的敬辞，但也遵循礼貌原则和合作原则。据统计，美国人常说的恭维话有三种，第一种是"你的头发真美！"；第二种是"我喜欢你的车。"；第三种是"这顿饭真好！"。

汉语道别语有"再见""一路顺风""恕不远送""慢走""走好"等，而被送的人在热情送别的情况下往往说"请回""请留步"等，这一点也会引发外国人的疑惑。此外，"中国式的谦虚"与西方文化迥然不同，在言语交际中容易产生摩擦，引发误会，如"过奖了""不敢当""差远了""不好"等词语是中国人用"否认""自贬"表示谦虚的一种方式，而外国人却对这一文化常常产生误会。这种方式让西方人觉得有些虚伪、言不由衷。因此，在交际中这一点是最易产生语用失误的一个重点和难点。

3. 禁忌语和委婉语社会语用失误

每种文化中的禁忌各不相同，凡是禁忌就得采用委婉语加以避讳，因此禁忌和委婉紧密相连、相辅相成。禁忌语和委婉语是在遵循礼貌原则的基础上经过长期衍化而形成的约定俗成的语言，具有广泛的共同性。不同文化、不同社会价值观的禁忌标准不同，禁忌语和委婉语各不相同，禁忌语和委婉语的表达方式也不相同。在跨文化交际中，如果忽视对方的禁忌和委婉习惯，以自己民族语言的禁忌和委婉方式去表达，势必会造成种种误解。例如，西方社会有关"性"的禁忌语比较宽松，中国传统文化中谈及与"性"有关的事情时比较谨慎隐讳。与西方文化相对而言，中国人的性观念严肃保守，性心理含蓄羞涩，有关"性"的话题均属于禁忌之列。所以，如果触犯对方在文化方面的禁忌，就会显得唐突无礼、令人生厌。委婉语的文化内涵是千差万别的，反映了不同民族的价值观念、心理特征、风俗习惯等，这些是委婉语使用时产生误解的原因。又如，西方世界的社会心理定势中有怕"老"文化。然而中国传统文化中有"敬老尊贤"的传统，在汉文化中，"老"给人一种资历深、经验丰富、德高望重之感，用"您老""刘老""郭老""老张""老先生""老师傅""老干部""老革命""老教授"等表示尊敬与爱戴。显然，这两种文化冲突也易导致语用失误。

4. 邀请语和致歉语社会语用失误

中国人面对邀请时总是半推半就，使用"别麻烦了""再说吧""我争取来"等，而不是直接明确地答应下来，或干脆拒绝。中国人是一个注重礼仪、重面子的民族。这样的一种文化价值取向决定了我们在完成"邀请/接受"这一组织活动时，采取的是一种循环式的行为模式，即甲邀请，乙先拒绝，甲再邀请，乙再半推半就地接受。欧美人重视个人权利与私人领域，在完成"邀请/接受"这一组织活动时，采取的是一种流线型的行为模式，即请的人只说一遍，被请的人当场表示"接受"或"不接受"，最重要的是明确。因此，这两种文化易发生冲突。

此外，中国道歉文化中关注的重点是曾经做了不应该做的事或者某事应该做却没有做，西方文化中的道歉原则是收回曾经说过的话，而中国人认为，说出的话如同泼出去的水，覆水难收，说出的话是收不回来的。

综上所述，跨文化交际中话题内容、表达方式、交际策略等方面存在文化语用障碍，这些都是在对外汉语语用教学中应该引起注意的。

二、对外汉语语用教学方法

针对对外汉语语用学习中遇到的问题，对外汉语语用教学应采取以下三个方法。

（一）精准而与时俱进的教学内容

首先，教学内容要准确。这里的准确有两个含义，一个含义是基础知识准确，这一点是毋庸置疑的，如果基础知识不准确，那么所有的教学行为都是无效的。另一个含义是语用知识精确。学会了知识、了解了知识和掌握、运用知识是两回事。例如，鲁健骥在《对外汉语教学基础阶段处理文化因素的原则和做法》中指出，"有些越是常见越是简单的事，越需要我们加以特别的说明和解释"。比如，中国人的常用招呼语"吃饭了吗"在中国人的问候语中具有一定的普适性。关于这句话的性质，不同的教师对其有不同的定性。有的说这是问候语，有的说是问候语的特殊用法。这两种不同的解释都是不准确的，会导致留学生以为这句话适用于中国人在任何时候、任何场合的问候语。如果一个留学生走到哪里都跟人说"吃饭了吗？"，在很多情况下会引发啼笑皆非的交际失误。因此精准的解释是，"吃饭了吗？"只是中国人熟人之间在吃饭时间前后的一种非正式的打招呼方式。一般来说，中国人熟人之间的问候语有三种：第一种是从对方正在做的事情入手，如"忙呢？""做饭呢？""休息呢？""钓鱼呢？"等；第二种是看到对方的动作后，从预计对方要做的事情入手，如"出去啊？""上班去啊？""买菜去啊？""上学去啊？"等；第三种是从估计对方刚做完的事情入手，如"散步去了？""去医院了？"等。然而这些招呼语是要根据时间和场合来进行选择的，不能一天到晚都问人"吃饭了吗？"。因此，语用教学的精准性非常必要，在语用教学中，应该培养学生根据环境、交际对象的不同得体地运用语言进行交际的能力，不能以偏概全、简单地对学生进行文化语用教学。

其次，教学内容还要实用。汉语语用知识和中国文化息息相关。中国文化博大精深，有些学校开设了专门的关于中华传统文化的课程，对中国人的民族、节日、美食、历史等各种文化进行详细介绍。这种专门开设的文化课，虽然有助于学生对汉语文化和习俗进行初步了解，却与语用的联系不够紧密，因此单纯的文化讲解不会对交际中的语用得体与否产生影响。对外汉语教学应该将文化特点与语用结合起来，以实例进行教学，这样才会加深学生对语言的理解。

最后，教学内容必须坚持与时俱进。中国文化博大精深，中国语言有几千年的积淀，即便是中文专业的硕士、博士也只能了解中国文化的一小部分。随着时代的发展，一些文化已从交际中退出，丧失了生命力，而一些新的文化成为交际中常用的文化。对外汉语教学的目的是培养学生在汉语语境和中国社会中得体地使用汉语，这就要求对外汉语教学在内容上要与时俱进，选用交际中常用的文化，淘汰没有实际语用价值、仅仅作为知识传授的那部分内容。因此，对外汉语语用教学内容必须遵循与时俱进的原则。中国传统文化传承到今天，不断与时俱进，古人常用"拙荆""犬子"称呼家人，用"令尊""令堂"称呼对方的家人，如今这些语言在现代汉语交际中基本不再使用。因此，如果老师教授太多过时的东西，既浪费学生的时间和精力，又影响学生准确地理解和得体地使用现代汉语中谦虚的语言表达方式。

（二）循序渐进的教学过程

语言教学和所有知识教学一样，是一个循序渐进的过程。在语言教学的初始阶段，教师应该排除影响语言交际的文化障碍；在语言教学的中高级阶段，教师要加强学生的文化意识。

例如，"红娘"一词，在初级阶段时，学生只需知道词义为"婚姻介绍人""媒人"，来源于中国古典文学作品的一个人物即可；到了中高级阶段，可对"红娘"来源于何处给予详细说明。又如，"曹操"一词，在初级阶段时，学生只需知道他是中国古代的一个人物即可；在语言教学的中级阶段，学生对中国历史熟悉了，了解了"曹操"的家庭背景以及生平事迹后，可以讲解"说曹操，曹操到"这句俗语，并从这句俗语中引申出"曹操"一词的引申含义，并将其应用于具体的场景中；在语言教学的高级阶段，可引入对"小王这个人哪，就像那曹操"这句话的讲解，将曹操这个人的性格特征进行解释和详细分析，通过这样分阶段、分内容、循序渐进的讲解，让学生掌握并学会运用知识。

又如，汉语交际具有含蓄委婉的特点，这一内容不必出现在初级阶段的教学中。在语言教学的中级阶段，需要结合简单易懂的文化内容让学生形成初步的语用意识。此时，学生只需初步理解别人交际时使用的这种语用特点即可，不必主动使用含蓄委婉的语言表达。在语言教学的高级阶段，在前两步的基础上，针对该特点进行言语交际的反复操练，培养学生理解并使用汉语交际中汉语含蓄委婉的语用特点。又如，关于颜色的词语教学，在初级阶段时，教师先讲"红""黄""白""黑"的本义，不必多讲颜色的隐含意义；在语言教学的中级阶段，适当加进颜色词中使用频率较高、常见的隐含意义，然而这一时期的教学是有选择和侧重的；到了教学的高级阶段，在交际中遇到颜色词语时，就可以让学生自己尝试总结隐含意义，并就词语的隐含意义进行教学，对词语隐含意义的文化成因与文化课结合起来进行讲解效果更好。

（三）合理有效的分班策略

学生对知识的掌握层次不同、年龄不同，教学的重点也应该有所区分。对外汉语文化教学层次区分的标准是以学生层次的区分为依据的。留学生千差万别的汉语水平，是教学分层的原因。在汉语考试中，将学生的程度分为若干等级，然而在现实中同一级别的学生汉语水平也不尽一致，因此对外汉语文化教学必须依据学生层次进行分班教学。

此外，分层次教学还受到"汉文化圈"的影响。所谓"汉文化圈"，顾名思义就是以汉文化为中心形成的圈子。历史上，东亚及东南亚的许多亚洲国家受中国文化影响很深，如韩国、日本、新加坡等，这种影响延续至今。汉文化对这些国家的影响积淀到了圈内各个国家文化的深层结构中。一般来说，与其他国家的学生相比，来自日本、韩国等圈内的学生在文化接受上表现出鲜明的差异，学生对中国文化理解和接受比"非汉文化圈"学生容易。这是因为这些国家的母语文化与中国文化有着某种血缘关系。例如，在韩国、日本至今仍然保留着中国的许多习俗、饮食、价值观念，汉语的一些文化特点，这些国家的学生较容易理解和接受，对于语言的理解、掌握也较快。

此外，同一文化圈内也存在着很大的差异。比如，意大利、奥地利等国家的学生和美国、加拿大的学生同处于西方文化圈。美国、加拿大学生的文化接受能力与包容性比意大利、奥地利等国家的学生更强，因此美国、加拿大学生的文化语用能力比意大利、奥地利等国家的学生更强。

第三节　对外汉语语用教学的原则

汉语作为第二语言教学，包括语义教学，也包括语用教学。在教授这些内容时，应遵从一般的学习规律，采用以学生为中心、以教师为主导、精讲多练的教学策略；在教学中应采取汉语教学为主，学习者母语或媒介语为辅的策略。此外，在学习中还应从语用学的认知规律和特点入手，学习语用信息。从总体上讲，在对外汉语语用教学中应贯彻以下几条原则。

第一，教学内容的真实性与准确性原则。真实、准确是所有知识类教学的共同目标。与现代汉语的语音、语法和汉字知识的稳定性特征不同，语用知识具有动态性、功能性的特点，主要用于交际实践，因此语用教学首先要保证教师输入给学生的语料是真实的、准确的。因为只有真实的语言材料才能创建真实的语用环境，才能让学生体会到字、词、句等语言形式与语用功能的密切关系，才能让学生明确汉语在真实情境中的运用和组织方式。此外，生活中的语境数不胜数，在汉语的教学中，没有一条放之四海而皆准的语用规则，均要结合具体语境具体分析。

例如，"吃了吗？"这句话可以解读为"纯粹的招呼语、问候语""我饿了，要不要去吃饭？""你吃饭了吗？我还没吃呢！""先把手头的事情放下，去吃饭吧！"等多个意义。类似的句子还有"去哪儿啊？""你好！""看书呢！""王老师！"等，这些句子看似是普通的招呼语，然而不同关系、不同身份、不同场合的交际者说出后具有不同的含义。如果在使用中不区分对象和场合，就会出现社交灾难，闹出笑话。这些语用知识，如果在教学中以简单、笼统的形式加以介绍，就会出现以偏概全的情况，导致学生无法真实掌握词语的语用意义。因此，教师在教学中应将具体的词语与交际对象、语用功能、言语形式、交际情境进行综合匹配，提高学生交际用语的准确性和得体性。

此外，随着世界各国、各民族文化交流的频繁、融合的加剧，各民族语言相互影响的情况越来越多，汉语的使用规则也在发生变化。因此，在教学中应紧跟时代潮流，及时抛弃传统中过时的观念，加入新的、适合当下时代的语言使用规则，与时俱进，达到与现实的交际状况相对应，并能反映当前汉语的实际使用情况。例如，传统的中国文化提倡"谦虚"的美德，按照这种观念，中国人在面对赞美时经常报以谦虚的态度，回答"哪里""过奖"等词语。然而，近年来，随着中国文化与国际文化的深入交流和融合，中国青年一代在面对赞美时态度已然发生了巨大的变化。例如，当女性被称赞"时尚""漂亮""大方"时，她们普遍回答"谢谢"。这一回答与中国传统的回答方式有了很大区别。虽然仅仅是一个词语的变化，但是反映了中国人整体观念的变化。因此，教师在教学中涉及中国人如何面对赞美时就要讲解两个方面。一方面是系统地为学生讲解中国人传统的"谦虚"文化和"谦虚"美德，以此带出现代汉语中带有自谦的词语。另一方面要将时下年轻人对赞美的态度讲清楚。这样才符合教学内容的真实性与准确性原则。

第二，注重语言差异原则。语言与文化是相互影响、相辅相成的关系。语言促成了文化的诞生，文化影响着语言的使用规则。不同文化的语言在语法规则和语用习惯上存在着巨大差异，这就意味着不同国别、背景的汉语学习者对汉语文化规则的理解和接受程度不同。例如，日本、韩国、越南等中国邻邦的语言系统多多少少受到中国语言的影响，这些国家可称为汉字文化圈国家。这些国家语言中的语法和语用规则在许多方面与汉语相同，因此这些国家的学生在学习汉语时很容易理解、认同和接受汉语的语用规则。与此相反，欧美等国家的语言文化与汉字分属两个互不相干的系统，属于非汉字文化圈国家。这些国家的学习者在学习汉语时，对汉语的语法规则、语用规则的理解、认同和接受度比汉字文化圈国家的学生要低得多。因此，教师在对外汉语教学中要正视这一语言差异，注重语言差异原则，在对待非汉字文化圈国家的学生和汉字文化圈国家的学生时要选择不同的教学重点和教学内容，以便因材施教。

第三，遵循学习认知规律原则。近年来，随着世界各地学习汉语的人越来越多，汉语学习者呈现出年龄范围拉长、地域变广、职业庞杂、目的各异的特点。在对外汉语教学中应正视这些特点，对年龄不同的学习者采用不同的教学内容、教学方法。例如，年龄在20岁以上的成年汉语学习者与年龄在10岁以上、14岁以下的中小学汉语学习者如果采用相同的教学方法和教学内容，那么成年学习者的进步往往大于中小学学习者的进步。这是由学习的认知规律造成的。一般来说，不同年龄的学习者，其认知水平、人生经历、经验积累有很大差异，这些明显且巨大的差异导致两者在基础知识，尤其是语用知识上的接受能力相差较大，因此对外汉语教师应对两者设计不同的教学内容和教学方法。中小学生的抽象思维能力、认知水平较低，对世界了解较少，对抽象的道理和复杂的知识难以理解，因此在教学内容的选择上要与其日常生活联系相对紧密，选用直观、具体的教学材料。成年人的认知水平相对较成熟，且其抽象思维能力较强，知识积累较丰富，因此，成年人的教学内容中可选用抽象思维、逻辑思维较复杂的教学材料，语用教学内容的深度和广度都较中小学生更加深入，涉及领域更加宽广。

此外，汉语学习者并不是一无所知的人群，而是已经具备了本国的语言知识和海量基础知识的人群，其人生观、价值观相对较为成熟，所学习的只是汉语知识，因为其汉语知识有限，所以对汉语的理解能力不高，这就要求对外汉语教师在教学中，应将教学重点放在解决学习者理解新知识过程中的困难和障碍上，尽可能用简单的言语、易懂的案例将汉语知识传授给学生。

另外，现代汉语语用教学的目的不是让学习者了解语用学理论，而是培养学习者的汉语使用能力。因此，教学中不需要把语用学理论、语用学著作、语用规则等知识作为教学重点，否则，教学内容不仅偏离重点，还易导致学生迷惑不解。

第四，遵循体验式教学原则。对外汉语是一门实用知识学科，其教学方法不应以说教式为主，而应将听、说、读、写有机结合起来，让学生在体验中学习新知识，掌握新用法。同时，学习者可以通过分析、理解自己母语和汉语的语用差异，把在课堂上学到的语用知识转化为语用能力。众所周知，课堂教学具有经济性的特点，如果课文内容中没有体现教师讲授的语用知识，教师由于种种原因也没有给出具体的例子时，学习者就不容易理解、掌握此语用知识。因此，传统、单纯的说教式的知识传授不能完全内化为学习者的语用知识，更难将语用知识转化为语用能力。只有结合具体的交际语境，让学生在交际活动中通过亲身体验，才能掌握、运用这些知识。因此，教学中需要遵循体验式教学原则。对外汉语教学中的体验式教学包含两层意思，第一层意思是学习者使用教师或教材所给的交际性语言材料，体验语用信息，以此对教师讲授的语用知识进行深入理解；第二层意思是通过课堂模拟，将真实的交际情境呈现在学习者面前，要让学习者参与其中，从而使学习者在情感、行为和认知层面体验交际过程，将教师讲授的语用知识转化为学生自身的语用能力。

第五，发挥学生的自主学习性原则。在对外汉语教学中发现，自主学习性强的学生在面对具体的交际内容时能很快发现知识中蕴含的语用信息。许多对外汉语教学老师在教学中发现自主学习能力强的学习者，在实施语用教学一段时间后，开始有意识地寻找课文对话中的语用信息。事实证明，这些学生的学习成绩和学习效果明显好于其他学习者。

今天的对外汉语教学不同于传统的对外汉语教学。在信息爆炸时代，知识不断更新，知识本身呈现出复杂性和难以穷尽性，汉语的语用知识包括结构语用知识和交际语用知识。在对外汉语教学中，如果把语用教学内容作为教学目标，就会发现，教学内容增多，教学扩大，然而课堂教学的时间有限，课堂上语用知识的教学量受时间限制，学习者不可能在课堂上接触所有的汉语语用规则和语用特点，因此教师在语用教学中除教授语用知识外，还应该培养学习者对交际中语用信息的敏感性，通过对学习者的启发培养学生的自主学习能力。课堂上，教师一方面要讲解语用知识和语用规则，另一方面要有意识地引导学习者分析和解释言语材料中的语用信息，归纳和总结语用规律，鼓励学生在认知学习基础上进行更高级的认知学习，最终实现掌握汉语语用知识的目标。

第六，重视教学互动性原则。对外汉语教学不同于其他知识的教学，其实用性和体验性较强，因此在教学中，教师应注重学习者的体验，开展互动教学，因为如果学生在活动中发展了一种内在的愿望去做事情，那么他将更容易去进行积极的体验并从中获得收益。许多对外汉语教师在教学实践中发现，在学习请求言语行为等语用项目时，充分的课堂互动能使学习者更好地掌握知识。一般来说，在语用能力测试中表现较好的学生在课堂活动中参与互动也较积极。对外汉语教学中的教学互动性原则包括两个方面，一个方面是教师和学习者之间的互动。在师生互动中，语用教学过程中的互动既要有教师和学习者之间的互动，也要有学习者之间的互动。教师通过知识讲解、提问等方式，唤起学习者头脑中原有的母语的语用知识和汉语的相关知识，同时输入新的汉语语用知识，帮助学生构建知识网络。学习者通过回答教师提问以及询问教师，及时反馈其对新知识的理解和接受程度，这样有利于教师控制和协调教学进程，这种师生循环互动的方式能够有效推动整个教学进度。另一个方面是学习者之间的互动。学习者之间的互动又可分为两种不同的形式，第一种形式是相互评价汉语的语用文化规则、交流各自母语的语用文化特点，以此构建汉语语用知识网络；第二种形式是学习者在教师的安排下进行角色扮演，通过利用新的语用知识完成设定的情境中的交际任务，熟练运用汉语语用知识完成知识建构。此外，为了鼓励学习者，教师应在互动的过程中或过程后及时评价和反馈，确保学习者正确理解和运用汉语知识。

第七，尊重学习者原则。对外汉语教师在教学过程中应该本着宽严相济的原则，对语音、语法、词汇、汉字的教学应严格，因为这些是使用汉语进行交际的基础和必要条件。而在交际用语方面汉语语用规则的讲授中应相对较为宽松。这是因为现代汉语中的语用规则，是建立在中国文化的世界观、价值观和思维方式之上的，学习者要真正理解、掌握这些规则，就要理解、认同和接受中国文化的世界观、价值观和思维方式。然而，对许多学生来说，完全接受另一个国家的文化十分困难，对于大部分学生来说，只要具备汉语的听、说、读、写能力就可以了，不需要让自己的汉语表达完全和中国人一样。例如，欧洲国家和阿拉伯国家的学习者对中国文化，尤其是为了维护面子而放弃真实性等一些交际策略不能认同，也不愿效仿。如果遇到这样的情况，教师应该对学习者的价值观念、思想感情、文化背景、个人体会给予尊重，不需要强迫世界各国的汉语学习者都对中国文化全盘接受。还有一些学习者希望和中国人一样掌握地道的汉语，教师对这类学习者应在学习中严格要求，尤其是其语用理解和语用产出方面要有严格测试。通过严格要求帮助学习者接近中国人的水平和习惯。有的学习者更愿意让别人意识到自己"老外"的身份，不太能接受中国文化的某些方面，对这类学习者，教师对其语用产出是否符合中国人的习惯则不必太过追究，只需要帮助他们利用汉语语用知识理解汉语会话含义即可。

第九章　语用修辞与词典编纂

第一节　双语词典编纂的语用修辞观

在跨文化交际活动中，双语词典是交际的重要工具，也是沟通两种语言的桥梁。随着双语词典编纂理论研究的成熟以及双语词典编纂经验的总结，越来越多的语用学者开始从语用学角度关注双语词典编纂实践。从语用修辞视角关注词典编纂，不仅可以实现词典编纂模式的创新，还能充分发挥双语词典在外语方面的指导作用。

一、双语词典的词语定义

在词典编纂中，词目语言和释义语言属于同一种语言的词典即为单语词典。而词目语言和释义语言属于两种或两种以上的语言的词典即为双语词典或多语词典。

（一）双语词典的功能

单语词典对词目的解释采用了下定义的方式，这是由于单语词典的词目和释义为同一种语言，使用该词典的人能充分理解词汇的意义。而双语词典涉及两种完全不同的语言，其主要内容是在将两种语言的词汇单位进行对比，并找出与词汇单位意义相同或相近的对应词进行解释，帮助读者对这两种语言进行对译。因此，从目的来看，这两种词典的目的有着本质区别，单语词典的基本宗旨是解释词汇的意义，也就是用同一种语言的另外一种说法和例证对词语进行解释和说明。而双语词典的基本宗旨是在两种语言的词汇单位之间找出意义相等的对应词。因此，双语词典的主要功能是帮助读者理解的同时，帮助读者表达。在具体的使用中，读者可以选择不熟悉的语言作为源语，将母语作为目的语言，从而将不熟悉的语言与母语中相应的词汇对应起来，以帮助读者解决阅读理解方面的问题。或者在交际、写作中，将母语作为源语，把不熟悉的语言作为目的语，从而帮助读者理解使用不熟悉的语言进行表达或写作。这一功能是双语词典的主要功能。

（二）单双语词典的释义区别

单语词典对词目的解释包括语义结构分析、语言认知和心理词库等研究结果。而双语词典则不是解释词目的语义成分，而是用目的语翻译原语词。因此，单双语词典的释义既有相似之处，又有明显区别。

单双语词典的相似之处有两个方面，第一个方面是双语词典的释义是将原词语的释义作为基础，双语词典在给出对应的词语之前，先要参考释义良好的原语单语词典，在正确分析了原词语的解释后，再给出对应的词语；第二个方面是双语词典常借助类属分析法、概念包容法等逻辑分析的方法来释义。单双语词典的区别主要表现在三个方面，第一个方面是单语词典始终只有一种语言，而双语词典的词目和释义为两种不同的语言；第二个方面是两者的释义方式有着根本区别，单语词典的释义是在同一种语言中找到另一种说法来解释词目，而双语词典的释义是在另一种语言中找到与原语意思对等的词汇；第三个方面是单语词典在释义时涉及两种变异即方言变体和地域文化语言变异，而双语词典在解释时需要面临两种语言之间的各种实质性的差异，因此双语词典在释义时会涉及三种情况：第一种情况最为理想即能够找在另一种语言中找到意思完全对等的词汇；第二种情况为在另一种语言中只能找到意思部分对等的词汇；第三种情况为在另一种语言中完全找不到与源语意思相同或相近的词汇。

双语词典对词语的定义实质上是运用了语义法。人们在日常交际或学习、工作中会碰到超出自己知识范围之外的事物，这时，为了变不熟悉为熟悉，就要通过一定的工具书来了解这种事物。词典由于释义精准、收词量充足、例证丰富，因此受到了广大使用者的喜爱，成为读者学习、使用外语路上的良师益友。

（三）我国双语词典发展历程

词典在人类的文明史中诞生的时间较早，早在数千年以前，我国秦汉时期就出现了古老的字书。例如，秦朝之前即出现的《大篆》以及汉朝初期出现的《尔雅》即为世界上最古老的字书之一。我国第一部词典是东汉时期出现的《说文解字》。至今，《说文解字》在我国语言学中仍起着举足轻重的作用。而我国最早的双语词典是出现于 11 世纪时期的《突厥语大词典》，该词典是用阿拉伯文注音、释义的，也是世界上最早的一部双语词典。近现代以来，我国的双语词典高峰期出现于改革开放以后。改革开放以来，中国和世界各国的联系越来越紧密，一方面随着我国对外经济的发展，越来越多的外国公司入驻中国，而中国企业也相继走出国门走向世界。另一方面，随着我国国民生活水平的提高，越来越多的国人将出国旅游作为休闲选择，而近年来中国旅游景区的开发也吸引了更多外国人来中国旅游、了解中国文化。因此，中国与世界各民族的交流与发展直接促进了我国双语词典的编纂。据不完全统计，自改革开放以来，我国每年出版的双语词典品类、数量达百种以上，成为名副其实的双语词典编纂兴旺期。

我国的现代词典学理论研究起步于二十世纪二三十年代，几乎与西方现代词典学同时起步，然而与西方现代词典学相比，我国的词典理论研究相对落后。1979 年，中国《辞书研究》杂志的创刊，标志着我国的词典理论研究进入了兴旺时期。1982 年，胡明扬等编纂并出版了《词典学概论》，这是我国第一部词典理论学专著，随即开启了我国词典学理论研究专著的出版高峰期。二十世纪八九十年代，继胡明扬之后，多位学者编纂了多部词典学理论著作。与此同时，双语词典研究也越来越受到相关学者的重视。有的专家大声呼吁将双语词典作为一门独立的学科进行研究：“不承认双语词典学乃至整个辞书学作为一门学科的独立地位，词典（编纂）理论就很难得到全面、健康的发展。”因此，我国的双语词典实践在双语词典理论研究的推动下发展势头异常迅猛。

二、从语用学视角看双语词典编纂

（一）从语用学意义看双语词典词语定义

传统单语词典中对词语的解释义往往是脱离语境的静态意义而言，而语用学意义是在语言交际中的意义，需要结合上下文理解。因此，其不同于传统语义学研究中的静态意义，而是一种具体语境中的意义。语用学家利奇曾将语用意义归纳为三点：第一点为涉及说话人要表达的某种意义的愿望，这种意义可能蕴含在话语之中，也可能蕴含在话语之外；第二点为听话人对说话人话语意义的理解需要依赖于语境；第三点为意义是行为的结果，涉及作用和相互作用。

语用意义的提出标志着人类语言学家对词语或句子的理解从静态研究向动态研究转移。这种研究起源于语言哲学中的“意义功用论”。所谓意义功用论是指语素、字词、词组、短语、句子的意义都与说话人的意图和目的、说话时间、地点以及听话人的信念等语境有关，话语的意义在于其在一定语境中所起的作用。

自 20 世纪 90 年代以来，随着语用学的飞速发展，语用学家对语用意义的研究也更加细致和深入。语用学家们发现普通名词和专有名词的意义必须借助一定的语境才能被充分阐释。与此同时，他们发现其他词语的意义也只有在具体的语境中才能阐释更加准确。因此，理解普通单语词典中的词语、句子、短语或单词的抽象意义后，并不意味着使用词典的人一定能理解该词语或句子、短语、单词等在语境中的意义。因此，语用学研究的意义本质上就是除词语或句子的抽象意义外，准确地把握话语中涉及的词语、句子在特定的语境中表达的交际价值，也就是语境意义。而双语词典主要是帮助语言学习者理解不同语境中词语的意义。因此，准确地理解话语的语境意义，对于词典编纂中词语意义的阐释具有很大的借鉴和指导作用。

从言语行为看，只有从语用的角度才可以了解言语行为，而从句法或逻辑等方面只能了解言语的内容，不能充分地了解言语的行为。最早提出言语行为理论的学者是英国的哲学家奥斯汀，他认为人们在交际过程中的话语，可以分为两大类，一类为言之所述，即话语是以陈述为目的的，其真假可以验证；另一类为言有所为，即话语是以引发另一个语言行为为目的，其真实无所谓，只要能引发或实施某一行为即可。后来，奥斯汀在实践中发现在某些情况下，言所述也可以表示言有所为。因此，奥斯汀又将言语行为划分为说话行为、行事行为以及取效行为三种行为模式。说话行为，即说话人的意思集中在话语的表面意思；行事行为，则关注于听话者（受话人）通过说话人表面的意思理解了说话人的意图。其学生赛尔将其提出的行事行为进行了详细的分类，将行事行为的目的分为了阐述类、指令类、承诺类、表达类、宣告类几种类型，不同的行事行为可以通过不同的语句显示出来。取效行为是一种以言成事的言后行为，主要强调听者受到的影响。而双语词典中现有的原语词汇和例证翻译，只是言语行为中的说话行为，虽然按照语法和语义规则将词汇或句子的意思体现了出来，但是没有涉及行事行为。这与实际的言语行为中人们更加关注行事行为的做法是相反的。例如，在双语词典中，"你好"一词用来表示问候，然而却无法作为"你究竟过得好不好的"的深入问题。因此，在双语词典中应加强对于行事理论的应用。正如张柏然在编纂《英汉大词典》时提出的："实践表明，运用语言进行交际要做到恰当、得体，不仅要考虑到言语语境，还要注意到与一定言外行为相关的具体表达方式。只有这样，方能在交际中更好地体现交际意图。因此，将言外行为理论应用于双语词典编纂实践中，不仅是必要可行的，还将引发双语词典编纂的模式和理念的革新。"而根据言语行为理论，按照交际目的或可以将言语行为划分为请求、陈述、命令、询问、祝贺、感谢等类型，如果在双语词典中增加这样的例证，就可以使双语词典更加符合交际行为，也就为词语提供了更强的定向作用。

在话语交际过程中，话语在语言系统中涉及的语音、语法、语义内容之外，还存在着重要的功能方面的解释，即在语法规则和语义规则之外，根据语境产生的会话含义，即言外之意。这种言外之意是根据语用学的合作原则推导出来的。合作原则是由美国哲学家格赖斯于 1975 年提出来的，格赖斯认为，人们之所以在谈话中能够表达连贯，是因为交谈双方都遵循着一个共同的原则，这个原则就是合作原则。在合作原则之外，格赖斯还提出制约合作原则的四条准则，即数量准则、质量准则、关系准则、方式准则。此后，莱文森和霍顿等又对合作原则进行了总结和完善，丰富和发展了"会话含义"。会话含义的重点在于言外之意，如果按照一般词典的词语定义方式，这些言外之意是无法在词典中体现的。然而这些言外之意又恰恰是许多话语交际的内容所在。

言外之意往往存在于具体的语境之中，而语境意义又是语用学中的重要概念。20 世纪 70 年代，语用学正式成为一门新学科，提出了明确的主张，只有在具体的语境中才能理解话语的真正意义，即语境义。在我国第一本语用学著作《语用学概论》中，何自然指出，语义学研究的是句子和词语的本来意义，即句子的认知意义，不受语境影响；而语用学研究的是在语境中的话语行为意义。因此，语用学和语义学虽然同处于意义理论体系中却各不相同。

传统的双语词典对词语意义的研究往往只涉及两点，一是词目解释，二是例证翻译。其研究的重点是不受语境影响的，是词汇和句子的本来意义，或称逻辑意义。这种意义是固定的，不受时间、地点以及说话人和受话人影响。然而，词语一旦被用来交际，即存在一定的语境之中，这个语境是动态的、变化的，不仅涉及说话人和受话人双方，交际时间、地点等自然环境，此外还涉及交际目的，交际双方知识、性格、经历，交际发生的原因以及当时所处的时代环境和社会环境等。由此可见，语境存在着千变万化，因此语境内的话语含义也并非局限于词语和句子的本来意义。尤其是近年来，随着国际交流和合作的深入，人们已不局限于仅从字面上理解一门外语，而是希望能够运用外语进行得体的交流。在交流中，对于语境中词义的理解就显得十分重要。因此，在交流中，如果语法、语音上存在瑕疵，人们往往抱以宽容的态度，但是如果不顾语境而胡乱运用不恰当的词语，则可能导致交际失败或产生与说话者意思相悖的话语交际效果。双语词典作为外语学习的桥梁，应该充分发挥帮助外语学习者理解语境下话语意义的作用。在双语词典编纂过程中，编者应将词典编纂看成编者与用户之间的信息交流和传输系统，首先明确用户群，确定相应的词汇群，并充分考虑到读者在使用中的具体语境，选择合适的例证，并按照合作原则中的数量和质量准则，提供正确的词汇、释义、例证、翻译、用法说明等，将编纂宗旨明确地表达出来。而在编纂设定中，需要综合考虑用户的知识水平、教育背景、年龄结构、经济状况、用户身份等情况，以此使词典释义词条丰富、准确，满足使用者的使用需求。例如，《朗文双语词典》即从语用学角度进行编纂，对于同一个词条，可以分析出适用于不同语境的多个意义。

（二）从文化意义看双语词典编纂

在跨文化交流中，经常因为交流中的一方缺乏对另一方社会文化传统或习俗的了解而出现不符合交流语境的言行，由此产生了不必要的误解、冲突、故障等问题，而难以达到成功的言语交流目的。这种在实际交流中产生的故障被语言学家称为语用失误，而双语词典作为跨文化交流的工具书，应当为读者交流服务，避免出现语用失误。因此，双语词典编纂者在应用语用学时，要对词语的意义进行解释。

文化意义是影响话语意义的重要原因之一，通常本民族语言对于本民族人群来说，只要借助话语和文化语境即能充分了解每一个词语或句子的含义，并从众多语境含义中确定一种适合交流语境的准确、恰当的意义。然而，对于非本民族人群而言，文化意义是学习外语时最难以跨越的鸿沟之一。因此，在双语词典编纂过程中，应该尽可能地考虑到不同文化群体的需求，通过多种方式对文化意义进行阐释，以此使词典的使用者能从词典中找到符合语境的词语解释，准确理解话语意义。为了尽可能解释文化意义或其他语境意义，1987年《朗文双语词典》在编纂中就注意到语用学的语境研究以及文化意义对于词语和句子意义的影响，因此在词典编纂中用三种方式阐释词语或句子的意思。这三种方式分别是设置"用法说明""语言提示"栏目，并对个别词条做出评注与举例。其中，"用法说明"栏目作为词条的一部分，与其他词条的解释共同放置；"语言提示"栏目，即涉及上下文语义或不同的语境、文化意义中词语或句子的含义；而评注或举例则是指在不同的上下文语境中这些词语或句子的具体用法。

此外，在文化意义或语境意义中还可以应用附加意义，以增加对词语或句子意义的辨析。一般附加意义多采用注释的方式表示，具体可以用括注和用法说明两种方式。其中，括注可以实现三个目的。第一个目的是提示读者何时、何地、以何种方式、在何种条件下使用这个词汇；第二个目的是通过括注提示词语之间的细微差别；第三个目的是指出释义中的某些成分的用法，或说明这些成分在具体的语境中可以引入或排除，以便读者更加准确地使用词汇及词汇的意义。许多著名的双语词典中都应用了括注。例如，《朗文双语词典》中就多次使用了括注。此外，用法说明也是一种很好的附加意义体现方式。通过用法说明可以从用法上揭示词义的重要性，帮助读者掌握词汇的用法以及词汇之间的细微差别。此外，许多词典还设置了语言知识介绍、学习专页、语言知识说明等栏目，这些栏目均对话语的语境意义和文化意义做出了较为理想的解释。

三、语用学视角下双语词典编纂探索

（一）传统双语词典中的定义方式不足之处

传统双语词典在编纂中经常使用两种方式对词语进行解释。这两种方式分别是同义词替代和解释性定义，其本质均以词语的形式解释词语。这种方式是用一种在语义上更加简单或者更加复杂的词语来解释目标词语，其缺点在于无法在两种完全不同的语言系统中找到完全精准对应的词汇。这种方式导致词典编纂者在解释词语时，要根据目标词的语义特征，适当地选择或限制释义词的语义特征进行解释，以达到尽可能与目标词语义等值的目标。目前大部分双语词典仍然在沿用这两种定义方式。

近年来，随着双语词典研究的深入，人们对于双语词典的编纂理论也在不断更新。如何通过一本双语词典向人们描述语言使用规范，并向读者说明怎么使用语言？这是双语词典编纂者的基本任务，也是双语词典编纂者的目标。对于双语词典编纂者来说，在编纂词典的过程中，一方面要遵循词典编纂的基本原则，另一方面要解决好词典的目标、人群以及词语定义等问题。这些问题包括：双语词典是为哪些人群而编写的？双语词典想要解决这些人群的什么问题？这个词典中应该输入哪些词语？对于词语的用法应该做出哪些解释？有关这些词语应该提供哪些信息？如何将有效的信息呈现出来？近年来，双语词典的编纂者围绕这几个问题进行了有效实践，并形成了一套更为先进的双语词典编纂理论、原则和方法。

在双语词典编纂中，有几个观点需要明确。第一个观点是，无论是双语词典还是单语词典或多语词典，词典的编纂者心中一定要有比较明确的用户群，要清楚是为谁而编写的词典。第二个观点是，词典编纂者必须清楚自己的词典是哪一种类型的。例如，是专项词典还是专科词典，是释义词典还是百科词典等。第三个观点是，语言中所有重要词汇以及这些词汇的重要信息都应该在词典中得到体现和反映。第四个观点是，词语的定义信息以实际语言使用为基础，要在实际的示例中反映出来。这些观点与上面的问题相辅相成，是双语词典编纂者应该遵循的基本原则。

（二）双语词典语用模式探索

近年来，双语词典在编纂过程中，越来越倾向于从语用学角度对词语或句子进行定义。所谓语用学视角，即双语词典对词语进行定义的语用模式。这个语用模式不是语法规则，而是以用户为中心的词语使用原则。对此，一些双语词典在实践中探索出了提供语用信息、显示各维度的信息、体现文化差异、显示搭配、使用例证提供典型语境等五种语用学定义原则。

1. 提供语用信息

语用学的研究对象是语言在交际中的使用。从语用学的角度来看，语用信息是复杂多样、千变万化的。同一句话由不同的人在不同的语境中，面对不同的对象说出后，表达的意思可能千差万别，甚至有时候会使用非语言的手段表达复杂的意思。在目前的双语词典中，语用信息的呈现方式十分简单，无法达到理想的指导效果。那么，在双语词典的编纂中，如何为读者呈现尽可能多的应用信息呢？这一点需要从双语词典呈现的语用信息类型入手。在双语词典中，涉及的语用信息包括两种类型：第一种类型是词语的典型语用信息，这类信息通常能够帮助读者减少因文化差异导致的误会或歧义，使读者能够更加深刻地理解话语的意义。第二种类型是词语的一般语用规则，这种规则所传达的信息通常能够帮助读者更好地理解不同语境下说话人的话语意义，并在具体的语言实践中根据不同的语境选择合适的词语。双语词典可以通过语用标注、对应词前后的语用指示和语用说明等手段提供语用信息。

2. 显示各个维度的信息

语言是反映人类各种活动的、复杂的符号系统。在这个系统中，词语是一种符号，代表的是社会生活中不同的现象，或世界上各种各样的事物。这些事物或现象有真实的、有虚幻的，但均在社会交际中通过具体的词汇或句子表现出来。其表现出来的意义，既可以是事物的指称意义，又可以是事物的语用意义。因此，在双语词典编纂中编纂者需要从各个层面、不同角度对词语进行解释，以便反映词语各个维度的信息。其中包括词语的指称意义、观念意义、行为意义、情景意义、逻辑意义、认知意义。

词语的指称意义即事物与世界的联系，是根据语法规则和语义规则对词语意义进行的解释，是确定词语释义的基础，具体的释义构造要符合读者详细了解被释义词语含义的需求。词语的语用意义可以从以下几方面入手进行释义。从观念论入手，能够清晰地体现出心理因素、心理经验、内心活动对词义的影响，其属于语用学中的语境义，应该加以体现。从行为论入手，共同的背景知识是听话人和说话人交流中影响话语信息传递的重要因素，可在一定程度上影响意义的产生和理解，因此释义时应体现这一因素。从使用论入手，符合词语的使用规则也可以影响词语的释义。从情景语义论入手，不同的情景下，语义的释义千差万别，因此应该在释义中强调使用情景的作用。从真值条件论入手，外部世界与事物的逻辑关系是影响词语释义的关键因素，应在释义时加以体现。从认知理论入手，科学的认知体系能够对词语进行有效释义，因此在释义时应从认知学入手，对概念进行解释。

以上这些从不同理论出发的释义均是双语词典在释义时应综合考虑的因素，那么如何协调各个释义之间的关系呢？不妨从语境入手，为词目设置一个语境，从而对其进行多方面解释。例如，在许多英语双语词典中对于"marry"一词的解释非常简单，即与人结婚；嫁给某人或娶某人。而在《柯林斯合作英语词典》中，却以"我要结婚"为例设置了一个小型的语境，从指称意义、观念意义、情景意义、认知意义等多个不同的角度对词语进行了释义，使读者能够全方位、多维度地掌握这一词语的意义。因此，在词典编纂中，应该打破传统词典只注重概括性和抽象性释义的范畴，从具体的语境出发对词语进行多方位释义。

3. 体现文化差异

语言诞生于特定的文化之中，不同的文化背景决定了语言的发音、字形、词汇以及语义、使用规则等方面的不同。文化和语言之间是相辅相成的关系，语言孕育了文化，文化又对语言的形成、发展、衍变起着重要的影响。语言是文化的重要载体，也是一个民族文化和历史背景的集中体现，体现着一个民族思维方式、人生价值观、生活方式等，因此语言是文化的一部分，与文化之间是共存共依的关系。

在学习和使用外语中，如果不了解外语所在民族或国家的文化，那么就无法真正掌握这门外语，更无法在交际中熟练、得体地使用这门语言。因此，在学习一门外语时，不仅要学习和掌握外语的语音、语法、词汇等基础内容，还要深入学习该外语所在国家或民族的文化，了解其观察世界和看待事物的方式以及如何通过语言反映社会文化。只有这样才能跨越文化之间的障碍，在交际中更得体地应用外语。文化对于语言的影响，最直接地体现在词语背景，词语所指范围，词语聚合、组合以及词语意义上，而解决这些方面所产生的语言交流障碍的关键，则在于语用学知识的使用。

在不同的文化中，不同的词语可以通过附加在其上的文化系统中的民俗、地理、宗教以及价值观而产生不同的联想意义，这种联想意义无法通过语法规则和语义规则体现出来，只能通过说话者、受话者在共同的文化基础之上，在特定的语境中进行了解和感受。如果不能对其文化进行充分了解，也就无法对会话中所蕴含的文化意义产生联想，因此也就不能达到良好的交际目的。语言是文化的重要组成部分，文化通过镜象反映折射到语言层面。因此，不同的文化背景下的语言系统不同，导致了其对应的词汇系统各不相同，而在不同的文化系统中，两种词汇系统的对应性程度也并不高，单独凭借语法规则或语义规则很难准确地理解词义，只有辅以充足的文化背景知识才能真正理解词义。

在双语词典编纂中，同义对释是一种应用最广的释义形式，然而这种释义形式有很大的缺陷。一方面，不同的文化背景下，意义完全对等的词汇少之又少；另一方面，对释的标准划分并不一致。有的直接释义是用一个词去解释另一个词；而解述性释义则是寻找与被释词或短语意义相同的句子解释其词义；复合释义是选择与其中心意义相差不大的词汇；功能性释义从揭示内容进行释义。此外在一个释义结构中还存在其他划分不当的情况，用传统的同义对释并不能真正从文化意义上解释词语，而只有通过具体的语境才能体现语言的文化意义。

4.显示搭配

在语言中，语素是组成词语的基本单位，词是组成短语的基本单位，短语是组成句子的基本单位，而句子是组成语篇的基本单位。这些语素、词语、短语、句子、语篇需要按照一定的规则进行搭配才能表达意义。因此，在双语词典中应该对词语的搭配和典型语境进行示例和着重交待，即在双语词典中揭示词的组合关系和聚合关系。明确了这一点，读者才能更加容易地掌握词的实际用法，让词义随着搭配关系的变化而变化。

在普通的双语词典中，词语本身的概念意义是意义的基本，包括搭配规则、语法规则、语义功能在内的规则，对于词语意义的形成和释义起着重要作用。其中，词语的概念意义是反映词语在"静态"语境下的语义成分，与此同时，也要揭示和表述词语在动态语境中的意义，考虑包括各种聚合、组合以及语法和语用规则在内的意义成分。只有这样，概念意义才是准确的、全面的。

此外，语言环境是词语搭配的重要因素。在词语搭配中，每一种搭配都能揭示出词语的某一个语义特征，这些语义特征脱离了概念意义，而成为受文化或社会习俗、语境影响的意义，因此可以认为词语搭配是表现词语不同意义的重要手段。在词典编纂中，编纂者需标示不同的词语搭配方式，因此在不同的文化中语言搭配的规则不同，这样可以避免读者在不了解词语搭配的情况下，用本民族的文化对外语进行搭配，从而造出一批某国式的外语。当然，非专门搭配类的词典很难在举例中囊括所有的词语搭配，然而也应尽可能多地为读者提供较为全面的搭配信息，以方便读者对于词语的熟悉和使用。

5.使用例证提供典型语境

例证是双语词典中揭示词语意义的一种主要手段。每一种语言的词语均具有一定的抽象性与概括性，可以说词语是模糊性和精确性定义以及抽象性和概括性定义的统一。只有存在于具体的语境之中，这个词语才拥有精准的释义。因此，在双语词典中要通过举例呈现出具体的情景语境和上下文语境，只有这样，才能丰富词语释义，使词语的使用价值得到更全面的体现。举例可以对词语的释义进行证明、延伸或补充。在示例中，首先要对词典的定义进行解释，这一解释不是简单的重复，而是通过具体的交流语境对概括性的定义进行具体的语境补充，帮助读者明确词语的习惯用法和确切含义，因此举例是双语词典的一种基本配备。

学习外语最主要的困难是缺乏语境，通过举例可以将读者带入到外语的语境中去，这在一定程度上解决了缺乏语境的短板。此外，针对无法用本民族语言与外语词语进行对照，举例时可以借助介词等词语对目标词语做出解释，弥补两种语言文化中的不对等情况。总而言之，举例可能扩展词语的内涵和外延，为词义提供良好的上下文语境，因此在双语词典编纂中应多加使用。

综上所述，从语用学角度探索词典编纂也应着眼于词语意义的解释，通过多种手段丰富词语意义，揭示词语在具体语用环境中的使用，只有这样才能编纂出真正符合读者需求的双语词典。

第二节 对外汉语词典编纂的语用修辞观

新中国成立以来，中国迅速崛起于世界的东方，尤其在改革开放以后，中国的社会经济取得了全面发展，中国在国际社会上的影响力越来越大。与之相应，汉语在国际语言学中的地位也越来越高，越来越多的外国人开始学习并使用汉语。对外汉语词典作为汉语学习的重要工具，近年来越来越受到学术界的重视。为了更好地发挥对外汉语词典的作用，使对外汉语词典成为外国人学习和了解中国语言文化的一座桥梁，加强对外汉语词典的实用性，对外汉语词典应提供尽可能多的语用信息。

一、对外汉语词典编纂涉及的语用信息

（一）从语言使用者角度看语用信息对词典编纂的影响

在双语词典的编纂中，我们曾提出双语词典编纂首先要明确的是为谁编写词典这一问题。在对外汉语词典的编纂中首先也应明确这一问题。众所周知，语言是用来交际的，语言交际发生在各个社会主体之间。在交际中，说话人要明确自己的身份，即社会角色定位，并从其身份出发选择合适的称谓进行词语组合，无论词语选择、词语组合还是说话语气、表达方式均应符合人物的定位，才能保证交际的得体和顺畅。相反，如果忽视交际双方身份，随意用词则势必影响交际的效果。

在语言交际中，通常会出现"看人下菜碟""见人说人话，见鬼说鬼话"的情况，从语用学角度看，这种情况并非是贬义的行为，而是充分体现了语言交际的灵活性。如果在语言交际中不顾双方身份特征以及双方的地位关系，随意用词，往往会导致谈话双方很不愉快，交际受阻。从语用学角度来看，双方的身份背景属于语境中的重要因素，也是客观存在的因素，这些因素对交际中言语和行为产生制约，因此在交际中应重视这些因素。要确保交流得体，首先要明确两个身份，即说话人和受话人的有关语用信息。这些身份信息从内容上可以分为两大类：第一类是说话人和受话人的性别、年龄、社会地位等基本信息；第二类是说话人与受话人之间的人物关系和权势差异等关系信息。

1.年龄信息

中国语言博大精深，在五千年的文明史中，诞生了丰富的称谓语。这些词语与人物的年龄、性别、文化程度和社会地位以及人物之间的关系密不可分。在语言交际中，应注意人物的称谓语。现代汉语中对于不同年龄的人群有着特定的称谓词汇，这些词汇如果一旦用错，不仅会使语义难以理解，还会引发不必要的误会。例如，现代汉语中对老年人的称呼有"老师傅""老奶奶""老大爷""老大妈""老前辈"等，这些词语的使用者应在明确双方身份后才能选择适合对方的称呼。又如，"姐姐""哥哥""妹妹""弟弟""堂兄""堂姐""堂弟""堂妹""表哥""表妹""表弟""叔叔""伯伯"等亲属称谓词中包含着明确的年龄信息。此外，一些包含年龄的词语还被赋予了丰富的文化信息。例如，"大哥""大姐"原指年龄与自己相仿的对象，后来又被赋予社会地位高于自己的年龄相仿者。因此，在语言交际中，应明确双方的年龄身份信息，才能选择合适的称谓语。

2. 性别信息

性别信息是语言交际中双方需要注意的另一个重要因素。在语言交际中，语言的使用者受不同的社会价值观、文化程度、背景、年龄等影响，往往会对不同性别的人流露出某种特定倾向，从而使词语带有不同的感情色彩。在现代汉语中有的词语只能用于形容男性或女性，例如，"须眉""娇娥"等，而有的词语则在一定条件下可以打破年龄界限。如"先生"一词，包含多个意义。首先可以指代成年男性；其次可以看成老师的代称；最后可以看成尊称，用于称呼社会上或某个行业内取得一定成就的高级知识分子，在这一含义中，男性或女性均可称呼为"先生"。有的称呼语含有一定的感情色彩，如"小子"通常指代男性，在普通话中这一称呼含有一定的轻蔑色彩。又比如，"贱人"通常用于指代女性，含有贬义色彩。

3. 社会地位、文化水平等信息

现代汉语在不同的语境下，双方社会地位和文化水平不同，称呼也不尽相同。例如，"大娘""大妈""大嫂""大爷"等称呼针对文化水平一般的普通百姓，具有一定的普适性，而"阁下""先生""夫人"等词语则针对文化水平较高的人群；"老乡"是对农村地区群众的称呼，而"阁下"一词在词典中通常标示为敬语，多用于正式的外交场合，指有地位的人。

4. 人物关系

语言交际是互动行为，说话人与受话人之间的关系不同，其称呼语也不相同。从整体上来看，人处于社会关系之中，在与不同的人相处中，拥有不同的社会关系。这些关系包括朋友关系、同事关系、恋人关系、亲属关系、师生关系、上下级关系、雇佣关系等，不同的关系中，亲疏远近各不相同。关系是社会文明程度的一种体现，中国文化复杂的人物关系体现了中华民族文化中重视人伦和社会关系的价值观。在语言交际中，双方的关系不同，称呼语不同，立场也不相同，相应的语气、词语选择和语气表达也不相同。在交际活动中，语言使用者的关系不同，直接影响交际活动的具体内容。在对外汉语词典编纂中，应在词条中尽可能多地体现这些关系，给读者以实际指导。

（二）从心理角度看语言交际活动

交际双方的心理活动属于语用学中的语境意义范畴。在语言交际活动中，听、说、看、写这些行为均是人们心理活动的反映。词语和句子是表情达意的重要方式，在语言使用过程中，词语和句子除了指称意义外，往往还包含着丰富的情感意义，这些情感意义来源于词语和句子的语用信息。在交际活动中，指称意义属基础内容，然而情感意义在不同的语境中有着丰富的内涵，是话语意义的决定性因素。词语的情感意义与说话人的情绪、情感、语气等有着极为重要的关系，在对外汉语词典中，通常以直接标注褒贬等感情色彩信息、透露褒贬情感倾向以及指明具体情感态度三种形式表现词语的情感意义。

1. 直接标注褒贬信息

词语的感情意义又称为词语的感情色彩，通常可分为褒义词、贬义词、中性词三种。一般来说，对外汉语词典中很少标注中性词，大都明确标注褒义词、贬义词。褒义词含有褒扬、肯定的意思；贬义词含有贬抑、斥责的意思。这两类词语中蕴含的情感意义表达了人们对于事物的基本情感态度。

例如，《现代汉语学习词典》这部对外汉语词典，属于学习型词典，其中对于褒义词和贬义词的标注十分明确，其标注的方式主要有以下几种。"头目""完蛋""老顽固""老巢"等词语直接标注为"＜贬＞"；"拜倒""气味"等词语标注为"多含贬义"；"企图"标注为"常含贬义"；"为伍"标注为"多用作贬义"；"创举""树立""成绩""憧憬""风尚"等词语直接标注为"＜褒＞"。由此可见，该词典对于具有明确褒贬义的词语给予了直接定性标注，而有的词语在用法上有贬义之意，对其贬义的常用与否程度给予了标注。总体来看，现行的对外汉语词典对于词语感情意义的处理存在着一种"重贬轻褒"的现象。大部分的对外汉语词典都对贬义词语进行了明确标注，对于褒义词语，有的词典只是指出了其含有褒义，却并没有对褒义进行细分。例如，《现代汉语学习词典》只标注了贬义词语，没有标注褒义词语。

2. 透露褒贬情感倾向

词语的感情色彩是附着于词语的理性意义之上的一种情感倾向。现代汉语中有许多一词多义的词语，这些词语无法从整体上评价其感情色彩，而是在某些释义中含有一定的感情色彩。因此，许多对外汉语词典往往会在词语的释文中加入褒贬情感倾向。一般来说，标注情感倾向的词语可分为以下几种类型。

第一类是表名物的词语，常常起到补充说明人或事物性质的作用。例如，《现代汉语学习词典》对"地步"的一种释义标注为："处境、境况（多指不好的）"；对"心肝"的一种释义标注为："良心（多指消极方面）"等。第二类是表动作行为的词语，常常起到补充说明动作行为的类别和性质的作用。例如，《现代汉语学习词典》对"怂恿"的一种释义标注为:"鼓动别人去做(坏事)";对"听信"的一种释义标注为:"听到而相信(多指不正确的话或消息)"等。第三类是表示性状的词语,常常起到补充说明性状、修饰对象性质的作用。例如,《商务馆学汉语词典》对"无比"的一种释义标注为:"超过(常指好的方面)"等。第四类是在句子中充当副词的词语。例如,《现代汉语学习词典》对"不堪"的释义为:"到了极点(多用于消极方面)"等。第五类为在句子中充当量词的词语。例如,《商务馆学汉语词典》对"股"的一种释义为:"用于成批的人,多指敌人或坏人"等。一般来说,在现代汉语中名词的褒贬色彩较为鲜明,常常附着于理性意义之上,而其他词语感情色彩常常体现在词语搭配中,因此在对外汉语词典中,应尽可能多地标注词语的感情色彩,以使读者清晰分辨这些词语的感情色彩。除了褒贬色彩之外,人类在交际活动中也会表达多样化的情感,在对外汉语学习词典中,将人类的情感细化为20类具体情感,分别为喜爱类、亲昵类、尊敬类、谦虚类、夸张类、客气类、委婉类、容忍类、惋惜类、得意类、玩笑类、埋怨类、厌恶类、气愤类、诙谐类、讥讽类、轻蔑类、憎恶类、无礼类、詈骂类等类型。这些蕴含了明确情感类型的词语,大多常用于口语交际中,能够明确地表达说话者的观点或态度。对外汉语词典对这部分词语的诠释,可以有效提高读者对于词语感情含义的掌握。然而在现行的对外汉语词典中,对于人类情感的划分并不统一,也不全面,因此今后在对外汉语词典中,还应明确感情色彩的划分标准,进一步细化情感色彩词汇,以为语用实践提供更多指导和帮助。

(三)从社交角度看语言交际活动

社交活动是人们运用语言等方式传递信息、交流观念,从而达到某些目的的社会活动。在社交活动中,既要明确词汇或句子的含义,掌握基本的礼貌用语,又要遵循礼貌原则,符合社会风俗习惯,并且注意交际的场合,掌握交际用语,这样才能准确得体地使用语言表达意义。对外汉语词典中将社交类语用信息在场合、礼貌原则和言语行为三个部分中体现了出来。

1. 场合

交际场合有正式场合和非正式场合之分,一般来说,正式的交际活动场合需要用官方的、正式的语言进行交流;而非正式场合则可以适当使用俚语、俗语、网络语言等词语,以达到活跃交际氛围的目的。一般来说,对外汉语词典中对场合信息的呈现可以分为正式场合、非正式场合和其他具体场合等三种类型。第一种类型是正式场合。所谓正式场合,即为正式的交际语境,一般多指严肃、庄重的场合，这类场合中交际双方的关系一般较为疏远，所谈论的话题也比较严肃。例如，学术场合、政治场合、商务场合，此外还有婚礼和葬礼等特殊场合。在对外汉语词典中往往以"提示"的方式指出词语的使用场合。例如，《现代汉语学习词典》中对"夫人"一词的释义为："对别人妻子的敬称。现在多用于外交场合"；对"阁下"一词的释义首先标出这个词语为敬语，又在其释义中指出："从前书函中常用，今多用于外交场合"；对"拜会"一词的释义为："拜访会见（多用于外交场合）"等。

第二种类型是非正式场合。所谓非正式场合，即为非正式语境，多指气氛相对宽松、随意的场合，这类场合中的交际双方关系较为亲密，交际话题也较为轻松，如亲友、同事等之间的交际场合。《商务馆学汉语词典》中对这一类场合使用了"注意"提示。例如，"老公"的释义为"丈夫"，注意"老公"是比较随便的称呼，不用在正式的场合；"老婆"一词的释义为"妻子"，注意"老婆"是比较随便的称呼，不用在正式的场合；"人家"一词为多义词，其中一个释义为"相当于我"，注意年轻的女孩子常在表示亲热、开玩笑的场合中用"人家"表示"自己"；等等。

第三种类型是其他具体场合。例如《现代汉语学习词典》中对指示词"我"的释义中的一个为"指我方，常用于敌我相持的场合"；"海量"也是一个多义词，其中的一个释义为"指别人有很大的酒量，一般用作酒席上的客气话"。从以上例子中可以看出，《现代汉语学习词典》在标示场合信息时，常在释义中标明该词语"一般用于某种场合""多用于某种场合""常用于某种场合"以及"只宜用于某种场合""不能用于某种场合"等对词语的使用场合给予提示。

2. 礼貌原则

礼貌原则是语用学中的一条基本原则。1983 年，英国哲学家利奇在《语用学原则》中首次提出了礼貌原则，并将这一原则具体划分出了得体准则（使别人得益）、慷慨准则（自己吃亏）、赞誉准则（赞美他人）、谦虚准则（少赞誉自己，多贬损自己）、一致准则（减少双方观点分歧，增加双方一致性）、同情准则（减少双方反感，增加双方同情）六条准则。20 世纪 90 年代，我国语用学者顾曰国将利奇的礼貌原则与我国的文化传统相结合，提出了具有中国特色的礼貌原则，即贬己尊人准则、称呼准则、文雅准则、求同准则以及德、言、行准则。这些礼貌原则和准则在对外汉语词典中，常体现为礼貌词语和非礼貌词语，以此指导读者准确把握现代汉语中的社交礼貌文化。这些词语通常分为谦辞和敬辞、婉辞、客套语、詈词四种类型。

第一种类型为谦辞和敬辞。中国自古以来即为"礼义之邦",自古以来就奉行礼貌原则。中国传统文化中的"礼"多指对人尊敬、谦逊,这与现代语用学中的"礼貌原则"异曲同工,在汉语中也诞生了一大批"谦辞"和"敬辞"。对外汉语词典中对这类词语通常以标注的形式提示读者。例如,《现代汉语学习词典》中的谦辞示例:"贱"字是一个多义字,这一字作为谦辞的释义为"谦辞,对人自称";"鄙"字也是一个多义字,作为谦辞的释义为"谦辞,用于自称";"愚"字也是一个多义字,作为谦辞的释义为"自称的谦辞";"舍"字也是一个多义字,作为谦辞的释义为"对别人谦称自己的辈分低或年纪小的亲戚"。除了表示谦辞的字之外,还有许多表示谦辞的词语。例如,"鄙人"的释义为"旧时对自己的谦称";"寒舍"的释义为"谦称自己的家";"不敢当"的释义为"谦辞,表示对对方的赞誉不敢承受";"过奖"的释义为"谦辞,过分的夸奖";"见笑"一词为多义词,作为谦辞的释义为"被人笑话(多用作谦辞)"。又如,《现代汉语学习词典》中的敬辞示例:"贵"是一个多义字,作为敬辞的释义为"〈敬〉称与对方有关的事物";"贵庚"作为一个敬辞,其释义为"〈敬〉问人年龄";"手笔"为多义词,作为敬辞的释义为"〈敬〉手迹";"劳驾"作为一个敬辞,其释义为"〈敬〉烦劳别人时的客气话";"千金"作为一个敬辞,其释义为"敬辞,称别人的女儿";"劳神"作为一个敬辞,其释义为"用作请托的敬语";"诸位"作为一个敬辞,其释义为"敬称所指的若干人";等等。

第二种类型为婉辞。婉辞是指在交际过程中为了照顾双方感情和面子而诞生的委婉迂回之言。利奇在礼貌原则中指出:"有意违反合作原则而产生婉转含蓄,因而也就减低贬损,增加褒惠,取得求同的预期效果,以满足受话者心理上求同的需求,使交际得以顺利进行。"对外汉语词典中对婉辞的标注主要有三种:第一种为婉辞。例如,《现代汉语学习词典》中"不在"一词为多义词,作为婉辞,其释义为"婉辞,指死亡"。第二种为"婉词"。例如,《现代汉语学习词典》中"见背"一词是一个书面词语,其释义为"婉辞,指父母去世"。第三种为"委婉的说法"。例如,"方便"一词为多义词,在《商务馆学汉语词典》中作为婉辞的释义为"表示去厕所(委婉的说法)"。在中国传统文化中,婉辞除了照顾双方面子,还与禁忌话题相关,如死亡、生理、排泄、怀孕等,因此诞生了一大批婉辞。例如,"解手"指大小便;"有喜"多用于口语,指女子怀孕;等等。

第三种类型为客套语。在交际过程中,为了营造友好的交际氛围,人们常常用表示客套的词语或句子来表示礼貌,这些词语常被称为"客气话""客套话""寒暄话""套语""应酬话"等,对外汉语词典中对这一类词语也进行了标注或提示。例如,《现代汉语学习词典》中对"久仰"一词的解释为"早就仰慕了",而在这一释义后，又用括号标出该词语为"初次见面时的客套话"；"恭喜"一词中则直接在释义的最前面说明该词语为"客套话"，释义为"祝贺人家的喜事"；"彼此"一词为多义词，作为客套语时常常叠用，其释义为"用作答话的客套，表示大家一样"；"怠慢"一词作为客套语，其释义为"套语，招待不周"；"鼎力"一词为书面语，其释义为"大力，请人出力帮助的客气话"；等等。

第四种类型为詈词。所谓詈词，即指辱骂的语言。这种词语粗鲁无礼，违反了交际活动中的礼貌原则，然而在人们处于愤怒、反抗、痛恨等激烈的情感中时常使用这些词语。在对外汉语词典中，这类词语通常被标注为"常用来骂人""只用作骂人""骂人的话""一般只用作骂人话""多用作骂人"等，以此提醒读者在交际中慎用这类词语。例如，"废物"一词为多义词，可作为詈词使用，其在《现代汉语学习词典》中的释义为"无用的东西"，并在释义后用括号标注该词语为"骂人的话"。又如，《现代汉语学习词典》中"崽子"一词的释义为"幼小的动物"，其后补充说明该词语"多用作骂人的话"；"贱货"一词的释义为"下贱的东西"，其释义后用括号标注为"骂妇女的话"；"放屁"一词为多义词，可作为詈词使用，其释义为"比喻说话不合情理"，并在释义前指出该词语"用作骂人的话"；"浑蛋"也作"混蛋"，该词的释义为"形容不明事理的人"，其后用括号标注为"多用作骂人的话"；"混账"一词的释义为"形容言语、行为无理、可耻"，其后用括号标注为"一般只用作骂人的话"；等等。这类词语的标示清晰，对于不懂中国文化的外国人来说，可以有效避免在交际中误用。

3. 言语行为

语言作为一种社会现象，是交际活动中不可或缺的工具。英国哲学家奥斯汀提出了语用学理论中的"言语行为理论"，指出"说话就是做事"，语言可以用于询问、交流、反对、赞同等目的。而在对外汉语词典中标示不同的言语行为，可以使学习汉语的读者有效分辨词语在交际中的使用方法。对外汉语词典中涉及的言语行为有招呼与问候、送别与告辞、祝颂、致歉及回应、致谢及回应、请求帮助、劝阻与禁止、告诫与嘱咐、催促、推测与估计、提醒注意、劝告与建议、答应与同意、批评与斥责、称赞与表扬、补充说明、否定与拒绝、话语标记等十余种言语行为类型。

（四）从物理世界角度看语言交际活动

物理世界是包括时间、空间、介质等在内的立体世界。中国是一个多民族国家，在漫长的历史中，拥有了丰富的语体风格以及多种多样的方言。据不完全统计，中国境内有 80 多种语言，有文字记载的语言有 30 多种。此外，中国还是一个乡土社会，现代汉语中有许多乡土方言词语，这些词语在对外汉语词典中常被标示为"方言词"。这些词语通常涉及空间地域、时间跨度、介质三个方面。

1. 表示空间地域的信息

现代汉语以普通话为主，但一些方言影响区域较大，因此也被收入现代对外汉语词典中。现代对外汉语词典中的空间地域信息主要包括两个方面，一个方面是地域方言信息，另一个方面是流行于农村地区的社会方言。方言等表示空间地域的信息在现代汉语词典中常以括号等提示语说明，或使用标签标注。例如，《现代汉语学习词典》中，"爹"作为一个方言词，其释义中以〈方〉的标签形式标示出该词语的地域信息。"娘舅""婆婆"等方言词也以此种形式标注。而在《商务馆学汉语词典》中对方言信息则以提示语的形式标注出来。例如，"耍"的释义为"玩儿"，并在其后用括号标示出"方言"。此外，有的对外汉语词典中除了标示出方言词外，还会标示出具体的方言区域。例如，"老大爷"一词多用于方言口语，其在《商务馆学汉语词典》中的释义为"对不认识的老年男子的尊敬的称呼"，并在其后标注出"多用于北方话"；"阿"一词多用于南方方言，其在《商务馆学汉语词典》中的释义为"在中国南方一些方言里用在亲属称谓、排行或姓名中一个字的前边，表示亲切"；"姥爷"在《商务馆学汉语词典》中的释义为"中国北方人对外祖父的称呼"；"娘"的释义为"母亲"，释义后又以提示的方式指出"这一称呼多在过去的时代和目前的大部分农村中使用"；等等。

2. 表示时间的信息

除了地域信息，现代汉语中还有许多表示时间信息的词语，这些词语通常在对外汉语词典中以"旧社会称""旧时用法""古汉语""从前指""用于早期白话""旧时称""用于旧时白话""过去称"等标注。例如，《现代汉语学习词典》中，"彼"的释义为"对方；他"，并在释义前用括号标注出该词为"古汉语"；"鄙人"的释义为"旧时对自己的谦称"；"丫头"的释义为"旧时称受人雇佣的女孩子"；"祖师"的释义为"旧时对创立某种学说或技艺的人的尊称"；"娘姨"的释义为"保姆的旧称"；"洋鬼子"的释义为"旧时憎称侵略我国的西洋人"；"先生"作为一个多义词，其中一个释义即表示时间信息，其释义为"过去尊称以说书、相面、算卦、看风水等为职业的人或管账的人"；"娘子"的释义为"尊称青年或中年妇女"，其后又用括号标注出"多见于早期白话"；"怎生"的释义为"怎样；怎么"，其后又用括号标注出"多见于早期白话"；等等。

3. 表示介质的信息

在交际活动中，语言除了作为口语用于日常交流外，还可以用于书面语言的交际行为中，因此语言的形式有两种：一种是口头；一种是书面。口头表达的语言称为口语，包括说话、讲话、喊话、发言、谈话、耳语、对话、私语、聊天等。书面表达的语言称为书面语，包括信函、文件、文学作品等。书面语用于书写和阅读，而口语则用来听、说，两者虽然介质不同，但均可用于交流。对外汉语学习词典中对介质信息的标注往往通过标注或提示的方式表达出来，如"用在口语中""多用于书面语""常用于口语""口语中有时可用""口语色彩""多用于口语""只能用在口语中""口语里常用""一般用于书面语""口语的说法"等。

例如，《现代汉语学习词典》中，"成天"释义为"整天"，并在释义前用〈口〉标注出该词语的口语用法；"悉数"释义为"全数，详尽地列举"，并在释义前用〈口〉标注出该词语的口语用法；等等。又如，《商务馆学汉语词典》中，"挺"释义为"表示程度较高"，并在释义后用括号标注该词语为"口语"；"亲"释义为"用嘴唇接触，表示喜爱"，并在释义后用括号标注该词语为"口语"；"未"释义为"不"，并在释义后用括号标注该词语为"书面语"；"窃"释义为"偷"，并在释义后用括号标注该词语为"书面语"；"出息"释义为"发展前途"，并在其后标注"注意常用来说孩子和年轻人，有口语色彩"；"头"释义为"对单位或组织的领导、首领很随便的称呼"，并在词语释义前标注出该词语为口语；"跟"为介词，在释义中指出"多用在口语中"；"瞧不起"释义为"看不起"，并在释义后用括号标注该词语为"口语"；"拉屎"释义为"排泄大便"，并在该词语后用括号明确标出了该词语的用法，"这是口语中的说法，不能用在正式场合中"；等等。

有的对外汉语词典除了标示出口语和书面语的信息外，还标示出了口语或书面语中与之对应的词语。例如，《商务馆学汉语词典》中"一点儿"的释义为"数量很少，用在形容词或某些动词后边，表示程度低，差别小"，在释义之外，还提示，注意在口语中，该词语在动词或形容词后边出现时，"一"可以省去，说成"点儿"；"气候"一词的释义为"指一个地区总的气象情况时用气候"，并在其后标注出口语中有时也可以用"天气"。此外，对于书面语的用法，有的词典也进行了细分。例如，《现代汉语学习词典》中"大人"一词既是敬语，又是书面语，因此在其释义前用"〈书、敬〉"标注出其词语性质，其释义为"称长辈"，后面用括号指出其应用场合"多用于书信"；"切切"一词为书面语，在其释义前用"〈书〉"标注出其词语性质，其释义为"恳切地告诫"，后面用括号指出其应用场合"多用于命令、布告的末尾"。

二、对外汉语词典中的语用信息呈现途径

近年来，随着人们对对外汉语词典研究的深入，编纂者对词典的语用功能越来越重视，从语用视角编纂对外汉语词典，最为重要的问题是如何在词典中为学习者通过合适的途径对词语语用规则加以说明、分析，使学习者能够方便地查找词语，正确、得当地运用词语。现有的对外汉语词典对词语语用成分、语用规则、语用信息等内容的展现主要通过释义、例证、注意提示、近义词辨析四种途径完成。

（一）以释义体现语用信息

词典中的"释义"包括两个方面：第一个方面是词语的定义，即词语的概念意义；第二个方面是词语的使用和用法，即词语的语用信息。由于词语的语用信息受具体的使用场合、时间地点、人物关系等语境因素所限，往往含有不同的语体色彩、感情色彩，因此词语的语用信息往往通过具体的语用示例来提示。词典中的"释义"既包括了词语的静态意义，又包括了在具体语境中产生的语境意义。语境意义是通过词语的语用信息反映出的语义信息。在对外汉语词典中，语境意义常通过释文主体、括注、标签等方式标示出来。

1. 释文主体中的语用信息

释文主体是指对词语条目的直接解释，释文主体除标示出词语的核心概念意义外，还常通过对词语的具体用法进行说明的方式提示出词语的语用信息。

例如，《商务馆学汉语词典》中的"老大娘"一词的释文主体：口语中对不认识的老年妇女的尊敬的称呼，多用于北方话（和"老大爷"相对）。这一释文主体中既指出了该词语使用的场合，即口语场合，又指出了该词语的性质为敬语，还指出了该词语的使用范围，即北方地区，这些均为该词语的语用信息。又如，《现代汉语学习词典》中的"劳驾"一词的释文主体为"用作请托的敬语"，其中指出了该词语的概念意义，用于请托，还指出了该词语的语用信息，通常用作敬语。

2. 语用标签中暗含的语用信息

词典中常用标签进行信息标注，而标签中的信息多为该词语的语用信息。语用标签以前一般属于语体范畴，被视为修辞标志，现在可以被归入语用范畴，因为这些词语的使用大多受语用规律的制约。❶标签直观、易懂、醒目，因此是对外

---

❶ 钱厚生.语用分析与双语词典［J］.辞书研究，1995(1):11-22.

汉语词典常用的一种语用信息标注形式。常用的标签有"〈 〉""（ ）"两种形式，标注信息多为词语的色彩、语体等内容，如〈口〉〈方〉〈贬〉〈褒〉〈外〉〈敬〉或（口语词）（方言词）（褒义词）（贬义词）（外来词）（敬语）等。不同的对外汉语词典中使用标签标注的信息数量也不相同。例如，《现代汉语学习词典》中的标签信息有〈口〉〈书〉〈外〉〈方〉〈褒〉〈贬〉〈敬〉，而《商务馆学汉语词典》中的标签信息有（书面语）（口语）（古语）。

3. 括注中暗含的语用信息

括注是词典等工具书中一种提示语用信息的常用方法。一般而言，用括号形式标注的信息较为复杂，既包括词语意义的补充说明，也包括词语语法、语用、词源、文化、百科等方面的信息。这种括注形式具有醒目、易读、易懂的特点，非常受读者欢迎。在对外汉语双语词典中，使用括注形式标注的语用信息有词语的适用范围、情态色彩、适用场合场景以及物理世界信息等内容。（1）使用括注表示适用范围。例如，"伯父"为多义词，在《商务馆学汉语词典》中一个义项的释义为"对朋友的父亲（年龄比自己的父亲大一些）的尊称"，其中括注中的信息对该词语适用的人物年龄做了限制。又如，"走动"一词在《商务馆学汉语词典》中的释义为"（亲戚、朋友之间）互相来往"，括注中的信息对该词语的适用对象之间的关系做了限制。又如，《现代汉语学习词典》中对"小"的释义，"小"为多义字，常与其他词语进行组合，这一释义中指出了其与姓氏组合时的限制，"用在姓的前边，表示称呼（常用于比较熟悉的年轻人）"。（2）使用括注表示感情色彩。例如，"企图"一词为多义词，《现代汉语学习词典》中对其作为动词的释义为"打算（常有疑义）"。（3）使用括注表示社交信息。例如，《现代汉语学习词典》中，"见笑"一词为多义词，其中一个解释为"被人笑话（多用作谦辞）"；"不周"释义为"不周到；不全面（多用在寒暄话中）"；"住口"的释义为"停止说话（多用于禁止）"。（4）使用括注表示物理世界的语用信息。例如，《商务馆学汉语词典》中对"拉屎"一词的释义为"排泄大便"，其后又在括注中指出"这是口语中的说法，不能用在正式场合中"。

综上所述，释义是对外汉语词典中常用的标注词语语用信息的一种重要手段，其对准确、完整、清晰地说明词语定义、用法及被释词语的语用环境具有极为重要的作用。

（二）以例证体现语用信息

例证，顾名思义，即对词语的具体使用提供示例，"例证为词目提供真实的上下文，是词目在动态中的使用实例"。❶对外汉语词典常用例证来构建词语的具体语境，并指出词语在不同语境中的具体用法。具体来说，在对外汉语词典中，例证常用来佐证释文中的概念意义、提供词语搭配对象、暗示词语的褒贬评价态度、显示具体情感、提供使用场景、显示语体信息、提示礼貌原则、展示言语行为等。

1. 佐证释文中的概念意义

《商务馆学汉语词典》中，"师傅"这一多义词其中一个义项的释文为"对从事技术劳动的人表示尊敬的称呼"，在这一概念解释后提供了多个例子"司机师傅｜修自行车的师傅"。

2. 提供词语搭配对象

《商务馆学汉语词典》中，"文静"一词的释文为"（样子、性格）温和、安静"，其后提供了多个例子对该词语的用法加以说明，如"她是个很文静的女孩儿｜在家里，她是个很文静的妻子；在公司，她是个很能干的职员"。

3. 暗示词语的褒贬评价态度

《现代汉语学习词典》中，"指使"一词的释文为"出主意叫别人去干某事"，其后的示例为"这件事幕后有人指使"。

4. 显示具体情感

"哥哥"一词为多义词，《商务馆学汉语词典》中，这一词语的释义为"指年龄跟自己差不多的男子，是一种比较亲热的称呼"，在其后的示例中体现了该词语拥有的较亲热的情感，如"哥哥去哪儿，我也去哪儿｜老哥哥，咱们可有好多年不见了"。

5. 提供使用场景

"不得了"一词为多义词，《商务馆学汉语词典》中，这一词语的一个义项的释义为"表示事情严重；情况紧急"，其后示例"不得了了，房子着火了"中表现出急迫、焦急的语气，指示出其使用场景。

---

❶ 万江波.双语词典的翻译研究［M］.上海：上海复旦大学出版社，2006：124.

6. 显示语体信息

《商务馆学汉语词典》中，对"大伙儿"一词的释义为"大家，某个范围里的所有人（口语）"，其后示例为"今天我请客，大伙儿都来啊"标示出其口语色彩。

7. 提示礼貌原则

《商务馆学汉语词典》中，对"瘸子"一词的释义为"指腿或脚有毛病的人"，其后示例为"叫人瘸子很不礼貌的｜你别叫他瘸子，他会不高兴的"，示例指出这一词语如使用不当则会违反礼貌原则。

8. 展示言语行为

"辛苦"一词为多义词，《商务馆学汉语词典》中，对"辛苦"一词其中一个义项的释义为"求人帮忙或向人表示感谢时用的客气话"，其后的示例"老师，您辛苦了｜这么热的天，让你跑了一个下午，辛苦，辛苦"展示了这一词语的言语行为。

例证和释义相比，其优点在于，能够生动、具体地传达语用信息，给予词典学习者具体的示例，帮助学习者掌握词语用法。

（三）以注意、提示栏体现语用信息

对外汉语词典无法用释义和例证体现语用信息时，常通过开辟"提示"栏或加"注意"栏对词语的具体用法做出解释，从而丰富词条的内容。具体来说，注意、提示栏与示例可以对使用对象加以限定、对词语的感情色彩加以提示、对词语的使用场合加以说明、对礼貌信息加以提示、对言语行为信息加以提示、对言外之意进行揭示、对时代和地域等信息加以说明等。

1. 对使用对象加以限定

例如，《商务馆学汉语词典》对"出息"一词的释义为"发展前途"，其后用"注意"栏提示"常用来说孩子和年轻人，有口语色彩"。

2. 对词语的感情色彩加以提示

例如，《商务馆学汉语词典》对"乘机"一词的释义为"利用机会；借机会"，其后用"注意"栏提示"'乘机'后面多为做对别人不好的事"。

3. 对词语的使用场合加以说明

例如，《商务馆学汉语词典》对"儿媳妇儿"一词的释义为"儿子的妻子"，其后用"注意"栏提示"一般不用作当面的称呼，当面叫名字"。

4. 对礼貌信息加以提示

例如，"老头儿"是一个名词，《商务馆学汉语词典》对"老头儿"一词的释义为"老年男子（比较随便的称呼）"，其后用"注意"栏提示"当面称呼人'老头儿'不礼貌"。

5. 对言语行为信息加以提示

例如，"碍事"是一个多义词，《商务馆学汉语词典》对"碍事"一词其中一个义项的释义为"严重，多用于否定式"，其后用"注意"栏提示"'不碍事'一般用在对方道歉或关心时，表示'不要紧、没关系'等意思"。

6. 对言外之意进行揭示

例如，"怎么"是一个多义词，《商务馆学汉语词典》对"怎么"一词其中一个义项的释义为"询问原因"，其后用"注意"栏提示"'怎么'在动词或形容词前用，询问说话人觉得奇怪的原因"，并举了一个例子"天气这么不好，你怎么来了（含有'你不应该来'的意思）"。这个词语的解释既用了注意栏，又用了示例，还用了括注。

7. 对时代、地域等信息加以说明

例如，《商务馆学汉语词典》对"外公"一词的释义为"方言中对外祖父的称呼"，其后用"注意"栏提示"'外公'是中国南方话常用的称呼，北方话叫'姥爷'"。

（四）以近义词辨析体现语用信息

在对外汉语学习中，近义词辨析是学习的重点和难点。因此，有的对外汉语词典中将近义词辨析作为重点进行辨析，揭示词语间的细微差别，并对其用法加以说明。例如，《商务馆学汉语词典》较为重视近义词辨析，设立了专门的近义词辨析栏目，对上百组近义词进行详细说明。而《现代汉语学习词典》中却并没有对近义词进行特别说明和辨析，只是采用举例的形式给予了简单说明。《商务馆学汉语词典》多从对词语使用介质的区分、对词语情感态度的区分、对词语褒贬色彩的区分、对词语语气轻重的区分、对词语语用功能的区分等方面对近义词加以辨析。

1. 对词语使用介质的区分

《商务馆学汉语词典》对副词"挺"的释义为"表示程度较高（口语）"，在此释义后对"挺""很"这组近义词进行了辨析，"挺"用于口语，"很"在口语、书面语里都可用。

2. 对词语情感态度的区分

《商务馆学汉语词典》对"您"一词的释义为"意思跟'你'一样，有尊敬和客气的意思"。在此释义后对"您""你"这组近义词进行了辨析。"您"表示对对方的尊敬，所以多用于对长辈、上级，对不熟悉的人，虽然年龄差不多，也常用"您"称呼，并在这一解释后进行举例说明："爷爷您回来了？"而对于"你"的辨析为"举例中的您都可以换成你，但就没有了尊敬的意思"。此后，又对"您""你"这组词语的区别加以说明："你"的复数形式是"你们"，一般来说"您"没有复数形式，特别是在口语里。

3. 对词语褒贬色彩的区分

《商务馆学汉语词典》对"庞大"一词的释义为"特别大（常含过大或大而无当的意思，指形体、组织或数量等）"，其后用"提示"栏对"庞大""巨大"这组近义词进行了辨析。两者虽然都有很大的意思，但适用的对象和范围不同。"庞大"多用于形体和组织；"巨大"多用于规模和数量。"庞大"有大而无当的意思；"巨大"是中性词。

4. 对词语语气轻重的区分

《商务馆学汉语词典》对"不过"一词的释义为"用在后一分句的开头，表示转折，对前一分句加以限制、修正"，其后用"提示"栏对"不过""但是"这组近义词进行了辨析。"不过"和"但是"都表示转折，区别在于："不过"在口语和书面语里都常用，"但是"多用于书面语；"不过"语气较委婉，"但是"语气较重。

5. 对词语语用功能的区分

《商务馆学汉语词典》对"赶紧"一词的释义为"抓紧时间，不耽误地（做一件事）"。在此释义后对"赶紧""赶忙"这组近义词进行了辨析。"赶紧"除了用于陈述句外，还可以用在表示命令、催促等的祈使句中；"赶忙"不用在祈使句中，并在其后举例："赶紧上车吧！"

综上所述，词典中对于语用信息的解释途径多种多样，无论是哪一种途径，所围绕的核心均是清晰、明了、便捷地指导对外汉语词典学习者掌握、使用汉语知识。

三、语用视角下的对外汉语模型构建

通过上文现有对外汉语词典中的语用信息的呈现途径可以看出，在对外汉语词典中呈现词语用信息，不是单纯通过词语释义即可完成的，而是需要对词典的整体架构进行科学、合理的搭建。目前，词典中应用的框架搭配主要有宏观结构框架、微观结构框架和中观结构框架三种类型。

（一）宏观结构框架

宏观结构框架是法国词典家雷伊 – 德布芙在实践中总结出来的词典框架模式。目前，这种词典框架结构在对外汉语词典中应用十分广泛。例如，《牛津实用英汉双解词典》《英汉语言学词典》《商务馆学汉语词典》《现代汉语学习词典》《汉语8 000 词词典》等都使用了这种结构框架。

宏观结构框架常包括前置页、词典内容和附录三部分。以《商务馆学汉语词典》为例，该词典的前置页包括编者的话、关于这本词典、说明、查字的方法、音节表、笔画查字表、独体字查字表、部首查字表。词典内容即词典正文，词典附录包括现汉汉语语法要点、中国历代纪元表、中国行政区划表、世界主要国家和地区简表、干支次序表、二十四节气表、中国民族名称表、中国最常见的200个姓、汉语亲属称呼表、常用量词用法表、中文标点符号用法、汉语拼音方案。这本词典的"说明"和"体例"介绍指出了语用视角的重要性。钱厚生一直倡导从语用学视角编纂对外汉语词典，其曾指出："在大型双语词典正文前似可考虑提供一篇语用专论，对有关语言的使用特点和语用规则加以系统介绍，并且对有关语言和母语在语用方面的差异加以概括分析。"❶

---

❶ 钱厚生 . 语用分析与双语词典［J］. 辞书研究，1995(1):11–22.

未来对外汉语的宏观结构框架中可在以下几个方面加入语用信息。

（1）词典前置页加设"语用信息与词典"专栏，说明在词典中引入语用学视角的重要性，并对词典中语用信息的呈现加以介绍，提醒读者注意这些方面的信息。

（2）在词典正文中加入条目的语用信息，便于读者准确、快速查阅目标词语的语用信息。

（3）在词典附录中加入更多语用主题的内容，如生活中常用的称谓语、敬谦辞、客套语等，通过这些信息对词典正文中的语用信息加以补充、扩展，帮助读者集中记忆和理解。

（二）微观结构框架

微观结构框架也是词典中常用的一种结构框架，一般多用于中小型词典的编纂。微观结构是一种有序的词条结构，是"词典的基本结构单位和功能单位，是词典的主体"。❶从现有对外汉语词典的结构框架来看，未来对外汉语的微观结构框架中可在以下几个方面加入语用信息。

1. 词目和义项

汉语中有一些词语具有丰富的语用信息，常用于交际中，在词典中可将其作为词目收录进来，或对已有词语在特定语境中的语用功能给予关注。例如，交际中常出现"不好意思"一词，该词语具有丰富的语用功能，属于多义词，其含义包括"害羞""碍于情面而不肯做某事""道歉""礼貌用语"。然而，对外汉语词典中却没有收录这一词语，对于这类词语应加以补录并对其具体用法给予示例。此外，汉语中有大量的习语和惯用语，对此可在这类词语的义项中加入其语用信息。例如，"慢"一词除了概念意义外，还可用于社交场合，如"慢走，欢迎下次光临"。

2. 释义

词语释义中加入多方位的语用信息。例如，词语在什么情况下使用，为了达到什么目的而使用。

3. 标签

词典中的标签具有简洁易懂、典型突出、一目了然的优点，对此可依据 2005

❶ 黄建华，陈楚祥.双语词典学导论［M］.北京：商务印书馆，2001:47.

年国家颁布的《辞书编纂常用汉语缩略语》标准，在标签中加入更多语用信息。例如，指示场合的〈正式〉和〈非正式〉，表示区域的［南方］和［北方］。

4. 括注

在括注中加入词语的使用场合、语用规则、语用功能等信息，以帮助学习者更加得体地使用汉语。例如，"好在"一词的释义为"表示具有某种有利的条件或情况"，在其释义后可用括注形式对其隐含的语气（含庆幸的、感激的口气）进行说明。又如，"贩子"一词的释义为"往来各地贩卖东西的小商人"，该词为贬义词，含有轻蔑语气，可用括注形式在释义后标注清楚。

5. 例证

在例证的设置中，尽可能保证语境完整，以此使读者理解词语在特定语境中的使用。例如，"可不是"是一个现代汉语习惯用语，其释义为"表示赞同对方的话"，为了说明该词语的语用用法，可用例证形式举出多个语境完整的例子对其加以说明。

6. 提示

提示项中可针对跨文化学生在学习汉语中的重难点词汇给予说明，以避免学生误用词语。例如，"谢谢"一词作为礼貌用语，使用范围十分广泛，然而在中国人的传统中很少对家人说"谢谢"，否则会显得关系生疏。因此，该词语示例中即可指出这一点。

7. 语用辨析

在对近义词进行辨析时，侧重点放在专业语域、正式程度、语气、地域、语式、褒贬、时域、具体情感态度等语用方面的差异上。例如，"老太婆""老太太"这一对近义词的辨析中即可指出："老太太含有尊敬之意，老太婆则往往有不礼貌的意思。"

8. 汉语特色语用文化介绍

可在具体的词语后对涉及汉语特有文化的知识加以说明，以使学生在使用汉语时引起注意。例如，"年龄"一词后可说明汉语语言交际中年龄、身体情况、婚姻状况、去向等与西方文化不同，不属于隐私，可以在交际中询问。

（三）中观结构框架

1993 年，词典学家 Sevnsén 出版了《实用词典学：词典编纂的原则与方法》一书。在这本著作中，其将词典微观结构框架中的"参见"独立出来，形成了词典的中观结构框架。"词典的中观结构是通过特定的参见、标引或说明，把词典中有语义、形态、语法或语用联系的词条都联系起来，构成一个关联语言网络体系，以使用户获得更多的相关知识，提高词典的使用效率。"在中观结构的词典中，通过将各种信息（词条的语义、语法、语用等）以一定的形式联系起来，使词典内部构成一个有机整体。一般来说，词典中的条目具有个别性和分散性，相互之间的联系不明显，而中观结构的词典则可通过参见符号、标引和相关说明等栏目，建立词典内部词语间的联系。例如，在对"父亲"一词进行注释时，可将其与"母亲""爸爸"等词联系起来，互相参照，并可对"父亲""爸爸""爹"进行同义词比较，以使学习者在使用词典时，建立起词语间的联想或联系，便于学习者掌握知识。

近年来，随着学习汉语的人数的增长以及汉语在世界上应用范围的扩大，汉语学习者对熟练、得体地使用汉语提出了更高要求，对外汉语词典作为跨文化交流的桥梁和工具，词典编纂者应立足于语境，坚持"礼貌原则""得体原则""言语行为理论的语用原则"，从语用视角编纂词典，让对外汉语词典发挥更多、更大的作用。

[1] 何自然 . 语用学概论 [M]. 长沙 : 湖南教育出版社 , 1988.

[2] 夏中华 . 语用学的发展与现状 [M]. 北京 : 中国社会科学出版社 , 2015.

[3] 何自然 , 冉永平 . 新编语用学概论 [M]. 北京 : 北京大学出版社 , 2009.

[4] 曾文雄 . 语用学的多维研究 [M]. 浙江 : 浙江大学出版社 , 2009.

[5] 冉永平 . 语用学 : 现象与分析 [M]. 北京 : 北京大学出版社 , 2006.

[6] 董于雯 . 对外汉语语用教学研究 [M]. 北京 : 中国社会科学出版社 , 2015.

[7] 徐树娟 . 现代汉语新词语的构词模式和特点 [J]. 华北理工大学学报 (社会科学版), 2009,9(6): 126–128.

[8] 曹西蕾 , 汤珊迪 , 刘辉 . 汉语话语中的关联词 "的" 的语义和语用 [J]. 东方语言学 , 2011(2): 73–92.

[9] 张佳奇 . 现代汉语中的古语词 [J]. 北方文学 (下半月), 2011(12): 97.

[10] 陈晓杰 . 含数字成语的语法、语用分析及在对外汉语教学中的策略 [D]. 桂林 : 广西师范大学 , 2013.

[11] 朱学岚 . 人体词语的语义、语用考察 [D]. 天津 : 天津师范大学 , 2001.

[12] 朱丽芳 . 动词性成语语法语用功能初探 [D]. 苏州 : 苏州大学 , 2008.

[13] 谢萍 , 于文 . 成语的语用特点与翻译方法 [J]. 青岛大学师范学院学报 , 2003, 20(2): 45–48.

[14] 陈笑兰 . 成语修辞研究 [D]. 黄石 : 湖北师范学院 , 2011.

[15] 钱玉莲 . 现代汉语词汇讲义 [M]. 北京 : 北京大学出版社 , 2006.

[16] 曹炜 . 现代汉语词汇研究 [M]. 北京 : 北京大学出版社 , 2010.

[17] 叶蜚声 , 徐通锵 . 语言学纲要 (修订版)[M]. 北京 : 北京大学出版社 , 2010.

[18] 张会森 . 修辞学与语用学 [J]. 修辞学习 , 2000(4): 24–25.

[19] 于学敬.网络新词语的语用价值及教育对策研究[D].金华:浙江师范大学,
2013.

[20] 远征.汉语颜色词研究[D].上海:上海师范大学,2004.

[21] 王华.语义、语法、语用三结合辨析几组常用近义虚词[D].南宁:广西大学,
2006.

[22] 王景萍.汉语量词的语法、语义、语用特征——兼谈对外汉语量词教学[D].福州:
福建师范大学,2001.

[23] 丁安仪.汉语量词的语用功能探讨[J].修辞学习,2001(5):23-24.

[24] 朱四美."而且""并且""况且"的语义、语法、语用分析[D].长沙:中南大学,
2009.

[25] 金福年.现代汉语颜色词运用研究[D].上海:复旦大学,2004.

[26] 王珊珊.网络语言修辞格研究综述[J].湖北教育学院学报,2007(12):30-32.

[27] 郭兴,谭群瑛.浅析网络语言的修辞及语用策略[J].柳州师专学报,2009,24(4):
47-50.

[28] 余银霞.网络流行语语用综观[D].北京:中央民族大学,2015.

[29] 杜晶影.双语词典编纂中的人本主义[J].文教资料,2018(5):27-28,19.

[30] 骆小所.语言风格的分类和语言风格的形成[J].武汉教育学院学报(哲学社会
科学版),1991(2):61-66.

[31] 黎运汉.论语言的时代风格[J].暨南学报(哲学社会科学版),1988(3):114-123.

[32] 宗世海.论言语风格的定义[J].暨南学报(哲学社会科学版),2002,24(4):90-94,
102.

[33] 宗世海.论言语风格的分类[J].语文研究,2003(3):42-46.

[34] 贾硕果.言语风格与言语识别[J].中国人民公安大学学报(自然科学版),
2011(4):22-25.

[35] 王咏梅,何雪梅.作家言语风格独特性的语用学分析[J].齐齐哈尔大学学报(哲
学社会科学版),2004(6):68-70.

[36] 田胜参.对语体分类的探索[J].陕西师范大学学报(哲学社会科学版),2008(S2):
288-289.

[37] 许钟宁.语体交叉渗透的语用价值[J].西南民族大学学报(人文社科版),
2003(11):435-439.

[38] 许钟宁 . 论语体的交叉渗透 [J]. 西北第二民族学院学报 (哲学社会科学版), 2002(1): 101–104.

[39] 徐兆娟 . 语用学视角下的双语词典词语定义研究 [D]. 桂林 : 广西师范大学 , 2006.

[40] 胡开宝 , 张柏然 . 论语用学原理在双语词典编纂中的应用 [J]. 外语与外语教学 , 2004(2): 49–52.

[41] 卜源 . 对外汉语学习词典的语用信息研究 [D]. 厦门 : 厦门大学 , 2014.

[42] 张文轩 . 声调的功能与辨识 [J]. 甘肃高师学报 , 2016(8): 19–25.

[43] 刘瑞昌 . 声调的三种语言作用 [J]. 沧州师范专科学校学报 , 2002(4): 47–48.

[44] 钱厚生 . 语用分析与双语词典 [J]. 辞书研究 , 1995(1): 11–22.